INVESTIGAÇÃO CRIMINAL TECNOLÓGICA

HIGOR VINICIUS NOGUEIRA JORGE

INVESTIGAÇÃO CRIMINAL TECNOLÓGICA

VOLUME 1

Contém modelos de representações e requisições, além de procedimentos para investigação em fontes abertas

Copyright© 2018 por Brasport Livros e Multimídia Ltda.
Todos os direitos reservados. Nenhuma parte deste livro poderá ser reproduzida, sob qualquer meio, especialmente em fotocópia (xerox), sem a permissão, por escrito, da Editora.

Editor: Sergio Martins de Oliveira
Diretora: Rosa Maria Oliveira de Queiroz
Gerente de Produção Editorial: Marina dos Anjos Martins de Oliveira
Revisão: Hélio Molina Jorge Junior e Hélio Molina Jorge
Editoração Eletrônica: Abreu's System
Capa: Trama Criações

Técnica e muita atenção foram empregadas na produção deste livro. Porém, erros de digitação e/ou impressão podem ocorrer. Qualquer dúvida, inclusive de conceito, solicitamos enviar mensagem para **editorial@brasport.com.br**, para que nossa equipe, juntamente com o autor, possa esclarecer. A Brasport e o(s) autor(es) não assumem qualquer responsabilidade por eventuais danos ou perdas a pessoas ou bens, originados do uso deste livro.

Dados Internacionais de Catalogação na Publicação (CIP)
(Câmara Brasileira do Livro, SP, Brasil)

Jorge, Higor Vinicius Nogueira
    Investigação criminal tecnológica : contém modelos de representações e requisições, além de procedimentos para investigação em fontes abertas, volume 1 / Higor Vinicius Nogueira Jorge. – Rio de Janeiro : Brasport, 2018.

    Bibliografia.
    ISBN: 978-85-7452-897-7

    1. Inovações tecnológicas 2. Investigação criminal 3. Processo penal 4. Tecnologia e direito I. Título.

18-21589   CDU-343.123.1

Índices para catálogo sistemático:
1. Investigação criminal tecnológica: Direito processual   343.123.1
Maria Alice Ferreira – Bibliotecária – CRB-8/7964

BRASPORT Livros e Multimídia Ltda.
Rua Teodoro da Silva, 536 A – Vila Isabel
20560-005 Rio de Janeiro-RJ
Tels. Fax: (21)2568.1415/3497.2162
e-mails: marketing@brasport.com.br
vendas@brasport.com.br
editorial@brasport.com.br
www.brasport.com.br

Filial SP
Av. Paulista, 807 — conj. 915
01311-100 São Paulo-SP

Dedico a obra aos meus pais Hélio e Denise, meu irmão Juninho, minha esposa Thaisa e minha filha Laura.

Cronologicamente vocês foram ingressando em meu coração e fazem tudo sempre valer a pena.

Vocês são o alicerce e o principal sentido da minha existência neste plano.

Gratidão eterna a vocês!

Agradecimentos

Agradeço a Deus, que arquitetou o universo para que cada ser humano pudesse cumprir sua missão.

Agradeço aos eminentes Emerson Wendt, Ivana David, Francisco Sannini Neto, Ivalda Aleixo, Marcos Tupinambá Martin Alves Pereira, Wagner Martins Carrasco de Oliveira, Guilherme Caselli, Marcos Eduardo Ribeiro Ferreira, André de Freitas Paolinetti Losasso, Adair Dias de Freitas Junior, Delmar Araujo Bittencourt, Mauro Roberto de Souza Júnior, Alesandro Gonçalves Barreto, Jorge André Domingues Barreto, Hericson dos Santos e Robinson Fernandes, todos considerados referências na área da investigação criminal tecnológica, pelas imprescindíveis contribuições inseridas no decorrer da obra.

Agradeço aos ínclitos Paulo Afonso Bicudo, Júlio Gustavo Vieira Guebert, João Pedro Arruda, Domingos Paulo Neto, Ana Paula Batista Ramalho Soares, Charles Wiston de Oliveira, Paulo Sumariva, Celso Reis Bento, Raymundo Cortizo Sobrinho, Gustavo Henrique Martins, José Eduardo Martins, Marcelo Sales França, Élcio da Silva Neves, Haroldo Ferreira, Walter Martins Muller, Marcos Molez Marin, Francisco Marin Cruz Netto, José Gilberto Alves Braga Junior, Marcelo Bonavolontá, Rafael Almeida Moreira de Souza, João Marcelo Maris da Silva, Gustavo Mesquita Galvão Bueno, Raquel Kobashi Gallinati, Clayton da Silva Bezerra, Giovani Celso Agnoletto, Coriolano Aurélio de Almeida Camargo Santos, Luis Francisco Segantin Junior, Paulo Henrique de Godoy Sumariva, Vanilda Afonso Batista Ramadan, Celso Reis Bento, Mariana Alves Machado Nascimento, Silas José dos Santos, Ricardo Augusto de Oliveira Jordão, Luis Fiori Ruocco, Christiano Rodrigo dos Santos Oliveira, Fernando Ferreira Brito, Rubens José Belão e José Aparecido de Melo, pelo apoio e estímulo durante toda a minha trajetória profissional.

Prefácio

> "Conhecimento é poder"
> Thomas Hobbes (1588-1679)

Envaidecida e honrada pela agradável incumbência em prefaciar os dois volumes da obra "Investigação Criminal Tecnológica", de autoria do estimado Dr. Higor Vinicius Nogueira Jorge, advirto desde logo que esta obra se constitui em um verdadeiro 'divisor de águas' na esfera da atividade policial investigativa, porquanto de maneira didática e ao mesmo tempo rigorosamente técnica traz subsídios, nos aspectos teóricos e práticos, para a consecução das atividades policiais de investigação mediante recursos tecnológicos que se tornaram, no mundo moderno, indispensáveis para a apuração e repressão da criminalidade.

O autor é Delegado de Polícia da Polícia Civil de São Paulo, professor de cursos de formação e aperfeiçoamento da Academia de Polícia com várias titulações, autor de inúmeras obras, que foi já Diretor do Sindicato dos Delegados de Polícia e presidente do Conselho de Ética da Associação dos Delegados de Polícia do Estado de São Paulo; sua vivência e preparação intelectual o habilitaram, portanto, para a autoria desta obra – mais que Introdução, Compêndio ou Manual, destaque-se – que será, reitero, de grande utilidade não somente para os delegados, investigadores, policiais e demais profissionais da área jurídica como também para os acadêmicos interessados na elucidação das matérias aqui objeto de estudo.

Vem esta obra a público no momento no qual o crime organizado se agiganta e alcança praticamente todas as esferas da nossa sociedade, desrespeitando fronteiras territoriais inclusive pela utilização dos meios informáticos, além de se mostrar como dotado de poderio econômico e bélico que faz frente ao Estado quando não o sobrepuja. Tudo a exigir assim, entre outras medidas, a premente e racional atualização do ordenamento jurídico para disciplinar as novas técnicas de investigação policial e, principalmente, a capacitação dos agentes do aparato policial para que possam desempenhar as suas funções.

Neste volume I, o autor explicita com raro rigor científico e viés prático a necessidade da utilização das novas técnicas de investigação policial com o uso dos recursos tecnológicos que se tornaram indispensáveis para o enfrentamento da criminalidade moderna; depois, discorre com brilho e erudição sobre a investigação em fontes abertas, elencando as ferramentas disponíveis para a consecução de tal atividade, por exemplo, os buscadores diferenciados como o 'stalkface', elucidando a gestão do conhecimento e da informação, bem como o manejo das modernas técnicas de investigação pela polícia judiciária, sempre com respeito às balizas constitucionais e legais. E, prosseguindo, disponibiliza inúmeros modelos de documentos – autos, requisições e relatórios, os quais se consubstanciam em valiosos instrumentos para todos os agentes da lei, além de trazer um repertório atualizado da legislação.

No mundo líquido da informação em que vivemos, impondo-se a permanente conduta de melhor conhecer para melhor agir, o enfrentamento da criminalidade organizada e a sua prevenção se mostrarão muito mais eficientes quando, em nítida atividade de inteligência da informação, forem superados os paradigmas da investigação criminal clássica pela adequada utilização do conhecimento advindo dos recursos tecnológicos.

Ivana David
Desembargadora do Tribunal de Justiça do Estado de São Paulo

Apresentação

Tive a honra de ser convidado pelo colega e amigo Higor Vinícius Nogueira Jorge, ou simplesmente Higor Jorge, para prefaciar o seu novo livro "Investigação Criminal Tecnológica".

Não recordo exatamente como e quando conheci Higor Jorge, pois parece que o conheço desde sempre! Foi um grande profissional, colega e amigo que apareceu, através das mídias sociais, para que juntos pudéssemos traçar vários projetos de escrita no contexto da Tecnologia da Informação × Investigação Criminal. Assim, dessa interação totalmente digital, nasceu em 2012 o nosso "Crimes Cibernéticos: ameaças e procedimentos de investigação"[1], a primeira obra da área – na sua segunda edição[2] – e que busca orientar os profissionais (policiais, advogados etc.) a bem compreender o processo para chegar a autoria de um determinado fato criminoso praticado com o uso da Internet. Pena eu já não ter mais tanto tempo para ler e escrever, dadas minhas funções na Chefia de Polícia do Estado do Rio Grande do Sul.

Quanto a esta nova obra de Higor Jorge... trata-se de um texto contemporâneo e bastante prático, algo a utilizar no dia a dia das investigações criminais modernas, cujos desafios são extremamente empolgantes e rotineiros[3]. Aliás, é essa diferenciação entre a investigação criminal tradicional e a tecnológica que o autor procura desenvolver no seu primeiro tópico, seguindo, então, pelos avanços da investigação tecnológica e as possibilidades relacionadas aos aplicativos

---

[1] WENDT, Emerson; JORGE, Higor Vinícius Nogueira. Crimes Cibernéticos: ameaças e procedimentos de investigação. Rio de Janeiro: Brasport, 2012. 280p.

[2] WENDT, Emerson; JORGE, Higor Vinícius Nogueira. Crimes Cibernéticos: ameaças e procedimentos de investigação. 2. ed. Rio de Janeiro: Brasport, 2013. 384p.

[3] Sobre os desafios no combate aos delitos cibernéticos/informáticos, vide nosso WENDT, Emerson. Delitos Informáticos: quais os principais desafios (impostos) ao Estado brasileiro? In: SILVA, Rosane Leal da; OLIVEIRA, Rafael Santos de. (orgs.). Direito e Novas Tecnologias: desafios à proteção de direitos na sociedade em rede. Curitiba: Íthala, 2017, p. 93-116.

hoje mais utilizados, como WhatsApp, Uber, Google e outras ferramentas de busca.

Higor também enfoca algo extremamente importante na investigação criminal moderna de combate à pedofilia: a infiltração de agentes policiais na Internet. Tal procedimento foi previsto pela Lei nº 13.441/2017 e é um instrumento "poderoso" na investigação criminal hodierna[4], embora pudesse o nosso legislador nacional ter previsto sua metodologia para outros delitos, especialmente o crime organizado e a lavagem de capitais.

Uma observação Higor Jorge renova neste livro: não há que se focar apenas nas respostas dos provedores de conexão e dos responsáveis pelas aplicações. Muitas informações estão na Internet e, como tais, disponíveis, podem e devem ser coletadas e usadas na investigação criminal, pois tais dados não servem apenas à investigação de delitos informáticos/cibernéticos, mas sim a toda e qualquer investigação[5]. Dificilmente alguma investigação hodierna dispensará alguma análise em ambiente digital, motivo pelo qual o autor traz elementos e ferramentas muito importantes a auxiliar qualquer investigação ou atividade de inteligência.

Nesse passo, Higor Jorge traz algumas ferramentas auxiliares na análise de imagens e seus metadados, de análise de perfis do Facebook e tudo que é relacionado, inclusive a informação do ID, dado chave à solicitação formal de qualquer informação policial ou judicial à empresa Facebook. Também, destaco que algumas ferramentas são importantes para identificar os usuários – membros – cadastrados em determinados grupos da rede do Facebook.

Tem um detalhe que gostaria de chamar a atenção para a obra: os inúmeros modelos de documentos de atuação de "polícia judiciária", ou seja, documentos auxiliares aos investigadores e orientativos na solução de seus casos: (a) modelos de materialização de evidências eletrônicas; (b) modelos de requisição cautelar de guarda de registros (conforme previsão do Marco Civil da Internet); (c) modelos de Relatório de Serviço; (d) modelos de requisição de dados cadastrais e outras informações; e (e) modelos de representações (dezenas de modelos diferentes, para o deleite dos leitores!).

---

[4] Sobre o tema, vide nosso WENDT, Emerson. Infiltração de agentes policiais na Internet nos casos de "pedofilia": limites e perspectivas investigativas. In: BEZERRA, Clayton da Silva; AGNOLETTO, Giovani Celso. (orgs.). Pedofilia: repressão aos crimes de violência sexual contra crianças e adolescentes. Rio de Janeiro: Mallet Editora, 2017, p. 147-162.

[5] Sobre o tema de fontes abertas, vide nosso WENDT, Emerson; BARRETO, Alesandro Gonçalves; CASELLI, Guilherme. Investigação Digital em Fontes Abertas. Rio de Janeiro: Brasport, 2017. 249p.

O autor conclui o seu primeiro volume da obra "Investigação Criminal Tecnológica" com um passo a passo para verificação das informações de um domínio na Internet e, principalmente, com o contato de cada um dos principais provedores de conteúdo e de conexão à Internet.

Concluindo, repito o que disse de início: a obra de Higor Jorge é prática, fidedigna à realidade e às dificuldades que os investigadores atuais enfrentam, mas, acima de tudo, é um texto que os auxilia na sua missão de investigar dentro dos limites procedimentais, legais e constitucionais.

Emerson Wendt
Delegado de Polícia, Mestre em Direito e Chefe da Polícia Civil do Rio Grande do Sul

O Autor

HIGOR VINICIUS NOGUEIRA JORGE é Delegado de Polícia da Polícia Civil do Estado de São Paulo; membro da Associação Internacional de Investigação de Crimes de Alta Tecnologia (HTCIA); professor dos cursos de formação e aperfeiçoamento da Academia de Polícia do Estado de São Paulo; professor de inteligência cibernética da Secretaria Nacional de Segurança Pública (SENASP) do Ministério da Justiça; professor da pós-graduação em Direito Digital e *Compliance* do Damásio Educacional; palestrante do curso de inteligência estratégica da Associação dos Diplomados da Escola Superior de Guerra – representação de Campinas – e titular da cadeira 30 da Academia de Ciências, Artes e Letras dos Delegados de Polícia do Estado de São Paulo.

Foi diretor do Sindicato dos Delegados de Polícia do Estado de São Paulo (2011/2013 e 2014/2016) e presidente do Conselho de Ética da Associação dos Delegados de Polícia do Estado de São Paulo (2015/2017).

Em 2008 recebeu a "Medalha MMDC" da Sociedade Amigos de 32 – MMDC em São Paulo e, em 2017, recebeu Moção de Aplausos da Assembleia Legislativa do Estado de São Paulo e da Câmara Municipal de Santa Fé do Sul, Santana da Ponte Pensa e Guaratinguetá, bem como foi escolhido na categoria "Jurídica" entre os melhores Delegados de Polícia do Brasil pelo Portal Nacional dos Delegados & Revista da Defesa Social (<www.delegados.com.br>), juntamente com os delegados Alesandro Barreto, Bruno Zanotti, Cleopas Isaías, Emerson Wendt, Francisco Sannini Neto, Henrique Hoffmann e Márcio Anselmo.

Também no ano de 2017 foi contemplado com a Bolsa Arthur Troop (ATS), representando o continente americano, para participar de seminário no Centro Internacional de Conferências IBZ Schloss Gimborn, na Alemanha, pela *International Police Association* (IPA), oportunidade de aprofundar os conhecimentos sobre aeronaves remotamente pilotadas (drones), investigação tecnológica e segurança pública.

Graduado em Direito pelo Centro Universitário Toledo Araçatuba, pós-graduado em "Polícia Comunitária" pela Universidade do Sul de Santa Catarina e no MBA "Corrupção: controle e repressão aos desvios de recursos públicos" pela Universidade Estácio de Sá.

Nos últimos anos tem ministrado cursos e palestras sobre investigação de crimes cibernéticos, investigação criminal tecnológica, direito eletrônico, inteligência policial, segurança na internet e outros temas correlatos nos estados de São Paulo, Sergipe, Ceará, Bahia, Alagoas, Belo Horizonte, Mato Grosso do Sul, Pará, Tocantins, Piauí, Paraná, Santa Catarina, Roraima e no Distrito Federal e tem se destacado no noticiário nacional, participando de entrevistas em diversas emissoras e jornais do país sobre os referidos temas.

Possui os sites <www.higorjorge.com.br> e <www.crimesciberneticos.net>, a Fan Page <www.facebook.com/higorvnjorge> no Facebook, o perfil @delegadohigorjorge no Instagram e o perfil @higorjorge no Twitter.

Autor das seguintes obras:

- ➤ "Fake News – Doutrina e Prática", em parceria com outros autores, pela Editora Mallet (2018 – no prelo).
- ➤ "Medidas Protetivas – Doutrina e Prática", em parceria com outros autores, pela Editora Mallet (2018 – no prelo).
- ➤ "Combate à Exploração Sexual Infantil – Doutrina e Prática", em parceria com outros autores, pela Editora Mallet (1ª edição – 2017).
- ➤ "Temas Atuais de Polícia Judiciária", em parceria com outros autores, pela Editora Juspodivm (1ª edição – 2015; 2ª edição – 2016).
- ➤ "Combate ao Crime Cibernético – Doutrina e Prática", em parceria com outros autores, pela Editora Mallet (1ª edição – 2016).
- ➤ "Crimes Cibernéticos: ameaças e procedimentos de investigação" em parceria com o delegado Emerson Wendt, pela Editora Brasport (1ª edição – 2012; 2ª edição – 2013).
- ➤ "Legislação aplicada à Polícia Federal – Conforme o edital dos concursos para os cargos de nível superior e nível intermediário da Polícia Federal" – edição eletrônica (2014).
- ➤ "Legislação para o concurso de investigador de polícia da Polícia Civil do Estado de São Paulo" – edição eletrônica (2014).
- ➤ "Integração Nacional dos Setores de Inteligência Policial", em parceria com os delegados de polícia Luis Fernando Camargo da Cunha Lima, Roberto de Mello Annibal e Wilson Correia Silva, pela Associação dos Delegados de Polícia do Estado de São Paulo – ADPESP (2007).

Introdução da Coleção

Os avanços tecnológicos promoveram consistentes mudanças no seio social, sendo que algumas dessas mudanças foram muito positivas, proporcionando melhorias na qualidade de vida das pessoas, facilitando a troca de conhecimentos e experiências, e permitindo inúmeros benefícios, inclusive no que tange à atuação dos órgãos de segurança pública. Por outro lado, a incorporação dos recursos tecnológicos no dia a dia das pessoas desencadeou problemas muito sérios, desde a "dependência tecnológica" até os chamados "crimes cibernéticos". Além das facilidades e problemas, os avanços tecnológicos trouxeram termos que até há poucos anos não existiam, tais como: Bitcoin (BTC)[6], WhatsApp, Facebook, Telegram, SMS, MMS, VPN[7], Uber, *Cloud Computing*[8], *Big Data*[9], *Ransomware*[10], Internet das Coisas (IoT)[11] etc.

---

[6] Sistema econômico alternativo, que se autorregula, por intermédio de um sistema de mineração informatizado, criptografia de chave pública e um arquivo que registra todas as transações realizadas utilizando-se uma criptomoeda descentralizada, ou seja, cuja emissão não é controlada pelo Banco Central.

[7] Rede privada construída sobre uma infraestrutura de uma rede pública, que cria uma rede de comunicações entre computadores e outros dispositivos que possuem acesso restrito a quem possua as necessárias credenciais para esse fim.

[8] A computação na nuvem tem como característica o fornecimento de serviços de informática pela internet. São exemplos de computação na nuvem: serviços web na nuvem, software sob demanda (SaaS), provedor de gerenciamento de serviços etc.

[9] Grande conjunto de dados armazenados (estruturados e não estruturados) baseados em velocidade, variedade, valor, volume e veracidade.

[10] Programa de computador nocivo que inviabiliza o acesso a um sistema e exige o pagamento de um determinado valor para que a vítima possa novamente utilizar o sistema.

[11] Tradução da expressão em inglês *Internet of Things*, que trata de redes de comunicação, dispositivos e sistemas de controle, ou seja, a conectividade entre os objetos utilizados pelas pessoas, que torna mais eficaz o seu uso e melhora a vida das pessoas, por exemplo, por intermédio de câmeras de segurança via IP, *Smart* TVs, luzes e termostato inteligentes, sistema de alarmes, relógio que monitora a saúde do paciente, central de monitoramento de trânsito, lojas cujas prateleiras apresentam os produtos para os clientes, conforme as informações que possua sobre seus interesses e últimas compras, sendo todos esses equipamentos conectados à internet.

Em razão dessas novas perspectivas, é necessário que o policial à frente da investigação criminal esteja preparado para enfrentar os desafios propostos pela sociedade tecnológica e, principalmente, que tenha condições de utilizar a tecnologia para auxiliar na investigação de delitos.

O objetivo desta coleção, dividida em dois volumes, é discorrer, de forma sintética e didática, sobre alguns procedimentos utilizados na investigação criminal tecnológica, capazes de tornar mais eficaz a apuração de crimes.

Sumário

Introdução do Volume 1..	1
1. Investigação Criminal Tradicional *versus* Investigação Criminal Tecnológica	3
2. Investigação Criminal Tecnológica	5
Investigação criminal e porta lógica...	5
Investigação criminal e WhatsApp..	7
Procedimento para representação de interrupção do encaminhamento de arquivos disseminados pelo WhatsApp...	13
Solicitação de divulgação de emergência de WhatsApp – *Emergency Disclosure Requests* (EDR)...	17
Investigação criminal e Uber	19
Investigação criminal e Netflix...	28
Investigação criminal e Google, Apple e Waze	29
Google...	30
Apple...	31
Waze..	31
Investigação criminal e Facebook/Instagram	32
Investigação criminal e Ebay	33
Investigação criminal e OLX...	33
Investigação criminal e PayPal...	34
Infiltração virtual de agentes e Lei nº 13.441/17	35
Introdução..	35
Requisitos para a infiltração virtual de agentes	36
Legitimidade para provocar a infiltração	39
Prazo de duração..	42
Procedimento sigiloso..	43
Da proporcionalidade da infiltração virtual e da licitude da ação policial.....	45
Infiltração virtual: atividade de polícia judiciária.................................	46
Considerações finais	47

3. Elementos Disponíveis e Investigação Criminal ... 49

Buscadores ... 49
    Google ... 50
    UserSearch ... 59
    Worldcam ... 60

Sites de informações cadastrais ... 61
    Assecc do Brasil (MMD Mailing Informações Cadastrais LTDA – EPP) ... 61
    Catta ... 63
    Junta Comercial ... 65
    User Sherlock ... 66
    Outras fontes de informações ... 67

Versões anteriores de sites ... 67
Geolocalização de imagens e outros documentos eletrônicos ... 68
    Pic2Map Photo Location Viewer ... 71
    Jeffrey's Image Metadata Viewer ... 73

Informações sobre usuário de Facebook ... 80
    Obtenção de informações por intermédio de sites ... 80
    Obtenção de informações por intermédio da digitação de comandos ... 95

Informações sobre usuário de Instagram ... 99
Informações sobre usuário de Twitter ... 100

4. Modelos de Documentos de Polícia Judiciária ... 102

Auto de materialização de evidência eletrônica ... 102
    Modelo de auto de materialização de evidência eletrônica – Facebook ... 104
    Modelo de auto de materialização de evidência eletrônica – WhatsApp ... 105

Requisição cautelar de preservação de registros de conexão e de acesso a aplicações de internet ... 106
    Modelo de requisição de preservação cautelar de registros eletrônicos ... 108

Relatório de investigação ... 109
    Relatório de investigação sugerindo representação para que empresa de telefonia informe ligações realizadas pela ERB, bem como células utilizadas (*cell* ID) e azimute de cada ligação ... 109
    Relatório de investigação baseado em informações de geolocalização extraídas das ligações telefônicas dos investigados ... 111
    Relatório de investigação baseado em informações de geolocalização extraídas das ligações telefônicas dos investigados e outros dados relevantes ... 115
    Relatório de investigação decorrente de investigação de crimes relacionados com pornografia infantil na internet ... 120
    Relatório técnico sobre necessidade de infiltração policial na internet para investigar crimes relacionados com pornografia na rede mundial de computadores ... 123
    Relatório de investigação sobre informações recebidas da Apple sobre dados armazenados no iCloud da Apple ... 126
    Relatório técnico sobre celular utilizado para auxiliar no tráfico de drogas e que possui informações armazenadas no Google Drive e outros serviços fornecidos pelo Google ... 129

Requisição de dados cadastrais e outras informações ... 132
    Modelo de requisição de dados cadastrais de titular de linha telefônica ... 132
    Modelo de requisição de dados cadastrais de celular de interesse policial... 133
    Modelo de requisição de dados cadastrais de usuário de internet com base no seu protocolo de internet – IP ... 136
    Modelo de requisição de dados cadastrais de usuário/motorista do Uber ... 137
    Modelo de requisição de informações sobre o funcionamento de câmeras de monitoramento ... 138
    Modelo de requisição de dados das câmeras de monitoramento de empresa ... 139
    Modelo de requisição de informações para pedágio ... 140
    Modelo de requisição de informações de sistema de identificação automática de veículos (IAV) ... 142
    Modelo de requisição de informações de sistema de radares ... 143
    Modelo de requisição de dados de beneficiário de transação bancária (caso prático apresentado de forma resumida) ... 144
    Modelo de requisição para exame pericial em dispositivo de telefonia ... 145
    Modelo de reiteração de requisição de dados cadastrais ... 147
    Modelo de requisição de dados cadastrais de perfil do Facebook/Instagram ... 148
Representações ... 149
    Modelo de representação destinada ao WhatsApp para oferecer informações sobre usuários do aplicativo ... 149
    Modelo de representação destinada ao WhatsApp para interrupção do encaminhamento de arquivos disseminados pelo aplicativo ... 152
    Modelo de representação destinada ao Facebook – perfil falso utilizado para praticar crimes ... 154
    Modelo de representação destinada ao WhatsApp e ao Facebook ... 156
    Modelo de representação destinada à Uber para oferecer informações sobre usuários do aplicativo ... 159
    Modelo de representação para análise em conteúdo de celular (1) ... 162
    Modelo de representação para análise em conteúdo de celular (2) ... 163
    Modelo de interceptação ambiental e rastreabilidade ... 165
    Modelo de interceptação telefônica – tráfico e associação para o tráfico de drogas ... 166
    Modelo de representação destinada ao Google, ao Waze e à Apple – histórico de localização e utilização de aplicativos em determinado local ... 170
    Modelo de interceptação telefônica – genérico ... 173
    Modelo de representação para afastamento do sigilo de Estação Rádio Base – ERB (*Base Transceiver Station* – BTS) ... 176
    Modelo de representação para afastamento do sigilo de Estação Rádio Base – ERB (*Base Transceiver Station* – BTS), incluindo *Cell* ID das ligações ... 178
    Modelo de representação visando afastamento do sigilo eletrônico – registros de criação e acessos de perfil que publicou anúncio (caso prático apresentado de forma sintética) ... 180

Modelo de representação visando afastamento do sigilo eletrônico – registros do usuário de internet que publicou comentários anônimos em blog (caso prático apresentado de forma sintética).................................. 182
Modelo de representação visando afastamento do sigilo eletrônico – registros do usuário de internet que praticou crime de estelionato por intermédio do Mercado Livre e fez uso de e-mail com dados falsos (caso prático apresentado de forma sintética) 183
Modelo de representação visando afastamento do sigilo de dados telemáticos (informações armazenadas em nuvem – Google e Apple)....... 185
Modelo de representação visando realização de ação controlada 186
Modelo de representação visando fornecimento de histórico de ligações e mensagens (caso prático apresentado de forma sintética)......................... 189
Modelo de representação visando fornecimento de informações sobre movimentação dos cartões de crédito (caso prático apresentado de forma sintética).. 189
Representações e outros documentos relacionados com infiltração na internet... 190
    Modelo de representação oriunda da Polícia Civil visando obter autorização para infiltração policial em grupo do WhatsApp utilizado para compartilhamento de pornografia infantil... 190
    Modelo de representação oriunda da Polícia Civil visando obter autorização para infiltração policial em grupo da rede social Facebook utilizado para organizar invasão de dispositivo informático alheio para obtenção de segredo industrial.. 195
    Modelo de representação oriunda da Polícia Civil visando obter autorização para infiltração policial em grupo do aplicativo Instagram..... 199
    Modelo de representação oriunda da Polícia Civil visando obter autorização para infiltração policial em grupo do aplicativo Telegram 203
    Modelo de representação oriunda da Polícia Civil visando obter autorização para infiltração policial em sala de bate-papo frequentada por pessoa investigada pelo crime de estupro de vulnerável 206
    Modelo de representação visando renovar autorização para infiltração policial 209
    Modelo de relatório parcial da infiltração policial.. 211
    Modelo de relatório circunstanciado da infiltração policial – crimes contra a dignidade sexual de crianças e adolescentes.. 214
    Modelo de relatório circunstanciado da infiltração policial – crime de invasão de dispositivo informático 216
    Modelo de requerimento oriundo do Ministério Público Estadual visando obter autorização judicial para infiltração policial na internet 219
    Modelo de manifestação técnica do Delegado de Polícia... 222
Representações relacionadas com lavagem de dinheiro.. 224
    Modelo de representação para afastamento de sigilo bancário 224
    Modelo de representação para afastamento de sigilo fiscal............................. 227

5. Passo a Passo para Pesquisa no Banco de Dados do Registro.br (Domínio, Protocolos de Internet etc.) 230

6. Contatos dos Principais Provedores de Conexão (Acesso) e de Aplicações (Serviços) de Internet e Empresas Correlatas no Brasil...... 232

7. **Cooperação Jurídica Internacional** 238
   Formulário de auxílio jurídico em matéria penal 239

Referências 243

Introdução do Volume 1

O volume 1 aborda alguns procedimentos práticos de investigação criminal tecnológica, incluindo aspectos essenciais sobre infiltração virtual de agentes na rede mundial de computadores, Uber, WhatsApp e enfrentamento das denominadas *fake news*.

Outra temática apresentada na obra diz respeito à utilização de elementos disponíveis (fontes abertas) na investigação criminal, de modo que serão apresentadas informações sobre buscadores, sites que oferecem informações cadastrais de alvos, versões anteriores de sites, geolocalização de imagens e outros documentos eletrônicos e informações sobre usuários de Facebook, Instagram e Twitter.

Outro aspecto abordado diz respeito aos modelos de requisição, auto de materialização de evidências eletrônicas, representação de afastamento de sigilo eletrônico e relatório de investigação. Dentre os modelos, alguns foram elaborados pelo autor e outros elaborados por especialistas na área de investigação criminal tecnológica, tornando mais concreta a possibilidade de esclarecimento de crimes.

Para tornar a obra mais didática foram elaborados diagramas, sintetizando a demonstração dos procedimentos apontados nos modelos de documentos de Polícia Judiciária.

1. Investigação Criminal Tradicional *versus* Investigação Criminal Tecnológica

A investigação tradicional, como o próprio nome indica, envolve as principais ferramentas utilizadas em uma investigação, como, por exemplo, a utilização de técnicas de entrevista e interrogatório, a observação do alvo, a infiltração, vigilância e outras medidas capazes de auxiliar na elucidação de crimes.

Por outro lado, a denominada investigação criminal tecnológica é aquela baseada nos mais variados recursos eletrônicos. São exemplos de investigação tecnológica: interceptação telefônica e/ou telemática, pesquisa de informações disponíveis na internet e em bancos de dados físicos, pesquisa de imagens extraídas de recursos tecnológicos, incluindo câmeras de segurança, câmeras fotográficas, celulares, relatórios extraídos de softwares de análise de vínculos ou utilizados para examinar dispositivos informáticos e outros meios, dentre as inúmeras possibilidades que serão apontadas de forma simplificada e acessível nesta obra.

No ano de 2013, em conjunto com o delegado de polícia Emerson Wendt, o autor publicou o livro "Crimes Cibernéticos: ameaças e procedimentos de investigação" com o intuito de padronizar rotinas de investigação, bem como difundir os principais procedimentos de investigação de crimes cibernéticos, considerando que naquele momento não existiam obras em língua portuguesa com essa finalidade.

Alguns anos se passaram e o autor teve a oportunidade de participar da capacitação de milhares de policiais, nos cursos de formação, aperfeiçoamento e pós-graduação da Academia de Polícia da Polícia Civil do Estado de São Paulo (Acadepol), tendo sido relevante a apresentação de aulas em inúmeras edições do curso de especialização em procedimentos operacionais na investigação de crimes cometidos por meios eletrônicos na Acadepol. Mais recentemente, por intermédio da Secretaria Nacional de Segurança Pública, vinculada ao Ministério da Justiça, teve a oportunidade de trocar informações e apresentar aulas sobre inteligência cibernética para integrantes de órgãos de inteligência de diversos estados da federação e também durante suas aulas na pós-graduação em Direito Digital e *Compliance* do Damásio Educacional.

Em virtude de, diariamente, receber solicitações de orientação das mais variadas localidades, o subscritor elaborou esta obra porque acredita na importância de promover a difusão do conhecimento jurídico-técnico-policial e também para oferecer condições mínimas para que qualquer policial possa aplicar referidos procedimentos no dia a dia da elucidação de crimes.

2. Investigação Criminal Tecnológica

Investigação criminal e porta lógica

Em um período anterior ao Marco Civil da Internet (Lei nº 12.965/14), um grande problema da investigação dos crimes eletrônicos era que os provedores de conexão à internet e os provedores de aplicações de internet afirmavam que não tinham a obrigação legal de armazenar registros relacionados a seus clientes e, por isso, não forneciam para os policiais os dados de interesse da investigação criminal.

O Marco Civil da Internet passou a determinar certas obrigações aos provedores de conexão à internet[12] e provedores de aplicações de internet[13].

---

[12] Art. 13. Na provisão de conexão à internet, cabe ao administrador de sistema autônomo respectivo o dever de manter os registros de conexão, sob sigilo, em ambiente controlado e de segurança, pelo prazo de 1 (um) ano, nos termos do regulamento.

§ 1º A responsabilidade pela manutenção dos registros de conexão não poderá ser transferida a terceiros.

§ 2º A autoridade policial ou administrativa ou o Ministério Público poderá requerer cautelarmente que os registros de conexão sejam guardados por prazo superior ao previsto no *caput*.

§ 3º Na hipótese do § 2º, a autoridade requerente terá o prazo de 60 (sessenta) dias, contados a partir do requerimento, para ingressar com o pedido de autorização judicial de acesso aos registros previstos no *caput*.

§ 4º O provedor responsável pela guarda dos registros deverá manter sigilo em relação ao requerimento previsto no § 2º, que perderá sua eficácia caso o pedido de autorização judicial seja indeferido ou não tenha sido protocolado no prazo previsto no § 3º.

§ 5º Em qualquer hipótese, a disponibilização ao requerente dos registros de que trata este artigo deverá ser precedida de autorização judicial, conforme disposto na Seção IV deste Capítulo.

§ 6º Na aplicação de sanções pelo descumprimento ao disposto neste artigo, serão considerados a natureza e a gravidade da infração, os danos dela resultantes, eventual vantagem auferida pelo infrator, as circunstâncias agravantes, os antecedentes do infrator e a reincidência.

[13] Art. 15. O provedor de aplicações de internet constituído na forma de pessoa jurídica e que exerça essa atividade de forma organizada, profissionalmente e com fins econômicos, deverá manter os respectivos registros de acesso a aplicações de internet, sob sigilo, em ambiente controlado e de segurança, pelo prazo de 6 (seis) meses, nos termos do regulamento.

Ocorre que atualmente a história da não colaboração com a polícia se repete, em razão de não armazenarem informações sobre as portas lógicas, como será exposto a seguir.

Em razão da falta de IPs relacionados com a versão 4 do protocolo de internet (IPv4), foi criado o protocolo de internet versão 6 (IPv6) que permite oferecer IPs individuais para cada usuário. Contudo, nem todos os provedores migraram para o IPv6, sendo que atualmente muitos provedores compartilham os mesmos números entre diferentes clientes por intermédio do CGNAT ou *Carrier Grade NAT*.

O CGNAT é uma solução provisória em que um determinado IP público é direcionado a vários clientes da empresa e é realizado um procedimento denominado "porta lógica de origem". Essa porta lógica não é salva nesse *log* do servidor de origem. É realizado outro *log* acessório que se correlaciona com o primeiro. Esse *log* acessório permite identificar o usuário que tenha praticado o crime.

A título de sugestão, o subscritor recomenda que em todas as representações seja inserida a solicitação de fornecimento da porta lógica, além do endereçamento IP, data, horário e padrão de fuso horário. Caso as empresas se recusarem a fornecer a porta lógica e/ou outras informações para identificação dos dispositivos e responsabilização de usuários, é recomendável oficiar o Poder Judiciário para adoção de medidas pertinentes, como, por exemplo, multa diária ou outras medidas em desfavor da empresa, como a apuração do crime de desobediência em desfavor dos seus responsáveis.

Cabe citar artigo do renomado Renato Opice Blum, que discorre sobre a obrigatoriedade dos provedores:

---

§ 1º Ordem judicial poderá obrigar, por tempo certo, os provedores de aplicações de internet que não estão sujeitos ao disposto no *caput* a guardarem registros de acesso a aplicações de internet, desde que se trate de registros relativos a fatos específicos em período determinado.

§ 2º A autoridade policial ou administrativa ou o Ministério Público poderão requerer cautelarmente a qualquer provedor de aplicações de internet que os registros de acesso a aplicações de internet sejam guardados, inclusive por prazo superior ao previsto no *caput*, observado o disposto nos §§ 3º e 4º do art. 13.

§ 3º Em qualquer hipótese, a disponibilização ao requerente dos registros de que trata este artigo deverá ser precedida de autorização judicial, conforme disposto na Seção IV deste Capítulo.

§ 4º Na aplicação de sanções pelo descumprimento ao disposto neste artigo, serão considerados a natureza e a gravidade da infração, os danos dela resultantes, eventual vantagem auferida pelo infrator, as circunstâncias agravantes, os antecedentes do infrator e a reincidência.

Evidentemente, o legislador não conseguiu prever os improvisos do mercado, tais como o comentado compartilhamento de IPs. Ao contrário, toda a sistemática de identificação prevista no Marco Civil foi estruturada a partir da individualização dos dispositivos por endereços de IP (inciso III, IV, V e VI do art. 5º). A obrigatoriedade de identificação existe, é patente e está entre as finalidades da lei. Portanto, se a quebra desta sistemática ocorreu, é preciso aplicar ao novo contexto a mesma lógica da lei.

Além disso, é tão clara a imposição da imprescindibilidade de individualização dos internautas, que o Marco Civil destaca a possibilidade de os provedores de conexão e aplicações serem chamados a fornecer *informações que possam contribuir para a identificação do usuário ou do terminal* (§1º do art. 10).

Veja-se, também, que os princípios gerais do Marco Civil podem complementar o esclarecimento da questão: ao lado da proteção à privacidade e liberdade de expressão, seu texto prevê *a responsabilização dos agentes* (inciso VI, art. 3º) e a essencial *proteção ao usuário com indenização pelo dano material ou moral decorrente de violação* (inciso I do art. 7º).

Como se sabe, o sistema jurídico brasileiro veda o anonimato e, se provedores de conexão ou aplicações (estes últimos, mais resistentes) não empenharem esforços para possibilitar a identificação dos clientes, estarão, na prática, fomentando campo propício à prática de crimes[14].

Investigação criminal e WhatsApp[15]

O WhatsApp é um aplicativo de *smartphones* utilizado para troca de mensagens instantâneas, chamadas de voz, bem como o envio de fotos, áudios, vídeos e documentos, por intermédio de uma conexão com a internet. O aplicativo permite também o compartilhamento da localização do usuário, quando autorizado por este, mitigando ainda mais sua privacidade.

---

[14] BLUM, Renato Opice. Portas Lógicas de Origem: identificação e caos jurídico. **Jota**, 26 out. 2016. Disponível em: <https://www.jota.info/opiniao-e-analise/artigos/direito-digital-portas--logicas-de-origem-dificuldade-de-identificacao-e-o-caos-juridico-26102016>. Acesso em: 19 set. 2018.

[15] Adaptação das **Orientações sobre o WhatsApp – Versão 2017.5**, elaboradas por Higor Vinicius Nogueira Jorge e Marcos Tupinambá Martin Alves Pereira, professores da Academia de Polícia do Estado de São Paulo.

O WhatsApp recomenda que as requisições de informações não sejam exageradamente amplas ou vagas, sendo necessário identificar os registros solicitados de forma detalhada, constando o nome da autoridade que enviar a denúncia, o número do distintivo ou documento de identificação do oficial responsável, o endereço de e-mail com domínio do órgão policial e o número de telefone para contato direto.

As seguintes solicitações podem ser feitas perante o WhatsApp[16]:

Diretamente pelo Delegado de Polícia, Promotor de Justiça ou com ordem judicial

- ➤ Preservação de dados[17].
- ➤ Dados básicos de registro da conta (*Basic Subscriber Identification* – BSI)[18].
  - ➢ Informações sobre a data e a hora de criação do perfil.
  - ➢ Dados do dispositivo e sistema operacional utilizados para o acesso à internet[19].
  - ➢ Data e hora da última conexão.
  - ➢ Informação sobre conexão/uso do WhatsApp Web (se existir).
  - ➢ Data e hora da última conexão do WhatsApp Web (se existir).

Exclusivamente com ordem judicial[20,21]

- ➤ Grupos de que o usuário faz parte.

---

[16] Apesar dos autores das **Orientações** considerarem que o WhatsApp poderia promover a criação de usuário oculto para inserir em grupos do aplicativo, a empresa tem informado que não possui condições técnicas de realizar as referidas atividades. No início de 2018, foi divulgado na conferência de segurança Real World Crypto, em Zurique, na Suíça, um estudo da Universidade de Ruhr, na Alemanha, que demonstra ser possível ingressar em grupos do WhatsApp, por intermédio de um link de convite, bem como retardar as notificações de ingresso no grupo, sem a autorização do administrador do grupo. Mais informações podem ser obtidas na revista Wired (<www.wired.com/story/whatsapp-security-flaws-encryption-group-chats>) e no site da *International Association for Cryptologic Research* (<https://rwc.iacr.org>).

[17] Com relação à preservação, é necessário respeitar o prazo estabelecido no artigo 15, § 2º da Lei nº 12.965/14 (Marco Civil da Internet) para ingressar com o pedido de autorização judicial de acesso aos registros.

[18] Sem endereçamento IP.

[19] O WhatsApp não coleta informações com base no número IMEI do celular.

[20] Com relação à preservação, é necessário respeitar o prazo estabelecido no artigo 15, § 2º da Lei nº 12.965/14 (Marco Civil da Internet) para ingressar com o pedido de autorização judicial de acesso aos registros.

[21] A empresa somente informa a imagem de perfil do usuário no caso de Solicitações de Divulgação de Emergência – *Emergency Disclosure Requests* (EDR).

- *Logs* (registros) de acesso dos últimos seis meses de utilização contendo endereçamento IP e outras informações identificativas.
- Agenda de contatos.
- Porta lógica (importante nos casos em que os provedores de internet/telefonia compartilham o endereçamento IP de conexão com diversos usuários – a porta lógica somente será fornecida caso, no momento da coleta, o usuário esteja *on-line*).
- Com relação à investigação de grupos específicos, podem ser fornecidos foto e nome do grupo, data de criação, usuário que criou o grupo, administradores e lista de participantes[22].
- Suspensão do encaminhamento de arquivos veiculando conteúdo ilícito[23,24].
- Cancelamento de perfil de usuário de WhatsApp[25].

Observação

Deve ser enviado ofício, encaminhando a requisição do Delegado de Polícia (dados cadastrais) ou a ordem judicial, contendo os documentos digitalizados, para o e-mail **records@whatsapp.com**.

---

[22] Na prática, depois de recebida a ordem judicial, a empresa fornece uma listagem com informações básicas sobre os grupos. Em seguida, é necessária outra ordem judicial indicando os grupos de interesse da investigação para o fornecimento de informações mais detalhadas, como, por exemplo, informações sobre membros e administradores.

[23] É necessário indicar os links (URLs) do conteúdo ilícito na ordem judicial. Com fulcro nesta medida se realiza a suspensão da sua veiculação pelo referido aplicativo de comunicação. A medida permite enfrentar com eficácia a rápida difusão de informações e conteúdos considerados ilícitos por intermédio do WhatsApp. Recomendo leitura do artigo do delegado Alesandro Gonçalves Barreto com o título "WhatsApp: Como excluir conteúdo viral com cena de sexo envolvendo criança e adolescente", acessível no site: <https://www.delegados.com.br/noticia/whatsapp-como-excluir-conteudo-viral-com-cena-de-sexo-envolvendo-crianca-e-adolescente>.

[24] Outra medida que pode auxiliar a investigação criminal ou a atuação em campo da Polícia Civil é a representação perante o Poder Judiciário para que determine a suspensão da internet móvel dos celulares dos investigados. Referida medida pode estimular os investigados a utilizar o telefone convencional para manterem contato, facilitando eventual interceptação telefônica. Importante sugerir que conste na representação a necessidade de a ordem judicial estabelecer, dentro de determinado período, a faculdade do delegado de polícia solicitar que a operadora providencie a suspensão da internet móvel dos alvos.

[25] Em alguns casos torna-se necessário representar para que determinados perfis de usuários do WhatsApp sejam excluídos, como, por exemplo, quando se observa que usuários do aplicativo estão usando-o para praticar ações criminosas, sendo necessário excluir os perfis para que cesse a prática de crimes.

Conforme informações da empresa **WhatsApp Inc.**, o aplicativo utiliza criptografia ponto-a-ponto (*end-to-end*), não armazena mensagens após terem sido entregues, nem registros de transações de tais mensagens enviadas. As mensagens não entregues são excluídas dos servidores após 30 dias.

Para evitar o risco de perder as informações armazenadas nos bancos de dados do WhatsApp (e também em outros provedores de aplicações de internet), recomenda-se que o delegado de polícia, logo após tomar conhecimento da existência de informações de interesse da investigação, requisite a preservação dos dados, pois, como já apontado em outros trechos da obra, os provedores de aplicações de internet somente são obrigados a preservar os dados por seis meses. Cabe salientar que consta na obra modelo de requisição de preservação de dados e que não é necessário aguardar o envio de representação perante o Poder Judiciário para requisitar a preservação de dados.

É imprescindível utilizar um endereço de e-mail oficial para obter as informações almejadas.

Outro ponto necessário versa sobre os telefones alvos, que devem obrigatoriamente ser informados no formato internacional (+código do país–código de área–número de telefone). No caso do Brasil, o código do país é +55. Um telefone da cidade de São Paulo – SP seria representado da seguinte forma: +55-11-000000000.

A empresa recomenda que, em toda requisição/representação/ordem judicial, seja informada a natureza do crime em investigação.

Caso o WhatsApp se negue a fornecer as informações supra referidas, exigindo que a solicitação seja feita por intermédio de carta rogatória ou Acordo de Assistência Judiciária em Matéria Penal (MLAT), temos sugerido que o Poder Judiciário seja informado para adoção das medidas jurídicas pertinentes, cabendo a esta Autoridade Policial, na ocorrência de desobediência por parte da empresa alvo da ordem judicial, além da imediata comunicação ao juízo, a apuração penal da citada conduta recalcitrante. Além da representação para que o Poder Judiciário determine o bloqueio do CNPJ da empresa até que as informações sejam oferecidas[26].

É importante salientar que, nos casos de obtenção de dados cadastrais, conforme o §3º do artigo 10º da Lei nº 12.965/14, estes podem ser requisitados direta-

---

[26] Considerando o artigo 11, § 2º da Lei nº 12.965/14 (Marco Civil da Internet), temos defendido que o arbitramento da multa e outras sanções possam ser dirigidos também contra a empresa Facebook Serviços Online do Brasil Ltda (CNPJ 13.347.016/0001-17 – Rua Leopoldo Couto de Magalhães Junior, 700, 5º andar, Edifício Infinity, Itaim Bibi, São Paulo/SP, CEP 04542-000), em razão de o Facebook e WhatsApp pertencerem ao mesmo grupo econômico.

mente pelo Delegado de Polícia e enviados via ofício por meio eletrônico para o e-mail **records@whatsapp.com**; lembrando que, no caso de negativa no fornecimento dessas informações, é pertinente a apuração do crime de desobediência decorrente.

Utilização dos *logs* de acesso

Após o fornecimento dos *logs* de acesso pelo WhatsApp, os provedores responsáveis pelos endereços IPs informados devem ser identificados. A identificação é possível por intermédio da pesquisa IP no site: <https://registro.br/cgi-bin/whois/>.

Verificados os provedores, deve o Delegado de Polícia requisitar desses o fornecimento dos dados cadastrais do assinante. A informação sobre a alocação de endereço IP para o cliente da operadora pode ser requisitada diretamente pelo Delegado de Polícia, por serem estes apenas dados cadastrais, conforme o disposto no artigo 10, § 3º do Marco Civil da Internet.

Criptografia de *backup*

Importante esclarecer que a utilização do iCloud ou do Google Drive para realizar o *backup* de dados do WhatsApp obedece às regras dos referidos serviços.

Por exemplo, caso o juiz defira uma representação para fornecimento de informações do *backup* do WhatsApp, armazenadas no Google Drive, apenas as conversas estarão criptografadas, enquanto áudios, fotos e vídeos estarão no formato original, incluindo metadados (*exifs*), sendo uma ferramenta muito interessante para a investigação criminal tecnológica.

Um caso prático, apresentado pelo policial civil Hericson dos Santos, especializado na investigação de crimes eletrônicos: o delegado de polícia, em posse do número do celular, requisita perante a operadora de telefonia a identificação do IMEI do aparelho vinculado ao número. Ato contínuo, encaminha uma representação ao Poder Judiciário para que determine à empresa o fornecimento dos dados da nuvem incluindo histórico de localização, agenda de contatos, fotos, vídeos e outros dados relevantes.[27]

Importante destacar que esses serviços de armazenamento em nuvem conservam os metadados originais do arquivo, sendo possível colher muita informação, inclusive a localização e a data onde uma foto foi tirada.

---

[27] Anotações da palestra sobre crimes cibernéticos apresentada por Hericson em 04 de abril de 2018 na Unidade de Ensino e Pesquisa da Academia de Polícia de Araçatuba.

Quanto ao *backup* do WhatsApp, por intermédio dos referidos serviços, como afirmado supra, é importante salientar que as conversas são criptografadas, mas vídeos, fotos e áudios ficam armazenados pelos serviços de *backup* sem qualquer criptografia.

Hericson destaca também que, caso o celular não possua *backup*, ainda assim é possível trabalhar com outras informações vinculadas à conta. O endereço IP (*Internet Protocol*) de conexão é uma delas, determinando inclusive se o investigado utiliza a rede de dados 3G/4G da operadora ou alguma rede *wi-fi*.

Da mesma forma, a apreensão do celular e a realização da extração física dos dados também constituem uma grande fonte de informação a ser levada em consideração durante a investigação.

Ainda segundo Hericson dos Santos, as empresas exigem sempre que sejam informados IMEIs com 15 dígitos, cujo último número geralmente é 0.

Caso o policial tenha a informação do IMEI de 14 dígitos, ele pode acessar o site <https://www.imei.info/> e acrescentar mais um dígito, tentando uma combinação de 0 a 9 até que o site informe o IMEI válido.

No mesmo sentido são as orientações de Wolney da Silva Oliveira, especialista em inteligência policial, que durante a investigação de um caso concreto em Piracicaba, SP, afirmou que a solicitação dos dados cadastrais do IMEI deve oferecer sempre um IMEI com o dígito verificador correto. Em razão disso, ele sugere que sempre seja acessado o site <https://www.imei.info/calc>, que permite analisar a sequência correta da série no endereço.

Como comentado anteriormente, não olvidar que, em posse dos dados do IMEI, é possível obter a conta utilizada no sistema operacional e, posteriormente, por meio de ordem judicial, pode-se solicitar as informações armazenadas na nuvem ou, considerando as informações armazenadas pelas operadoras, o histórico de ligações realizadas e recebidas e de mensagens, incluindo as ERBs utilizadas.

Outras informações podem ser obtidas nos endereços: <https://www.whatsapp.com/legal/> e <https://faq.whatsapp.com/pt_br/general/26000050/>.

Direitos autorais

De acordo com o WhatsApp, caso seja necessário reportar violação de direitos autorais e/ou solicitar que o WhatsApp remova um conteúdo que esteja violando esses direitos (por exemplo: foto, nome de perfil ou status de um usuário do WhatsApp), deverá ser enviada uma solicitação de verificação de violação de direitos autorais para o e-mail <ip@whatsapp.com>.

Além disso, é possível enviar uma cópia da solicitação, via correio, para o agente de direitos autorais do WhatsApp no endereço:

WhatsApp Inc.
Attn: WhatsApp Copyright Agent
1601 Willow Road
Menlo Park, California, 94025
Estados Unidos
<ip@whatsapp.com>

Procedimento para representação de interrupção do encaminhamento de arquivos disseminados pelo WhatsApp[28]

Recentemente foi divulgado documento denominado: "Orientação técnica sobre suspensão de encaminhamentos de arquivos *fake news* no aplicativo WhatsApp", elaborado pelo Ciber Lab da Diretoria de Inteligência da Secretaria Nacional de Segurança Pública – Ministério da Justiça e também foi publicado esclarecedor artigo elaborado pelo delegado de polícia Alesandro Gonçalves Barreto sobre o mesmo tema[29].

Referida medida é necessária para impedir as consequências danosas da difusão de conteúdos ilícitos, como, por exemplo, imagens íntimas divulgadas sem a autorização das vítimas, pornografia infantil, racismo, apologia ao crime, notícias falsas sobre celebridades, políticos ou pessoas comuns, dentre outras possibilidades.

O período eleitoral que se aproxima tornará ainda mais evidente a disseminação de boatos pelo meio virtual para enaltecer ou conspurcar a imagem dos candidatos perante a população.

---

[28] Conforme anotações e imagens do curso de especialização em procedimentos operacionais na investigação de crimes cometidos por meio eletrônico, apresentado pelo autor da obra na Unidade de Ensino e Pesquisa (UEP) da Academia de Polícia na cidade de Piracicaba – SP.
[29] BARRETO, Alesandro Gonçalves. WhatsApp: Como excluir conteúdo viral com cena de sexo envolvendo criança e adolescente. Portal Nacional dos Delegados. Disponível em: <https://www.delegados.com.br/noticia/whatsapp-como-excluir-conteudo-viral-com-cena-de-sexo-envolvendo-crianca-e-adolescente>. Acesso em: 18 abr. 2018.

Em razão do exposto, a seguir serão apresentadas imagens com orientações sobre os procedimentos para obter os links dos conteúdos considerados ilícitos, por intermédio do aplicativo WhatsApp Web, utilizando-se do navegador Google Chrome[30]. Em posse destes links será necessário representar para que o Poder Judiciário determine a interrupção da sua difusão, conforme consta no modelo de representação que será apresentado no item que trata dos modelos de documentos de polícia judiciária.

Importante ressaltar novamente que a suspensão ocorre exclusivamente contra uma instância do compartilhamento; caso o usuário armazenar o arquivo em seu dispositivo (*download*) e realizar um novo envio (*upload*), o arquivo será novamente criptografado e ocorrerá a geração de um novo link, inviabilizando a suspensão da sua disseminação. Em razão dessa possibilidade, a empresa não informa o primeiro usuário a compartilhar o link.

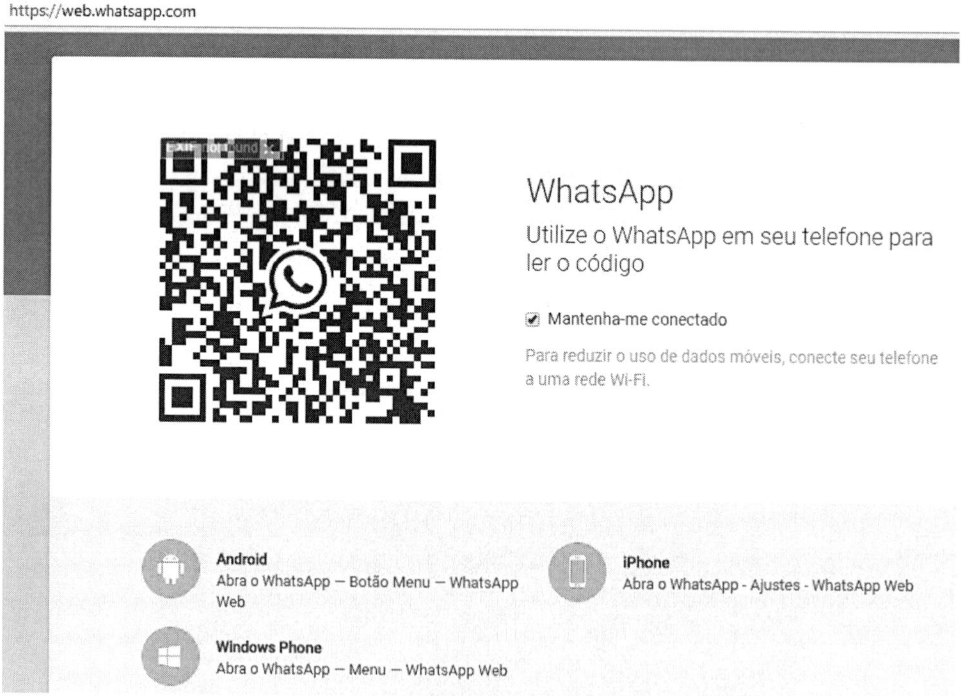

Figura 1 – Imagem inicial utilizada para acessar a versão web do aplicativo WhatsApp no endereço: <https://web.whatsapp.com>

---

[30] Recomenda-se a leitura do artigo supra referido, elaborado pelo delegado de polícia Alesandro Gonçalves Barreto.

Figura 2 – Recomenda-se a criação de grupo do WhatsApp exclusivamente para receber os arquivos com conteúdo ilícito e obtenção dos links que serão apresentados na representação

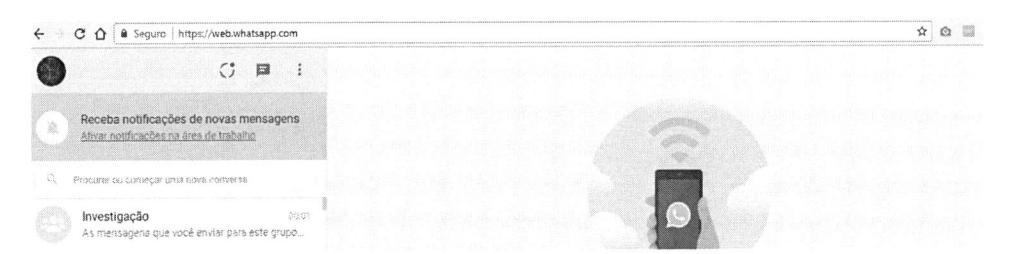

Figura 3 – Grupo "Investigação" criado

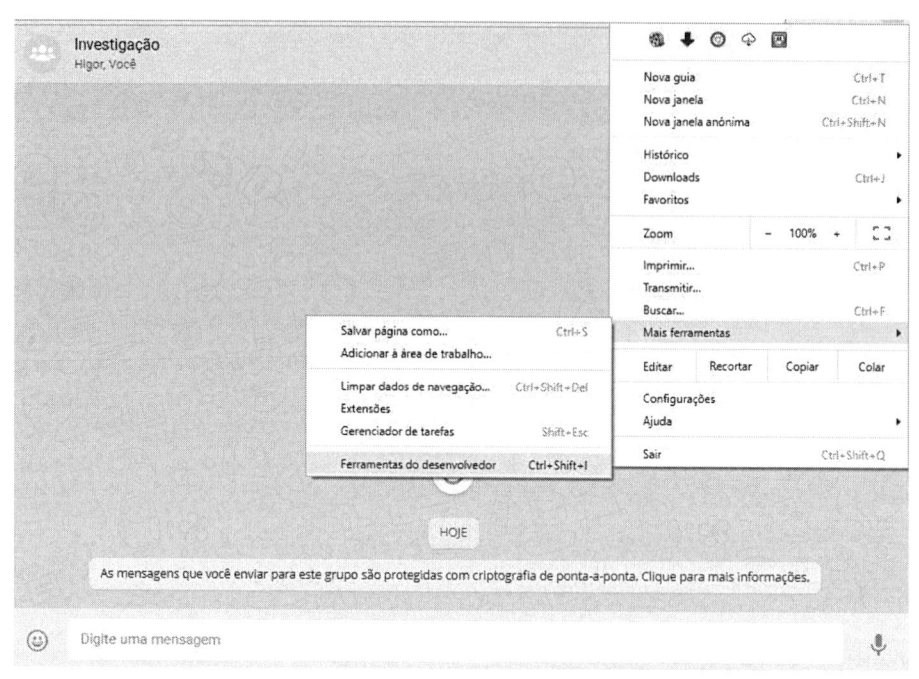

Figura 4 – Será necessário habilitar as "Ferramentas do desenvolvedor" para obter os links de interesse da investigação criminal

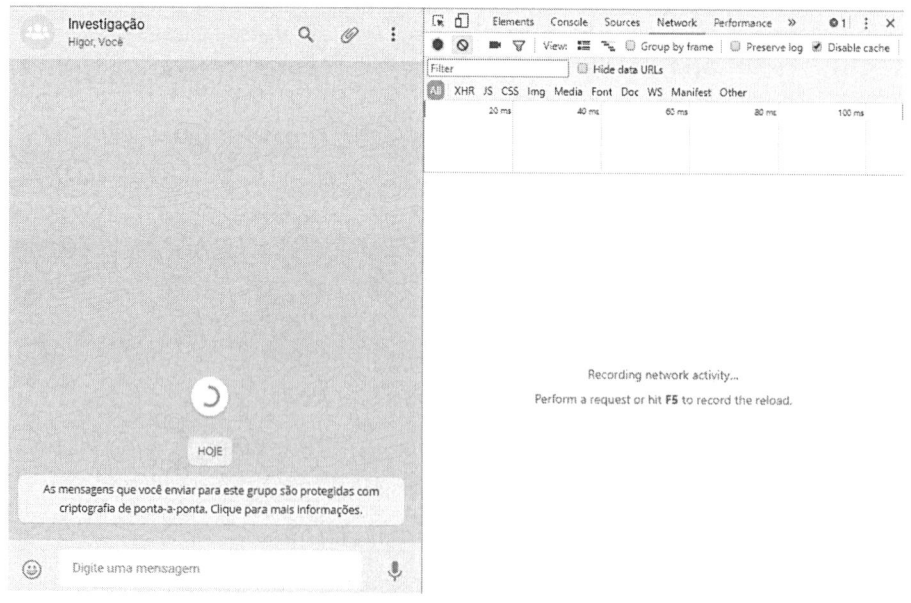

Figura 5 – Com as ferramentas do desenvolvedor disponíveis, deve-se clicar em: "Disable cache", "All" e "Clear", sendo este último botão localizado ao lado do círculo vermelho, acima do "Filter"

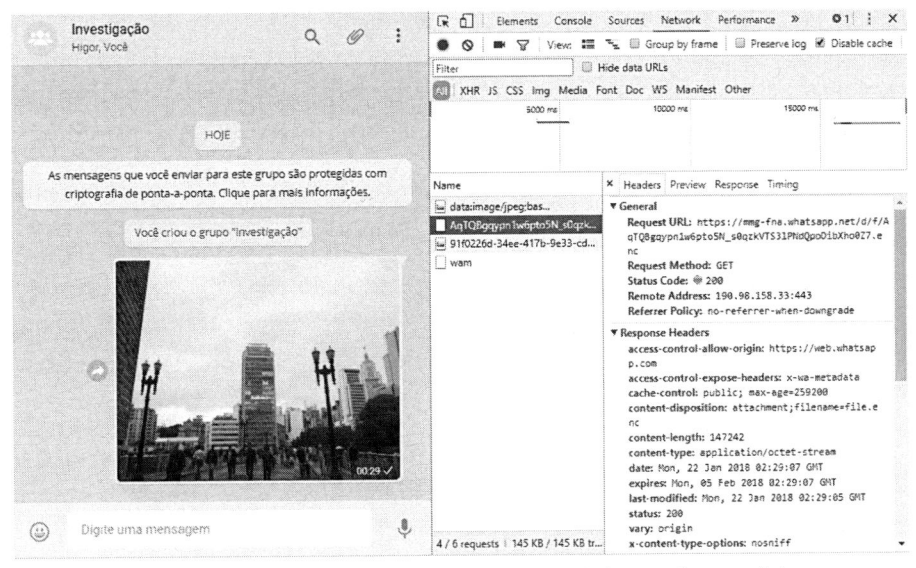

Figura 6 – Neste exemplo, uma imagem foi enviada e será necessário analisar os arquivos que constam na coluna "Name". O item "Request URL" apresenta o link do arquivo de interesse da investigação

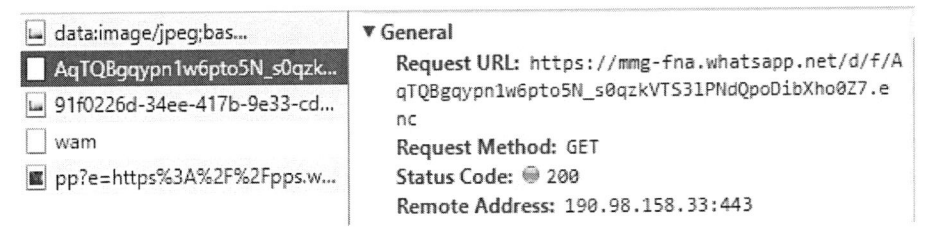

Figura 7 – Imagem ampliada para facilitar a localização do link

Figura 8 – Endereço do link que apresentará sempre o formato: https://mmg-fna.whatsapp.net/d/f/[...].enc

Solicitação de divulgação de emergência de WhatsApp – *Emergency Disclosure Requests* (EDR)

Nas hipóteses de risco de morte ou ferimentos físicos graves, como, por exemplo, nos casos de sequestro, suicídio, pessoa desaparecida, ameaça à segurança nacional etc., as regras da empresa são flexibilizadas e existe uma maior facilidade e celeridade no fornecimento de informações por intermédio do Formulário de Solicitação de Divulgação de Emergência – *Emergency Disclosure Requests* (EDR), conforme o modelo que será apresentado a seguir.

É necessário que conste no assunto do e-mail a palavra "EMERGÊNCIA", para que a solicitação seja processada com maior celeridade.

Também é importante esclarecer que o formulário de solicitação de divulgação de emergência indicado infra pode também ser acessado no formato PDF no endereço: <https://www.whatsapp.com/legal/WhatsApp-Emergency-Disclosure-Request---For-Official-Use-Only.pdf>.

Importante ressaltar que os principais provedores de aplicações de internet possuem respostas mais rápidas e menos requisitos a serem cumpridos nos casos de solicitações de emergência, como, por exemplo, os provedores de aplicações de internet Facebook, Instagram, Uber, Google, Apple etc.

Formulário de Solicitação de Divulgação de Emergência de WhatsApp

Este formulário deve ser preenchido se você for um funcionário público responsável pela persecução criminal e acreditar que o WhatsApp pode ter informações para ajudar a evitar uma situação de emergência, envolvendo risco de morte ou lesões físicas graves/gravíssimas, sem que haja tempo de proceder através do processo legal formal. Por favor, responda às cinco (5) perguntas a seguir para ajudar o WhatsApp a determinar se os critérios aplicáveis para divulgação foram atendidos, nos termos estabelecidos no 18 U.S.C. § 2702(b)(8) e § 2702(c)(4).

1. Qual é a natureza da emergência e quem está sendo ameaçado de morte ou de sofrer uma lesão corporal grave/gravíssima?
2. Por favor, explique a natureza da ameaça iminente e forneça as informações que indiquem que há um prazo específico antes do qual é imprescindível receber a informação e/ou que indiquem que há um prazo específico para que o ato indicado na resposta da Pergunta 1 ocorra (por exemplo, hoje à noite, amanhã à tarde).
3. Especificamente, qual informação em poder do WhatsApp e relacionada à emergência deseja receber?

    ESPECIFIQUE O NÚMERO DA CONTA DO WHATSAPP (INCLUINDO O CÓDIGO DO PAÍS) SOBRE A QUAL A INFORMAÇÃO ESTÁ SENDO REQUISITADA.

(Por gentileza, note que pedidos excessivamente amplos podem resultar no atraso de seu pedido.)

4. Por favor explique como a informação requisitada irá ajudar a prevenir a ameaça de morte ou de lesão corporal grave/gravíssima.
5. Caso uma mensagem enviada por uma conta do WhatsApp seja a base para crer que há um risco iminente, por favor anexe uma cópia desta mensagem a este formulário.

Certifico, sob pena de perjúrio, que as informações fornecidas neste formulário são verdadeiras.

Nome
Título
Agência
E-mail
Telefone
Celular
Assinatura manuscrita
Data

De acordo com o WhatsApp, todos os casos aparentes de exploração infantil são denunciados para o NCMEC (Centro Nacional para Crianças Desaparecidas e Exploradas), inclusive o conteúdo informado ao WhatsApp por órgãos oficiais, sendo que o NCMEC atua juntamente com o Centro Internacional para Crianças Desaparecidas e Exploradas e com as autoridades policiais de todo o mundo.

Caso uma solicitação tiver relação com exploração infantil ou com questões de segurança, deve-se especificar as circunstâncias (bem como incluir identificadores de denúncia do NCMEC relevantes) na solicitação visando permitir que os fatos possam ser tratados de modo célere e efetivo, conforme indicações previstas no endereço: <https://faq.whatsapp.com/pt_br/general/26000050/?category=5245250>.

Investigação criminal e Uber

Fundada em 2009, nos Estados Unidos (São Francisco, Califórnia), a Uber se popularizou por todo o mundo, inclusive no Brasil, e tem sido uma solução de transporte privado urbano por intermédio de um aplicativo que promove a comunicação entre passageiro e motorista.

Um dos principais atrativos da ferramenta é o seu custo muito baixo, se comparado com os valores cobrados pelos táxis convencionais.

O crime também acompanhou a popularização da Uber, como pode ser constatado ao observar diversos crimes praticados contra motoristas ou passageiros, sendo necessário que os policiais que realizarão a investigação tenham conhecimentos essenciais sobre as informações que podem ser fornecidas.

A empresa possui o Portal de Aplicação da Lei da Uber (*Uber Law Enforcement Portal*) no endereço <https://lert.uber.com> com o objetivo de receber as solicitações de informações[31].

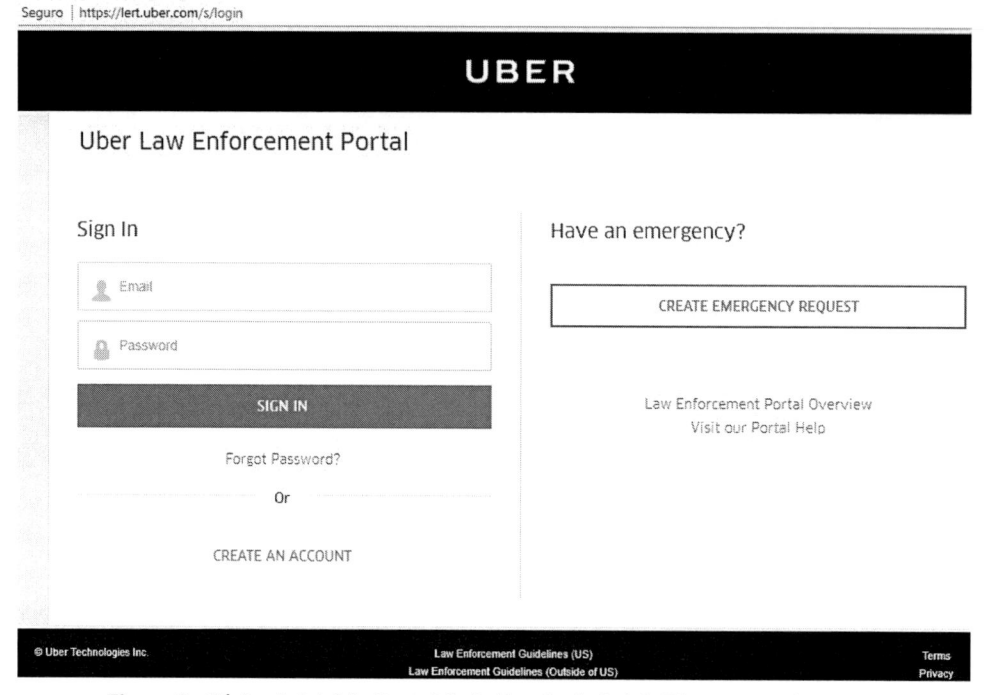

Figura 9 – Página inicial do Portal de Aplicação da Lei da Uber, contendo campo do login para seu acesso convencional e o link para acesso emergencial

Além disso, a empresa disponibilizou as "Diretrizes da Uber para Autoridades Policiais/Judiciárias – Fora dos EUA"[32] cujos aspectos essenciais serão abordados nas próximas linhas.

---

[31] É importante consignar que a Uber do Brasil Tecnologia Ltda pode também ser notificada na Avenida Brigadeiro Faria Lima, nº 201, 26º e 27º andares, salas 2601 e 2701, CEP 05426-100, São Paulo/SP.

[32] UBER. Diretrizes da Uber para Autoridades Policiais/Judiciárias – Fora dos EUA. Disponível em: <https://www.uber.com/pt-BR/legal/data-requests/guidelines-for-law-enforcement-outside-the-united-states/pt/#>. Acesso em: 18 abr. 2018.

Depois da utilização dos serviços, ou seja, após o término da viagem, é enviado um e-mail com um recibo contendo diversas informações, como, por exemplo, data, hora, locais de embarque e desembarque, itinerário, distância, duração, tarifa, método de pagamento e os nomes do passageiro e do condutor.

Os passageiros e motoristas podem acessar os recibos e as faturas das viagens anteriores realizadas consultando o aplicativo da Uber ou sua conta *on-line*.

Durante uma investigação criminal, por intermédio do Portal de Aplicação da Lei da Uber, as seguintes informações poderão ser prestadas, com relação aos clientes e motoristas da empresa:

a) Número de telefone.
b) Endereço de e-mail.
c) Nome.
d) Data de início e encerramento da conta Uber.
e) Endereçamento de IP, contendo data, horário e fuso horário, de cada um dos acessos.
f) Status, avaliação, forma de pagamento, comunicações com o serviço de atendimento ao cliente e fotografia.
g) Placas, informações sobre veículos, endereço, nome do motorista principal a quem o motorista está vinculado (se houver), informações sobre seguro, contratos, algumas comunicações entre motoristas e usuários e dados de localização de GPS.

A empresa aponta a necessidade da autoridade que realizar a solicitação informar o crime que teria sido praticado, informa que a preservação dos registros pode ser solicitada por intermédio do e-mail <LERT@uber.com> e esclarece que pode preservar os registros por 90 dias, sendo que podem prorrogar uma vez o requerimento por mais 90 dias.

É importante salientar que, na página inicial do Portal de Aplicação da Lei da Uber consta um link que permite enviar requerimentos urgentes e extraordinários, quando há urgência ou circunstâncias excepcionais que envolvem a proteção de um usuário, motorista ou terceiro que tenha sido fisicamente ferido, ou para interromper atividade ilegal que traga ameaça iminente de dano físico. O mesmo ocorre no caso de investigação criminal em que o tempo seja comprovadamente um elemento determinante.

Para obter as informações é necessário preencher o Formulário de Requerimento de Urgência, disponibilizado no endereço <https://lert.uber.com> e descrever com detalhes a natureza da emergência ou urgência, inclusive os detalhes sobre a natureza dos alegados danos físicos reais ou ameaçados ou circunstâncias excepcionais.

A empresa prestará as informações quando entender que há boa-fé, que isso poderá proteger usuários, motoristas, terceiros, a Uber ou também ajudar com investigações em circunstâncias extraordinárias.

Após ter sido superada a emergência ou situação extraordinária, a autoridade deve prosseguir com o processo legal aplicável.

É necessário fornecer o nome da autoridade requerente, número do distintivo/identidade do agente ou autoridade responsável, endereço de e-mail com nome de domínio da entidade Policial/Judiciária e número de contato direto do agente ou autoridade responsável.

De acordo com a empresa, poderá informar usuários e motoristas parceiros sobre requerimentos de autoridades Policiais/Judiciárias de suas informações antes de divulgar qualquer dado pessoal deles. Referida medida, para o subscritor, poderá implicar na responsabilização criminal dos responsáveis pela empresa no Brasil, tendo em vista que pode impedir a elucidação de crimes, colocar a vida de pessoas em risco ou até mesmo estimular a prática de crimes, sendo necessário rever referida medida apregoada pela empresa nas suas diretrizes.

Formulário de Requerimento de Urgência

Create an Emergency Request

Fill out the fields below to submit an emergency request.

•required

First Name•

Last Name•

Phone

Email Address•

Agency / Division•

Request Details

Short synopsis•

2

Nature Of Emergency

*select all that apply. One checkbox is REQUIRED

☐ A minor/youth is involved

☐ Missing Person / Kidnapping

☐ Sexual Assault

☐ Threat to personal safety

☐ Other

If other, describe nature of emergency [   ]

3

What information are you seeking?

Please list the data you are requesting as authorized by legal process.•

[   ]

4

Request Timeline

What time frame does your records request cover?

Requesting Records Beginning• [   ]

Requesting Records Ending• [   ]

5

What information can you provide?

Fill out at least one field in this section.

Driver Info•fill out all that apply

Driver Name [   ]

Driver Email

Driver Phone

Driver License Plate ☐

Driver Other Info ☐

Rider Info•fill out all that apply

Rider Name ☐

Rider Email

Rider Phone

Rider Credit Card # ☐

Rider Other Info ☐

Trip Info•fill out all that apply

Trip Date ☐

Trip Time
☐

Trip Start Location ☐

Trip End Location ☐

Trip ID ☐

Trip Type of Vehicle ☐

Trip Other Info ☐

Business Account Name ☐

Other pertinent details

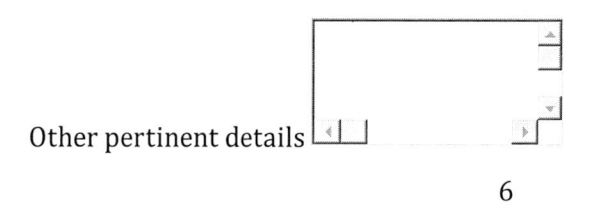

6

Signature

I certify I am a Law Enforcement Officer and the information I provided is true and accurate to the best of my knowledge.

Electronic Signature•

SUBMIT

Algumas imagens do Portal de Aplicação da Lei da Uber:

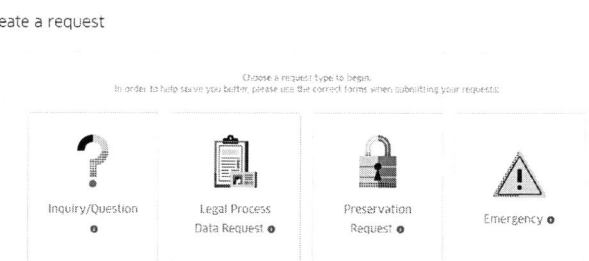

Figura 10 – Imagem do painel apresentado após o usuário inserir login e senha no Portal de Aplicação da Lei da Uber

Figura 11 – Links oferecidos ao usuário que acessa a opção "Create a Request"

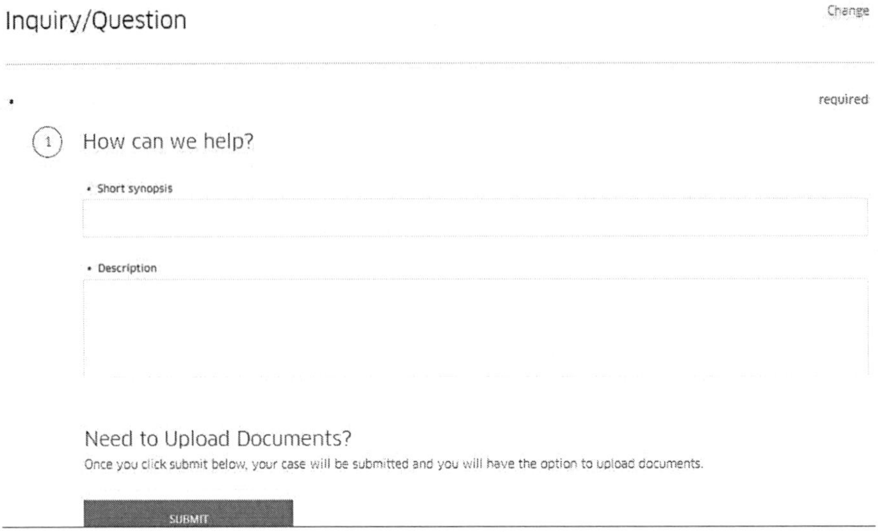

Figura 12 – Formulário para preenchimento de informações sobre o caso em investigação

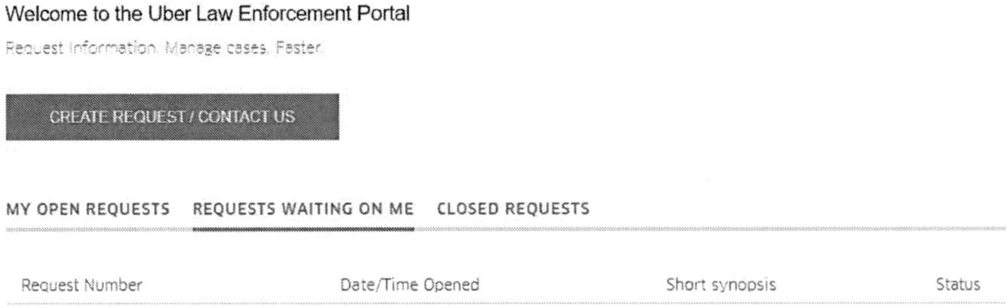

Figura 13 – Solicitações de informações aguardando resposta da Uber ("Requests waiting on me")

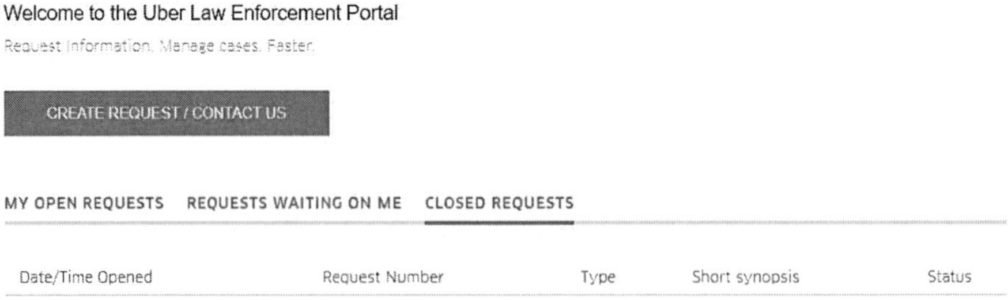

Figura 14 – Solicitações de informações encerradas ("Closed requests")

Figura 15 – Requisição de preservação de informações

Investigação criminal e Netflix

A Netflix é uma empresa global que oferece, por intermédio de *streaming*, filmes e séries de televisão. A empresa, no primeiro trimestre de 2018, anunciou a existência de 125 milhões de assinantes, sendo que o Brasil está entre os três países com maior número de clientes[33].

Nos últimos tempos tem sido muito comum a subtração de dispositivos eletrônicos conectados ao Netflix, principalmente *Smart* TVs.

Importante esclarecer que existem duas formas de obter informações do Netflix, sendo a primeira por intermédio da vítima. A vítima pode acessar a sua conta e obter os registros de acesso da plataforma, conforme será demonstrado mais adiante. Dentre as informações armazenadas no registro é possível observar data, horário, padrão de fuso-horário e endereçamento IP dos últimos acessos à Netflix, ou seja, em cada ocasião que o usuário utilizou o dispositivo para acessar a Netflix as informações referidas ficaram registradas.

De acordo com a empresa, as informações sobre dispositivos que foram desconectados há mais de sessenta dias não são exibidas.

Outra alternativa é encaminhar uma representação perante o Poder Judiciário, para que determine que a empresa informe os registros (*logs*) dos acessos realizados após a subtração do dispositivo, contendo data, horário, padrão de fuso-horário e endereçamento IP de cada um dos acessos.

Para acessar as informações de interesse para a investigação criminal, entre na página inicial da Netflix e, no ícone do topo à direita, acesse o menu. Em seguida, clique em "Conta" e, depois, em "Atividade recente no aparelho", conforme indicado na imagem a seguir.

---

[33] PENNAFORT, Roberta. Brasil já está entre os três principais mercados da Netflix. **O Estado de S. Paulo**, 15 mar. 2018. Disponível em: <https://cultura.estadao.com.br/noticias/televisao,brasil-ja-esta-entre-os-tres-principais-mercados-da-netflix,70002228916>. Acesso em: 13 jul. 2018.

Figura 16 – Conta do usuário

Figura 17 – Atividade recente do aparelho

Investigação criminal e Google, Apple e Waze

O Google, a Apple e o Waze possuem informações sobre seus clientes e muitos nem imaginam que podem auxiliar de forma muito eficaz a investigação criminal, sendo necessário representar perante o Poder Judiciário para que apresentem as informações de interesse, conforme indicado, de forma sintética, a seguir.

Google

O Google Brasil Internet Ltda. possui o seguinte endereço: Avenida Brigadeiro Faria Lima, 3477, 18º andar, CEP 04538-133, São Paulo, SP, e o e-mail para envio de ordem judicial ou requisição de dados cadastrais é: <lis-latam@google.com>.

O Google possui os seguintes serviços: Google Drive, Google Search, Blog Search, Google Books, Google Custom Search, Google Finance, Google Groups, Google News, Google Scholar, Google Translate, Google Product Search, Google Dashboard, AdSense, AdWords, DoubleClick, FeedBurner, 3D Warehouse, SketchUp, Google Apps, Google Browser Sync, Google Docs, Google Friend Connect, Google GrandCentral, Blogger, Inbox by Gmail, Gmail, Google+, Panoramio, Picasa Web Albuns, YouTube, Google App Engine, OpenSocial, Google Map Maker, Google Maps, Google Analytics, Google Chrome OS, Google TV, Google Earth.

O Google, mediante ordem judicial, pode fornecer informações sobre a utilização dessas ferramentas, incluindo sobre o *backup* do WhatsApp, sendo necessário informar o e-mail ou telefone utilizado.

Importante sempre informar o período de interesse para permitir que a informação seja fornecida de forma objetiva.

Cabe salientar a relevância das informações que podem ser fornecidas pelos serviços pertencentes ao Google. Por exemplo: um indivíduo estrangulou e matou uma pessoa em um local ermo. Durante a investigação o delegado de polícia representou perante o Poder Judiciário, que determinou que o Google informasse as pesquisas que ele realizou na referida ferramenta de buscas (Google Search). O Google apresentou informações que mostravam que, na véspera do crime, ele pesquisou sobre técnicas de estrangulamento.

Vale a pena esclarecer que outra forma de obter informações sobre o tipo de pesquisa realizada seria por intermédio da perícia no celular, *notebook* ou outro dispositivo utilizado pelo investigado. Contudo, nesse tipo de situação seria necessário apreender o dispositivo para que este fosse submetido à perícia. Nos casos em que o Google fornece as informações armazenadas nos seus bancos de dados, não é necessário apreender o dispositivo.

Recentemente essa outra forma de obtenção de informações sobre pesquisas realizadas pelo investigado foi muito importante para esclarecer uma investigação relacionada com pornografia infantil, sendo que o *notebook* do investigado foi apreendido e submetido a exame pericial, que constatou as pesquisas realizadas por ele.

Apple

A Apple possui o seguinte endereço: Rua Leopoldo Couto de Magalhães Junior, 700, Itaim Bibi, CEP 01454-901, São Paulo, SP e o e-mail utilizado para envio de ordem judicial ou requisição de dados cadastrais é: <lawenforcement@apple.com>.

Importante esclarecer que o e-mail tem que ser enviado de órgãos do governo e autoridades legais. Caso a solicitação judicial/policial for relacionada com cinco ou mais identificadores de dispositivos, tais como números de série ou IMEI, é necessário que estes sejam apresentados em formato de lista, em um formato editável, como números, Excel, Pages ou Word.

De acordo com a empresa, geralmente os números de série ou IMEI são necessários para procurar informações sobre os dispositivos. Os endereços de Apple ID ou de e-mail são necessários para procurar informações sobre contas e o cartão de crédito ou os números de ordem são necessários para procurar informações relacionadas a transações.

A empresa pode fornecer informações armazenadas no iCloud do alvo, incluindo imagens contendo os metadados, ou seja, informações que permitem inclusive a geolocalização do momento em que a foto foi obtida, registros de acessos ao iCloud, *backup*, além de outras informações relevantes para a investigação criminal.

Mais informações podem ser obtidas no endereço: <https://www.apple.com/legal/privacy/law-enforcement-guidelines-outside-us-br.pdf>.

Waze

A empresa Waze se localiza no endereço Google West Campus 3, 1505 Salado Dr, MTV-GWC3, e possui os seguintes e-mails: <support@waze.com> e <privacy@waze.com>).

Importante expor que a pesquisa pode ser feita com base em um número de celular ou em um perfil do Facebook, caso a conta do Waze tenha sido criada por intermédio do perfil de Facebook do alvo.

Dentre as informações fornecidas pela empresa, a mais importante é a trajetória do alvo, ou seja, a origem, o destino e os locais que ele passou, bem como dados cadastrais do usuário e registros de criação e de acesso ao aplicativo, contendo os endereçamentos IP.

Investigação criminal e Facebook/Instagram[34]

Uma grande parcela da população brasileira utiliza alguma rede social e o Facebook é atualmente a rede social mais acessada pelos internautas do país.

Como consequência, tem sido comum a utilização das informações das redes sociais como forma de auxílio à investigação criminal.

O Facebook possui informações disponíveis para qualquer internauta – inclusive, no decorrer desta obra são apresentados alguns procedimentos/ferramentas para a obtenção dessas informações baseadas em fontes abertas.

Por outro lado, o Facebook e o Instagram possuem informações que somente podem ser obtidas por intermédio do sistema *on-line* de auxílio aos órgãos de aplicação da lei, que pode ser acessado no endereço: <https://www.facebook.com/records>.

O sistema permite que informações possam ser requisitadas diretamente pelo delegado de polícia, como, por exemplo, dados cadastrais do usuário da rede social. O delegado de polícia também pode utilizar o sistema para oferecer requisição cautelar para preservação de informações armazenadas na rede social.

O portal também oferece os registros (*logs*) de criação e de acessos da rede social, contudo é necessário representar para o Poder Judiciário para que determine ao Facebook o fornecimento das informações aludidas.

É importante esclarecer que, para obter dados adicionais da rede social, como, por exemplo, conteúdo de mensagens, publicações, vídeos e fotografias, a ferramenta tem exigido que o policial utilize carta rogatória ou Acordo de Assistência Judiciária em Matéria Penal (MLAT)[35].

As informações solicitadas perante o Facebook/Instagram serão fornecidas por intermédio do sistema *on-line*, no formato PDF.

---

[34] WENDT, Emerson; JORGE, Higor Vinicius Nogueira. **Crimes Cibernéticos:** ameaças e procedimentos de investigação. 2. ed. Rio de Janeiro: Brasport, 2013.

[35] Em que pese o posicionamento do Facebook/Instagram no sentido de somente fornecer dados adicionais da rede social, o subscritor considera recomendável inserir os dados adicionais na representação e informar o Poder Judiciário sobre eventual descumprimento para adoção das medidas pertinentes.

Caso tratar-se de crime de maior gravidade, como organização criminosa, lavagem de dinheiro, pornografia infantil, sequestro ou cárcere privado, redução a condição análoga a escravo, tráfico de pessoas, extorsão mediante sequestro, extorsão qualificada, tráfico internacional de criança ou adolescente ou terrorismo, o Facebook/Instagram informa por intermédio de requisição, ou seja, sem ordem judicial, os dados cadastrais disponíveis (nome, dados de cartão de crédito, endereço de e-mail e/ou número de telefone) e endereços de IP de criação da(s) conta(s) alvo, se disponíveis.

Situação análoga ocorre com o WhatsApp. Ao arrepio da legislação que trata do poder geral de requisição do delegado (artigo 6º, III do Código de Processo Penal e artigo 2º, parágrafo 2º da Lei nº 12.830/2013) e do poder específico de requisição de dados cadastrais (artigo 15 da Lei nº 12.850/2013, artigo 17-B da Lei nº 9.613/1998 e artigo 11 da Lei nº 13.344/2016), as empresas exigem ordem judicial para que os dados cadastrais sejam fornecidos, quando o crime não se enquadra nas hipóteses anteriormente apontadas.

Investigação criminal e Ebay

O Ebay é considerado o maior site de compra e venda de produtos, sendo também um território fértil para a prática de fraudes eletrônicas, assim como o Mercado Livre, a OLX etc.

Durante uma investigação criminal, a solicitação de informações (dados cadastrais, registros de criação e de acessos ao perfil etc.) pode ser feita por intermédio do e-mail <lawenforcement@ebay.com>.

Importante esclarecer que o site possui um Centro de Segurança (<https://lers.corp.ebay.com>), que oferece acesso aos órgãos de aplicação da lei e também a clientes que desejem reportar fraudes ou subtração de bens para a polícia.

Contudo, atualmente a plataforma não tem aceitado e-mails com o domínio "policiacivil.sp.gov.br", sendo recomendável enviar o e-mail, conforme supra indicado, para obter as informações de interesse da investigação.

Investigação criminal e OLX

A plataforma de comércio eletrônico OLX é utilizada para a comercialização de produtos, mas também pode ser uma ferramenta para a prática de fraudes eletrônicas. Exemplo: o vendedor oferece um produto, a vítima paga e o vendedor desaparece.

Durante a investigação de um crime relacionado com a plataforma OLX é importante informar o endereço do anúncio (exemplo: https://sp.olx.com.br/sao-paulo-e-regiao/roupas-e-calcados/samb[...]) e/ou telefone do vendedor, código do anúncio ou e-mail.

O delegado de polícia pode requisitar os dados cadastrais do alvo.

Importante esclarecer que as comunicações realizadas pelo *chat* não são consideradas comunicações privadas pela OLX, sendo necessário inserir remetentes e destinatários e/ou período de interesse para que as informações sejam prestadas durante a investigação criminal.

Também, mediante ordem judicial, podem fornecer o *log* de criação e de todos os acessos, incluindo endereçamento IP, data, horário e padrão de fuso horário.

A requisição e/ou ordem judicial pode ser enviada para o e-mail <juridico@olxbr.com> ou para o endereço da empresa Bom Negócio Atividades de Internet Ltda. (Jurídico) Av. Paulista, 2064, 10º andar, Cerqueira César, São Paulo, SP, CEP 01210-928.

Investigação criminal e PayPal

O PayPal é uma empresa de pagamentos *on-line* muito utilizada em compras eletrônicas e, em períodos anteriores, fazia parte do Ebay.

Há algum tempo ambas as empresas passaram a utilizar plataformas diferentes de auxílio à aplicação da lei.

Durante uma investigação criminal, a solicitação de informações (dados cadastrais, registro de criação e de acessos ao perfil etc.) pode ser feita por intermédio do e-mail <lawenforcement@paypal.com>.

Importante esclarecer que o site possui uma plataforma de auxílio aos órgãos de aplicação da lei que pode ser acessada no endereço <https://safetyhub.paypalcorp.com>, sendo necessário inserir o e-mail do policial que estiver realizando a investigação para ter acesso às ferramentas oferecidas pelo site. Contudo, atualmente a plataforma não tem aceitado e-mails com o domínio "policiacivil.sp.gov.br", sendo recomendável enviar o e-mail, conforme supra indicado, para obter as informações de interesse da investigação.

Infiltração virtual de agentes e Lei nº 13.441/17[36]

Introdução

A infiltração de agentes encontra previsão legal na Lei de Drogas (art.53, I[37]) e mais recentemente na Lei nº 12.850/13, que trata das Organizações Criminosas. Contudo, foi este diploma normativo que efetivamente estabeleceu, ainda que de maneira tímida, o procedimento para a concretização desse importante meio de obtenção de prova.

Tendo em vista que nosso ordenamento jurídico não conceitua a infiltração de agentes, esta tarefa coube à doutrina especializada. Assim, de forma genérica, pode-se definir esse procedimento como uma técnica especial, excepcional, subsidiária de investigação criminal, dependente de prévia autorização judicial, sendo marcada pela dissimulação e sigilosidade. Conceitualmente, nessa técnica, o agente de polícia judiciária é inserido no bojo de uma organização criminosa com o objetivo de desarticular sua estrutura, prevenir a prática de novas infrações penais e viabilizar a identificação de fontes de provas suficientes para justificar o início do processo penal.

Sobre o tema, são precisas as lições de Nucci ao afirmar que a infiltração de agentes

> *representa uma penetração, em algum lugar ou coisa, de maneira lenta, pouco a pouco, correndo pelos seus meandros. Tal como a infiltração de água, que segue seu caminho pelas pequenas rachaduras de uma laje ou parede, sem ser percebida, o objetivo deste meio de captação de prova tem idêntico perfil.*[38]

Nota-se que, no contexto apresentado, a infiltração de agentes denota certa passividade do Estado, que deixa de agir diante da constatação de crimes graves,

---

[36] Adaptação do artigo "Infiltração virtual de agentes é um avanço nas técnicas especiais de investigação criminal", elaborado pelos delegados de polícia Francisco Sannini Neto e Higor Vinicius Nogueira Jorge. Extraído do site: <https://canalcienciascriminais.com.br/infiltracao-virtual-agentes/>. Acesso em: 18 abr. 2018.

[37] Art. 53. Em qualquer fase da persecução criminal relativa aos crimes previstos nesta Lei, são permitidos, além dos previstos em lei, mediante autorização judicial e ouvido o Ministério Público, os seguintes procedimentos investigatórios: I – a infiltração por agentes de polícia, em tarefas de investigação, constituída pelos órgãos especializados pertinentes.

[38] NUCCI, Guilherme de Souza. **Leis Penais e Processuais Comentadas**. 9. ed. Vol. 2. Rio de Janeiro: Forense, 2016, p. 724.

mas sob a justificativa de alcançar um interesse maior (reunir provas e elementos de informações sobre um crime), o que está absolutamente de acordo com o postulado da proporcionalidade, assegurando-se, assim, a eficiência da investigação criminal, nos moldes da **ação controlada**[39].

Nesse sentido, aliás, é recomendável que, ao representar pela infiltração, o delegado de polícia também represente para que o magistrado autorize o agente encoberto (*undercover*) a proceder a apreensão de documentos de qualquer natureza e a realizar filmagens ou escutas ambientais; afinal, o dinamismo desta técnica investigativa exige a adoção de tais medidas acautelatórias[40].

Também, como forma de aumentar a celeridade e eficácia da investigação, é importante que o delegado de polícia que esteja à frente do inquérito policial represente para que o Poder Judiciário determine que, durante a infiltração policial, as operadoras de telefonia forneçam senhas com a finalidade de permitir, em tempo real, pesquisa de dados cadastrais, IMEIs, histórico de ligações e Estações Rádio-Base (ERBs) em seus bancos de dados.

Feitas essas considerações iniciais, o objetivo desse trabalho é analisar a Lei nº 13.441/17, que altera o Estatuto da Criança e do Adolescente (Lei nº 8.069/90), criando a figura do **agente infiltrado na internet** para a investigação de crimes contra a liberdade ou dignidade sexual de crianças ou adolescentes. Trata-se, portanto, de uma infiltração **virtual** ou **cibernética**, que possui significativas distinções do procedimento de infiltração comum, especialmente no que se refere à integridade do agente infiltrado.

Requisitos para a infiltração virtual de agentes

Primeiramente, conforme estabelecido no artigo 190-A, inserido no ECA pela nova Lei, a **infiltração virtual de agentes** só poderá ser utilizada como técnica investigativa para a apuração dos crimes descritos no dispositivo em questão, ou seja, aqueles previstos nos artigos 240, 241, 241-A, 241-B, 241-C e 241-D, todos do Estatuto protetor da criança e adolescente, e artigos 154-A, 217-A, 218, 218-A e 218-B do Código Penal. Tendo em vista o caráter excepcional do pro-

---

[39] Neste meio de obtenção de prova a autoridade policial pode deixar de agir diante do que se acredita ser uma conduta criminosa, postergando sua intervenção para um momento mais oportuno do ponto de vista probatório.

[40] No mesmo sentido: GOMES, Luiz Flávio; SILVA, Marcelo Rodrigues. **Organizações criminosas e técnicas especiais de investigação:** questões controvertidas, aspectos teóricos e práticos e análise da Lei 12.850/2013. Salvador: Juspodivm, 2015, p. 409.

cedimento, entendemos que estamos diante de um rol taxativo de crimes que autorizam esta medida.

Note-se que o texto legal não exige a demonstração de **indícios de autoria** em relação aos crimes supracitados. Entretanto, basta uma análise perfunctória do artigo 190-A, inciso II e §3º, para que possamos concluir que este meio de obtenção de prova depende, sim, da existência de indícios de autoria. A uma porque o dispositivo estabelece que a **infiltração virtual** só será admitida em caráter residual, ou seja, supõe-se que a investigação já tenha um foco e, no mínimo, suspeitas em relação a determinada pessoa. A duas porque a lei exige o nome ou apelido da pessoa investigada, o que demonstra que o procedimento não pode se desenvolver de maneira prospectiva (visando verificar se o suspeito está ou não delinquindo) e aleatória (sem um alvo específico).

Sem embargo do exposto, entendemos que o ideal seria que não houvesse a necessidade de indícios de autoria para a adoção desse meio investigativo, pois, assim, o procedimento poderia se desenvolver de forma preventiva, evitando, consequentemente, a prática dos crimes que a lei visa coibir e viabilizando a identificação de pessoas propensas a praticá-los.

Consigne-se que com esta inovação legislativa é possível que surjam entendimentos no sentido de que os crimes supracitados também admitem a infiltração de agentes prevista na Lei nº 12.850/13, independentemente de demonstrados os indícios de existência de organização criminosa[41].

Data máxima vênia, não nos parece que o legislador tenha ampliado a possibilidade de adoção desta técnica de investigação para além de casos que envolvam uma estrutura organizada voltada à prática de crimes graves ou transnacionais, como fez expressamente no artigo 1º, §2º, incisos I e II, da Lei das Organizações Criminosas[42]. Reitera-se que estamos diante de técnicas semelhantes, mas que se distinguem em aspectos importantes, podendo o procedimento mais detalhado de infiltração de agentes previsto na Lei nº 12.850/13 ser utilizado apenas para complementar a previsão legal da **infiltração virtual de agentes**. Em ou-

---

[41] Art. 10, §2º, da Lei nº 12.850/13: Será admitida a infiltração se houver indícios de infração penal de que trata o art. 1º e se a prova não puder ser produzida por outros meios disponíveis.

[42] Destaque-se, nesse ponto, respeitável doutrina que entende não ser possível a infiltração de agentes sequer nas hipóteses do §2º, incisos I e II, do artigo 1º, da Lei nº 12.850/13, onde o legislador de maneira clara estende a aplicabilidade desta lei aos crimes à distância previstos em tratados ou convenções internacionais e aos crimes de terrorismo. Nesse sentido: GOMES, Luiz Flávio; SILVA, Marcelo Rodrigues. op. cit., p. 73.

tras palavras, a **infiltração virtual** seria apenas uma espécie do gênero **infiltração de agentes**.

Justamente por isso, parece-nos perfeitamente possível a adoção do procedimento de **infiltração virtual de agentes** para a apuração de organizações criminosas. Primeiro, porque a nova lei em momento algum estabelece essa vedação. E, como segundo argumento, nos valemos do princípio da proporcionalidade, pois se na investigação de organizações criminosas pode ser adotada a **infiltração pessoal**, que é muito mais arriscada e complexa, por óbvio que a **infiltração virtual** também servirá como técnica investigativa, afinal, se existe autorização legal para o mais, essa permissão é extensível ao menos.

Conforme já deixamos transparecer, a Lei nº 13.441/17, tal qual a Lei das Organizações Criminosas, estabelece que a **infiltração virtual de agentes** só pode ocorrer quando não houver outros meios de obtenção de prova disponíveis[43]. Isso significa que o juiz só deve autorizar esta medida diante do exaurimento de outras técnicas investigativas.

A razão para tal determinação na Lei nº 12.850/13 é óbvia e visa resguardar a integridade dos policiais diante dos riscos intrínsecos ao procedimento. Contudo, parece-nos que a mesma cautela não se faz necessária na **infiltração virtual**, uma vez que a forma como se desenvolve a medida (por meio da internet) não coloca em risco a integridade física do agente infiltrado[44]. Assim, não vemos razão para a exigência de subsidiariedade em relação a esta técnica de investigação, constituindo tal requisito um embaraço desnecessário no combate aos crimes em questão.

Destaque-se, ainda, que a **infiltração virtual de agentes** exige prévia e circunstanciada autorização judicial, que estabelecerá os limites da investigação cibernética. Trata-se, portanto, de medida sujeita à cláusula de reserva de jurisdição, não podendo ser adotada de forma direta pelas Polícias Judiciárias.

Por fim, lembramos que, diferentemente da Lei nº 12.850/13[45], a nova Lei nº 13.441/17 não exige a concordância do agente infiltrado para a sua realização. Nesse ponto andou bem o legislador, uma vez que, conforme exposto anterior-

---

[43] Art.190-A, §3º: A infiltração de agentes de polícia na internet não será admitida se a prova puder ser obtida por outros meios.

[44] É claro que nesse caso nos referimos aos riscos acima da média, pois a atividade policial, por si só, já acarreta alguns riscos inerentes à função.

[45] Art. 14. São direitos do agente: I – recusar ou fazer cessar a atuação infiltrada.

mente, o procedimento em questão não coloca em risco a integridade física do agente. Desse modo, a **infiltração virtual** não possui caráter voluntário.

Em resumo, portanto, são requisitos para a **infiltração virtual de agentes**: a) existência de indícios de autoria ou participação nos crimes previstos no *caput*, do artigo 190-A; b) não haver outros meios de obtenção de provas disponíveis; c) autorização judicial.

Legitimidade para provocar a infiltração

Nos termos do inciso II, do artigo 190-A, da Lei nova, o procedimento poderá ser provocado pelo Ministério Público, por meio de requerimento, ou pelo delegado de polícia, através de representação.

Parece-nos que o dispositivo em foco deve ser complementado analogicamente pelo artigo 10, da Lei nº 12.850/13, que prevê a necessidade de manifestação técnica do delegado de polícia nos casos em que a infiltração for requerida pelo Ministério Público. Nesse ponto valem as lições de Roque, Távora e Alencar ao comentar a Lei das Organizações Criminosas:

> *(...) andou muito bem o legislador em estabelecer tal requisito, pois, estando o delegado na condução do inquérito e à frente da investigação, tem maiores condições de aquilatar a viabilidade de uma medida desta natureza. Com efeito, de nada adiantaria as boas intenções ministeriais no sentido da autorização judicial se o delegado demonstra, por exemplo, que a possibilidade de o agente vir a ser descoberto é muito grande.*[46]

Destaque-se, ainda, que o delegado de polícia, como chefe de Polícia Judiciária, é a autoridade com aptidão para verificar as condições técnicas e estruturais para a realização deste meio investigativo. Isto, pois, a **infiltração de agentes** exige uma preparação adequada por parte do agente infiltrado, especialmente na **infiltração virtual**, onde o domínio da ciência da computação e o conhecimento de softwares e outras técnicas são essenciais para o sucesso da investigação. Desse modo, se não houver agentes de polícia judiciária aptos para a tarefa, o procedimento não deve se desenvolver, sob pena de se comprometer a produção de informações visando o correto exercício do direito de punir pertencente ao Estado.

---

[46] ROQUE, Fábio; TÁVORA, Nestor; ALENCAR, Rosmar Rodrigues. **Legislação Criminal para concursos**. Salvador: Juspodivm, 2016, p. 626.

A nova Lei também exige que na representação ou requerimento seja demonstrada a imprescindibilidade da diligência, o alcance das tarefas do **agente virtual** e os nomes ou apelidos das pessoas investigadas, bem como, quando possível, os **dados de conexão** ou **cadastrais** que permitam a sua identificação. Sobre tais dados, §2º, do artigo 190-A[47], explica que consideram-se **dados de conexão** "as informações referentes à hora, à data, ao início, ao término, à duração, ao endereço de Protocolo Internet (IP) utilizado e ao terminal de origem da conexão"; e **dados cadastrais** "informações referentes ao nome e endereço do assinante ou usuário registrado e autenticado para a conexão a quem um endereço de IP, identificação de usuário ou código de acesso tenha sido atribuído no momento da conexão".

O legislador também poderia ter estipulado, além dos dados de conexão e cadastrais, os denominados dados de acesso a aplicações de internet, que são os registros armazenados por serviços oferecidos pela internet, contendo hora, padrão de horário, data e protocolo de internet de cada um dos acessos realizados.

Por exemplo, uma pessoa é investigada por compartilhar imagens íntimas de crianças na rede mundial de computadores e possui um perfil na rede social Facebook, sendo que insere seu login e senha na referida rede social, no dia 08 de novembro de 2016, às 15:02:53, GMT -2, com o protocolo de internet 201.6.132.217. Essa informação poderá ser oferecida pela rede social em razão de uma determinação do juiz de direito decorrente da representação do delegado de polícia, sendo que, a cada acesso, as referidas informações permanecem armazenadas.

No caso apresentado como exemplo, poderia ser feita uma pesquisa no site <www.registro.br> e seria possível identificar a empresa CLARO S.A., que forneceu o acesso à rede mundial de computadores para o investigado.

Em resumo, pode-se afirmar que a pesquisa no referido site pode ser feita acessando o link Tecnologia, depois Ferramentas, em seguida, Serviço de Diretório Whois. Por fim, bastaria inserir o protocolo de internet utilizado e clicar em Versão com informações de contato.

Em posse dessas informações poderiam ser solicitados, perante a empresa de internet, os dados cadastrais, a localização do terminal onde é oferecido o acesso à rede e outros dados identificativos que permitam chegar até o criminoso.

---

[47] Destaque-se nesse ponto um erro material na Lei nº 13.441/17, uma vez que o §2º, do artigo 190-A, faz menção a um dispositivo inexistente, qual seja, inciso I, do §1º, do mesmo artigo, quando, na verdade, se referia ao inciso I do artigo 190-A.

O agente infiltrado é aquele que, após a concessão de autorização judicial, ingressa em um determinado grupo de pessoas que praticam crimes contra a dignidade sexual de crianças e adolescentes ou que comete crime de invasão de dispositivo informático e passa a se envolver com os integrantes do grupo para obter informações que permitam a identificação dos criminosos e a materialização dos crimes que tenham praticado. A rede mundial de computadores é o campo onde a prática desses crimes é desenvolvida, sendo que existe uma infinidade de recursos que podem ser utilizados para o êxito desse intento.

Nos primórdios da internet a comunicação entre pessoas era feita por intermédio do mIRC, ICQ, e-mail, dentre outras ferramentas; contudo, as referidas ferramentas também passaram a ser cada vez mais utilizadas na prática de crimes. Com o passar do tempo, essas ferramentas de comunicação foram evoluindo, mas os criminosos acompanharam as mudanças e também passaram a utilizá-las. Na atual conjuntura também se vislumbra a sua utilização na prática de invasões de dispositivos, abusos contra crianças e adolescentes, compartilhamento de imagens de conteúdo íntimo desses jovens ou na prática de outros delitos contra a dignidade sexual deles.

A infiltração de um agente policial não depende necessariamente de um conhecimento aprofundado sobre a tecnologia da informação e outras disciplinas correlatas. Na verdade, é necessário que haja um grande conhecimento sobre a denominada engenharia social, de forma que seja possível ingressar nesses grupos de criminosos, bem como obter informações sensíveis sobre seus integrantes.

De acordo com Wendt e Jorge:

> *A engenharia social pode também ser utilizada no âmbito da investigação criminal. Um exemplo muito comum se apresenta nas situações em que o policial se infiltra em uma organização criminosa para coletar indícios sobre a prática de crimes. Nesses casos são utilizadas técnicas de engenharia social para que seja coletado o maior número de informações. É, dentre outros termos, a engenharia social contra o crime.*
>
> *Existem diversas ferramentas na internet que facilitam a utilização da engenharia social e passam a buscar, de modo automatizado, informações sobre os alvos de interesse dos eventuais cibercriminosos*[48].

---

[48] WENDT, Emerson; JORGE, Higor Vinicius Nogueira. **Crimes Cibernéticos:** ameaças e procedimentos de investigação. 2. ed. Rio de Janeiro: Brasport, 2013.

Ainda de acordo com os autores:

> As principais técnicas utilizadas pelos engenheiros sociais são baseadas na manipulação da emoção de seus "alvos". Assim, trabalham principalmente com o medo, a ganância, a simpatia e, por último, a curiosidade. O usuário de internet, motivado por essas circunstâncias, acaba prestando informações que não devia ou clica em links que direcionam a sites de conteúdo malicioso e/ou para execução de algum código maléfico em sua máquina.
>
> Outro aspecto a destacar sobre a engenharia social é a utilização do chamado efeito saliência: quando o criminoso usa, para chamar a atenção de suas potenciais vítimas, algum assunto que está em destaque na mídia mundial, nacional e/ou regional, como a morte de um ator famoso, um acidente de grandes proporções etc.
>
> Por último, procurando traçar didaticamente o tema, outra característica da engenharia social é a ancoragem, quando os criminosos virtuais utilizam, para dar credibilidade aos seus atos, imagens de empresas de mídia, de bancos, de órgãos públicos etc.

Nota-se, pelo contexto apresentado, que essa nova técnica de investigação é extremamente valiosa no combate a uma criminalidade especializada, qual seja, aquela que se desenvolve por meio da internet. Por tudo isso, temos a convicção de que a **infiltração virtual de agentes**, diferentemente da técnica genérica prevista na Lei nº 12.850/13, tem aptidão para alcançar resultados imediatos na concretização da justiça.

Prazo de duração

De acordo com a doutrina[49], a infiltração de agentes pode ser classificada em duas modalidades: a) *light cover* ou infiltração leve, com duração máxima de seis meses e que exige menos engajamento por parte do agente infiltrado; e b) *deep cover* ou infiltração profunda, que se desenvolve por mais de seis meses, exigindo total imersão no bojo da organização criminosa, sendo que na maioria dos casos o agente infiltrado assume outra identidade e praticamente não mantém contato com a sua família. Nos termos do artigo 10, §3º, da Lei de Organizações Criminosas, admitem-se as duas formas de infiltração, uma vez que este procedimento pode ser adotado por seis meses, mas com a possibilidade de renovações.

---

[49] MASSON, Cleber; MARÇAL, Vinicius. **Crime Organizado**. 3. ed. Rio de Janeiro; São Paulo: Método, 2017, p. 318.

A Lei nº 13.441/17, por outro lado, estabelece que a **infiltração virtual** poderá se desenvolver pelo prazo de 90 dias, sem prejuízo de eventuais renovações, desde que não exceda o prazo máximo de 720 dias[50]. Percebe-se, destarte, que a inovação legislativa promovida no ECA também admite as duas formas de infiltração (*light cover* e *deep cover*). Consigne-se, todavia, que a necessidade da renovação do prazo deve ser devidamente demonstrada pela autoridade que a provocar, cabendo ao juiz decidir fundamentadamente em todos os casos, conforme já estabeleceu o Supremo Tribunal Federal em relação às renovações da interceptação telefônica.[51]

É interessante frisar que a Lei em análise, diferentemente da Lei nº 12.850/13 (art.10 §4º), não exige um relatório circunstanciado da diligência ao final do seu prazo de duração. Nos termos do seu artigo 190-A, §1º, o juiz e o Ministério Público poderão requisitar relatórios parciais acerca da infiltração antes do esgotamento do seu prazo, deixando claro que se trata de uma faculdade para essas autoridades. Não obstante, parece-nos que a exposição de relatório circunstanciado das diligências seja imprescindível para a renovação do procedimento, permitindo, ademais, a fiscalização dos atos de Polícia Judiciária. Sem embargo, entendemos, em analogia com o artigo 10, §5º, da Lei nº 12.850/13, que o delegado de polícia poderá determinar de seus agentes e o Ministério Público requisitar, a qualquer tempo, relatório parcial das atividades de infiltração.

De todo modo, a Lei nº 13.441/17 impõe que ao final da investigação todos os atos eletrônicos praticados durante a operação deverão ser registrados, gravados, armazenados e encaminhados ao juiz e ao Ministério Público, juntamente com relatório detalhado (art.190-E). Com o objetivo de assegurar a eficácia do procedimento de infiltração, preservar a identidade do agente infiltrado, bem como a intimidade da criança ou adolescente envolvidos, essa técnica excepcional de investigação deve ser formalizada em autos apartados, apensados ao inquérito policial de origem apenas ao final das diligências (art.190-E, parágrafo único).

Procedimento sigiloso

O artigo 190-B, da Lei nº 13.441/17, prevê que as informações obtidas através da **infiltração virtual** devem ser encaminhadas ao juiz responsável pela autorização da medida, que zelará pelo seu sigilo. Outrossim, visando assegurar a efi-

---

[50] Art.190-A, inciso III: não poderá exceder o prazo de 90 (noventa) dias, sem prejuízo de eventuais renovações, desde que o total não exceda a 720 (setecentos e vinte) dias e seja demonstrada sua efetiva necessidade, a critério da autoridade judicial.
[51] STF, HC 129.646/SP. Rel. Min. Celso de Mello.

cácia do procedimento, o parágrafo único desse artigo estabelece a sigilosidade da investigação até a conclusão das diligências, destacando que apenas o juiz, o Ministério Público e o delegado de polícia responsável pelo caso poderão ter acesso aos autos da infiltração.

Percebe-se que a nova lei não fez qualquer menção à forma de distribuição do requerimento ou representação pela **infiltração virtual**, razão pela qual deve-se aplicar por analogia o artigo 12, da Lei nº 12.850/12[52], assegurando-se, assim, a sigilosidade dessa técnica de investigação desde o seu início, o que, vale dizer, pode ser essencial para o sucesso da medida.

Consigne-se nesse ponto que a Lei das Organizações Criminosas prevê no seu artigo 14, inciso III, ser direito do agente infiltrado "ter seu nome, sua qualificação, sua imagem, sua voz e demais informações pessoais preservadas durante a **investigação** e o **processo criminal**, salvo se houver decisão judicial em contrário" (grifamos). Sob tais premissas, questiona-se: esse direito seria extensível ao **agente virtual**?

Antes de respondermos essa indagação, salientamos que o tema causa enorme polêmica no âmbito da Lei nº 12.850/13, onde para uma parcela da doutrina o agente infiltrado poderia ser ouvido como **testemunha anônima**, desde que o advogado do acusado participe da produção dessa prova[53]. Uma segunda corrente, por outro lado, a qual nos filiamos, sustenta que nem sequer a defesa poderá participar da audiência do agente infiltrado.[54] Isto, pois, o réu se defende dos fatos e não das pessoas, sendo certo que os princípios do contraditório e ampla defesa poderão ser observados em uma audiência especial, sem que as características do agente sejam expostas. Com efeito, além de proteger a integridade física do agente em relação aos acusados do processo, o **depoimento anônimo** também viabilizaria a sua participação em infiltrações futuras.

Agora, em se tratando da **infiltração virtual de agentes**, não há razões para se preservar a identidade do agente em relação à defesa após a conclusão do procedimento. Ora, é cediço que os policiais de um modo geral desenvolvem uma atividade de risco, não havendo diferença entre um policial que consegue reunir

---

[52] Art. 12, Lei nº 12.850/13: O pedido de infiltração será sigilosamente distribuído, de forma a não conter informações que possam indicar a operação a ser efetivada ou identificar o agente que será infiltrado.

[53] LIMA, Renato Brasileiro de. Legislação Criminal Especial Comentada. 4. ed. Salvador: Juspodivm, 2016, p. 589.

[54] MENDRONI, Marcelo Batlouni. **Comentários à Lei de Combate ao Crime Organizado – Lei nº 12.850/13**. São Paulo: Atlas, 2014, p. 82.

provas e elementos de informações contra um "pedófilo", por exemplo, através de uma investigação convencional ou por meio de uma **infiltração virtual**. Tanto em um caso como no outro, a ação policial poderia dar ensejo a retaliações por parte dos criminosos.

Demais disso, tendo em vista que a diligência se desenvolve pela internet, de maneira que a identidade física do agente não possa ser revelada, não vemos a necessidade de preservar o seu nome, sua qualificação, sua voz e demais informações pessoais durante o processo, pois tais revelações nem sequer inviabilizariam sua participação em infiltrações futuras. Sem embargo, o artigo 190-E, da nova lei, assegura a preservação da identidade do agente infiltrado[55], sendo que tal previsão não se aplica à defesa no processo, conforme já salientado.

Da proporcionalidade da infiltração virtual e da licitude da ação policial

O artigo 190-C, parágrafo único, dispõe que: "O agente infiltrado que deixar de observar a estrita finalidade da investigação responderá pelos excessos praticados". Como todo servidor público, o **agente policial virtual** deve pautar suas condutas pelos princípios constitucionais da legalidade, impessoalidade, moralidade, eficiência, proporcionalidade etc.

Com efeito, é imprescindível que o agente infiltrado desenvolva suas ações com base nos limites impostos pelo juiz na decisão que autorizou o procedimento, atentando-se especialmente para o prazo estabelecido e o objeto da investigação. Assim, o policial que se aproveitar da diligência para armazenar fotografia ou vídeo de cunho pornográfico envolvendo criança ou adolescente para satisfazer sua própria lascívia responderá pelo crime previsto no artigo 241-B do Estatuto da Criança e do Adolescente. Haverá, outrossim, desvio de finalidade nos casos em que o agente se aproveita da identidade virtual fictícia para efetivar transações pessoais de seu interesse pela internet.

Se, por outro lado, ele **armazenar** em seu computador de trabalho, por exemplo, fotografia, vídeo ou qualquer outra forma de registro que contenha material pornográfico infantil com a finalidade de eventualmente transmiti-lo para uma pessoa investigada, tudo com o objetivo de ganhar a sua confiança e, assim, re-

---

[55] Art. 190-E – Parágrafo único: "Os atos eletrônicos registrados citados no *caput* deste artigo serão reunidos em autos apartados e apensados ao processo criminal juntamente com o inquérito policial, **assegurando-se a preservação da identidade do agente policial infiltrado** e a intimidade das crianças e dos adolescentes envolvidos" (grifamos).

forçar os indícios de autoria e materialidade criminosa (técnica de engenharia social), não há que se cogitar a prática dos crimes previstos nos artigos 241-A[56] e 241-B[57] do ECA.

Em tais situações, considerando seu *animus* investigativo e observadas as regras de proporcionalidade no desenvolvimento da infiltração, considerando, ademais, que a intenção do agente policial é proteger o bem jurídico tutelado pelos tipos penais e não ofendê-los (ausência de dolo), exclui-se, em nosso ponto de vista, a própria tipicidade da conduta, sendo perfeitamente aplicável a **teoria da tipicidade conglobante**.

Por fim, o artigo 190-C, *caput*, da Lei nº 13.441/17, estabelece que não comete crime o policial que oculta sua identidade para, por meio da internet, colher indícios de autoria e materialidade dos crimes previstos no *caput* do artigo 190-A. Trata-se de uma hipótese de excludente de ilicitude pelo estrito cumprimento do dever legal[58], desde que, é claro, o agente observe os limites e as finalidades da investigação, conforme exposto anteriormente.

Infiltração virtual: atividade de polícia judiciária

Feitas todas as considerações acerca desse novo instituto e considerando a natureza investigativa da infiltração de agentes, concluímos que a **infiltração virtual** só pode ser efetivada por policiais civis ou federais.

Reforçando esse entendimento, o artigo 190-A, inciso II, da nova Lei faz menção expressa à necessidade de representação do delegado de polícia para a adoção da medida, sendo certo que, nos casos em que ela for requerida pelo Ministério Público, será necessária a manifestação técnica da autoridade policial, em analogia com o artigo 10 da Lei nº 12.850/13.

Se não bastasse, o §3º do artigo 190-A exige que a **infiltração virtual** seja utilizada apenas em último caso, quando não houver outros meios de obtenção de

---

[56] Art.241-A: Oferecer, trocar, disponibilizar, transmitir, distribuir, publicar ou divulgar por qualquer meio, inclusive por meio de sistema de informática ou telemático, fotografia, vídeo ou outro registro que contenha cena de sexo explícito ou pornográfica envolvendo criança ou adolescente: Pena – reclusão, de 3 (três) a 6 (seis) anos, e multa.

[57] Art. 241-B: Adquirir, possuir ou armazenar, por qualquer meio, fotografia, vídeo ou outra forma de registro que contenha cena de sexo explícito ou pornográfica envolvendo criança ou adolescente: Pena – reclusão, de 1 (um) a 4 (quatro) anos, e multa.

[58] Para os adeptos da teoria da tipicidade conglobante, pode-se falar na atipicidade da conduta, uma vez que a atuação do agente infiltrado é autorizada pela lei.

provas disponíveis. Isso significa que o juiz só deve autorizar esta medida diante do exaurimento de outras técnicas investigativas, o que, uma vez mais, inviabiliza a infiltração de agentes que não compõem os quadros das Polícias Judiciárias, responsáveis, nos termos da Constituição da República, pela apuração de infrações penais.

Nesse cenário, pode-se afirmar que é ilegal a infiltração realizada por policial militar, por exemplo, ainda que sob o comando do delegado de polícia. Da mesma forma, é vedada a infiltração virtual de agentes do Ministério Público nas investigações que correrem sob a responsabilidade deste órgão.[59] Por fim, os agentes da Abin (Agência Brasileira de Inteligência) também não estão autorizados a executar este procedimento, muito embora seja recomendável o apoio técnico às Polícias Judiciárias visando uma maior eficácia da investigação.

Considerações finais

Considerando os aspectos que envolvem a infiltração policial na internet, pode-se concluir que a referida medida é imprescindível para enfrentar com eficácia muitos dos crimes praticados contra a dignidade sexual das crianças e dos adolescentes através da rede mundial de computadores, bem como os crimes relacionados com a invasão de dispositivo informático.

Não obstante, parece-nos imprescindível que a nossa legislação avance no sentido de inserir essa técnica especial de investigação no próprio Código de Processo Penal, de forma a estender a **infiltração virtual** para outros crimes que, muitas vezes, necessitam de uma medida dessa natureza para que não haja impunidade, como, por exemplo, em alguns casos de homicídio, latrocínio, extorsão mediante sequestro ou até mesmo crimes de ameaça ou contra a honra, praticados de forma contumaz em face de determinadas vítimas por intermédio da internet.

De maneira ilustrativa, a infiltração de agentes na internet seria absolutamente eficaz no enfrentamento de comportamentos nocivos, como o observado em razão do denominado "Desafio da Baleia Azul", que utiliza redes sociais para agregar jovens, que geralmente apresentam um quadro de depressão, que são estimulados a realizar um total de cinquenta mórbidos desafios, sendo que o último deles consiste em tirar a própria vida.

Nesse cenário é possível, ao menos em tese, que os autores sejam responsabilizados pelo crime de induzimento, instigação ou auxílio ao suicídio (art.122, CP),

---

[59] No mesmo sentido, CUNHA, Rogério Sanches; PINTO, Ronaldo Batista. op.cit., p. 99.

ou, ainda, em se tratando de vítima menor de 14 anos, pode caracterizar o crime de homicídio.

Em conclusão, é necessário que se promova a capacitação de todos os integrantes da persecução penal para lidarem com essa nova realidade, que, cada vez mais, vem demonstrando seus efeitos nocivos e colocando em risco a vida de nossos jovens. Da mesma forma, é mister que o Estado intensifique a adoção de medidas de caráter educativo visando a conscientização de crianças e adolescentes sobre o uso ético e seguro da internet.

3. Elementos Disponíveis e Investigação Criminal

A produção de conhecimentos com o auxílio de elementos disponíveis, em apertada síntese, pode ser definida como a utilização de dados ou informações acessíveis a qualquer pessoa, ou seja, livres de sigilo, com o intuito de auxiliar a atuação do policial que realizará a investigação criminal ou o agente de inteligência que produzirá um determinado tipo de conhecimento.

Nos próximos tópicos serão apresentados alguns instrumentos que facilitam a produção de conhecimentos com essas finalidades.

Buscadores

Existe uma infinidade de buscadores, tais como: Baidu (<http://www.baidu.com/>), Bing (<https://www.bing.com/>), Blippex (<http://blippex.org/>), Qwant (<https://www.qwant.com/>), Yahoo (<https://br.search.yahoo.com/>), DuckDuckGo (<https://duckduckgo.com/>), Google (<https://www.google.com.br/>), Searx (<https://searx.me/>), Yandex (<https://yandex.com/>), Exalead (<http://www.exalead.com/search/web/>), AOL (<http://search.aol.com>), Ask (<http://www.ask.com>), entireweb (<https://www.entireweb.com>), Factbites (<http://www.factbites.com>), Gigablast (<http://gigablast.com>), Google Advanced Search (<https://www.google.com/advanced_search>), Jive Search (<https://www.jivesearch.com>), Lycos (<http://www.lycos.com>), MyWebSearch (<https://hp.mywebsearch.com/mywebsearch/index.html>), Teoma (<http://www.teoma.com>), Wolfram Alpha (<http://www.wolframalpha.com>), All-in-One (<https://all-io.net/>), AllTheInternet (<https://www.alltheinternet.com/>), Bing vs. Google (<http://bvsg.org/>), eLocalFinder (<http://www.elocalfinder.com/HSearch.aspx>), Etools (<https://www.etools.ch/>), Excite (<http://msxml.excite.com>), Fagan Finder (<http://www.faganfinder.com/engines>), Findsmarter (<http://www.findsmarter.com>), Info.com (<http://www.info.com>), Instya (<http://www.instya.com>), iZito

(<http://www.izito.com>), Nextaris (<http://www.nextaris.com>), Monster Crawler (<http://www.monstercrawler.com>>), Opentext (<http://fqs.opentext.com/web.htm>), Search (<https://www.search.com>), Sputtr (<http://www.sputtr.com>), SonicRun (<http://www.sonicrun.com>), WebCrawler (<http://www.webcrawler.com>), Zapmeta (<https://www.zapmeta.com/>), etc.

Eles indexam informações apresentadas em sites e permitem o acesso por intermédio de pesquisa em seus formulários de busca.

Google

Endereço: <https://www.google.com/>

Figura 18 – Um dos diversos "doodles" do Google

Figura 19 – Página inicial do Google

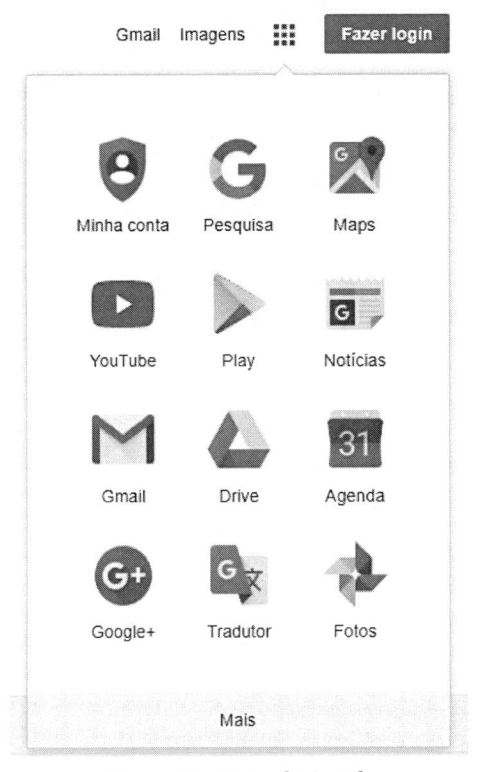

Figura 20 – Menu do Google

O Google é um dos mais importantes buscadores e pode ter suas funcionalidades potencializadas por meio de comandos específicos ou pela "busca avançada".

Uma das formas de acessar a busca avançada é digitar no navegador o seguinte endereço: <www.google.com.br/advanced_search>. Assim, as opções de busca se ampliam, possibilitando a utilização de diversos filtros para tornar mais eficaz a busca pretendida pelo usuário. Outra forma é inserir o termo a ser pesquisado, clicar em "Pesquisa Google", depois em "Configurações" e, em seguida, clicar em "Pesquisa avançada".

Figura 21 – Busca avançada do Google

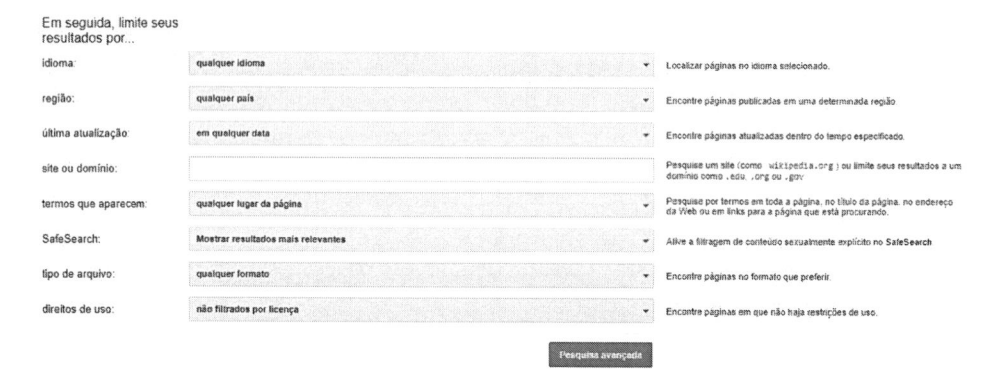

Figura 22 – Busca avançada do Google

Principais comandos do Google

A imagem seguinte, extraída de artigo elaborado por Geison Mesquita, apresenta os principais comandos utilizados para tornar mais específica a pesquisa[60].

---

[60] MESQUITA, Geison. **Comandos de pesquisa:** os principais truques para pesquisar no Google. Disponível em: <https://www.iebschool.com/pt-br/blog/marketing/seo-sem/comandos-pesquisa-principais-truques-pesquisar-no-google/>. Acesso em: 18 abr. 2018.

COMANDOS DE PESQUISA DO GOOGLE

COMANDOS	DESCRIÇÃO	EXEMPLO
(")	Mostra só os valores que contenham exatamente a sentença entre aspas	"pós-graduação em SEO"
(*)	Mostra uma busca que substitui o asterisco por uma palavra-chave	"pós-graduação em SEO *"
(+)	Mostra exatamente esse termo excluindo sinônimos e acrônimos	MBA marketing +digital
(-)	Mostra resultados da busca filtrando determinados termos	marketing -estratégico
(|)	Mostra múltiplos termos dentro de determinado conjunto de dados	Empresa|SEO
site:domínio	Mostra as páginas que o buscador rastreou em um domínio determinado	site:iebschool.com MBA marketing
allinurl	Mostra os resultados que contenham nas URLs as palavras que indicamos	allinurl:mbaonline
allintitle	Mostra os resultados que contenham as palavras-chave no título das diferentes páginas	allintitle:marketing
allintext	Mostra as páginas que contenham a palavra-chave no corpo do texto	allintext:modelos de negocio
allinanchor	Mostra os resultados que recebem links de entrada com as palavras indicadas	allinanchor:SEM
define	Mostra a definição da palavra-chave	define:tecnología
filetype	Mostra tipos de arquivos específicos como PDF, PPT, XLS	filetype:pdf SEO
calculadora	Mostra o resultado da operação que é indicado na barra de busca	10+5 = 15 10*5 = 50 10/5 = 2
conversor	Mostra um conversor ao escrever "Celsius to Fahrenheit" na barra de busca	1 km = 1000 m 1 kHz = 1000 Hz 1 kg = 1000 g

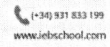

Figura 23 – Principais comandos de pesquisa do Google
(figura extraída do site <https://www.iebschool.com/pt-br/blog/wp-content/uploads/2017/08/comandos_google_portugal-01-665x1024.png>)

Google Imagens

O Google Imagens permite pesquisar imagens e outras funcionalidades, como, por exemplo, buscar por imagens de uma cor específica, determinar o tamanho das imagens pesquisadas, data que a imagem foi indexada, direitos de uso e imagens semelhantes.

Com o objetivo de identificar imagens semelhantes que estejam disponíveis na internet, as imagens seguintes apresentam a maneira pela qual pode ser feita a pesquisa de uma imagem (busca reversa de imagem). Por exemplo, uma foto de uma vítima de estupro de vulnerável é publicada em um determinado blog na internet. O Google Imagens permite pesquisar a foto para esclarecer se existem outros sites com a mesma imagem publicada.

O Google Imagens realiza a pesquisa de imagens armazenadas no computador e também a pesquisa por links de imagens que estejam publicadas na rede mundial de computadores.

Figura 24 – Google Imagens

Figura 25 – Pesquisa por link de imagens

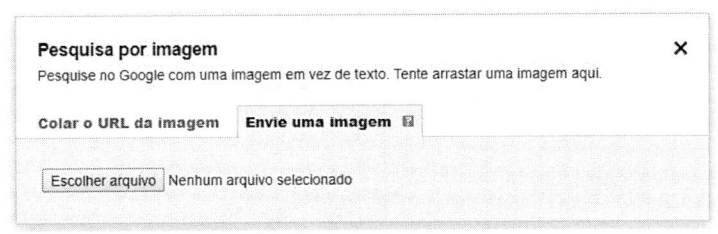

Figura 26 – Pesquisa por imagem

Figura 27 – Resultado da pesquisa da imagem da capa do
livro que teve o subscritor como coautor

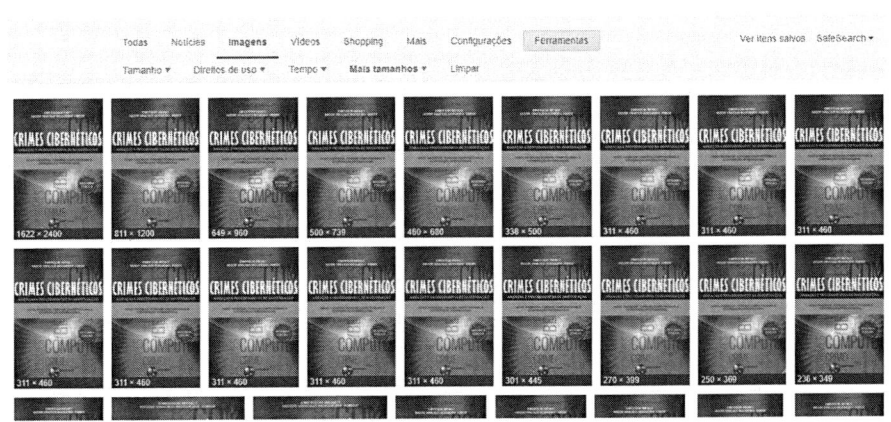

Figura 28 – Imagens semelhantes a que foi pesquisada, publicadas na internet

Google Maps

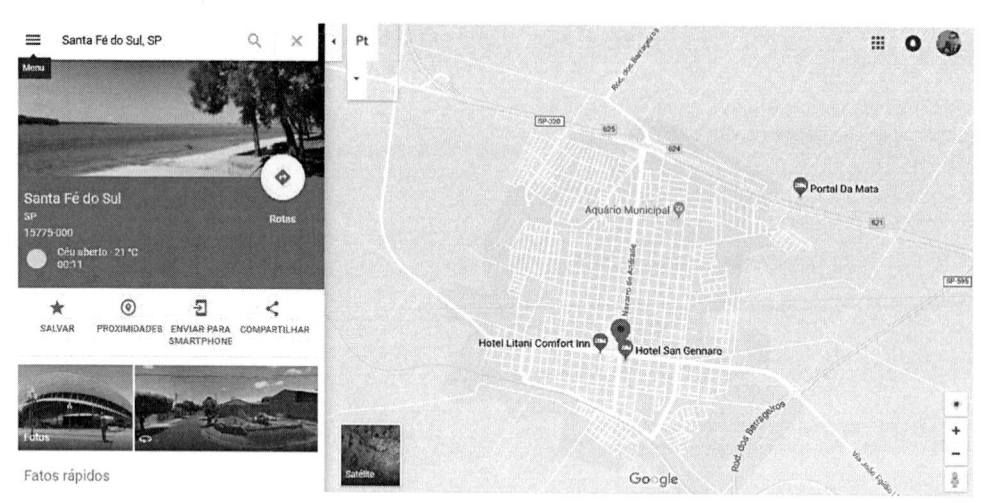

Figura 29 – Mapa do local pesquisado (Santa Fé do Sul – SP)

Para obter as imagens do local, basta clicar e arrastar até o local de interesse o *Pegman*, que é o "boneco amarelo" do Google Maps. Em seguida será iniciado o Google Street View, conforme observado na próxima imagem.

Figura 30 – Imagens do Google Street View

Elementos Disponíveis e Investigação Criminal **57**

Figura 31 – Mesclado entre o mapa e a imagem do Google Street View

Figura 32 – Imagem do mapa do local em 3D

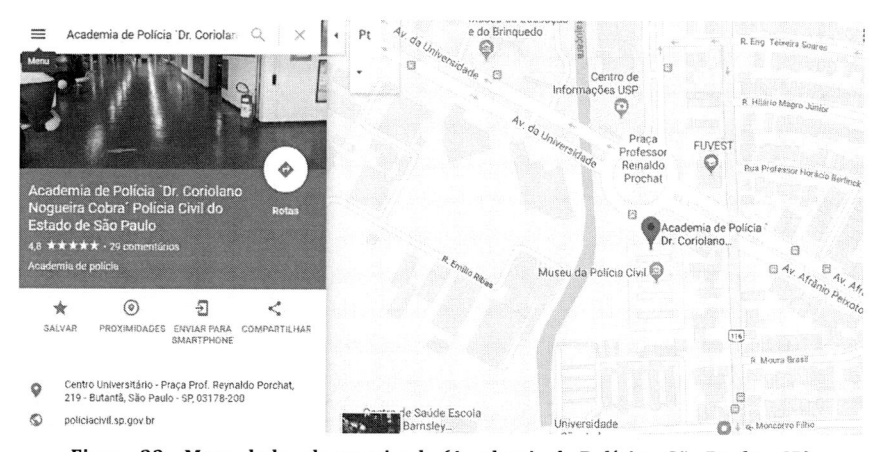

Figura 33 – Mapa do local pesquisado (Academia de Polícia – São Paulo – SP)

Figura 34 – Imagem do local por satélite

Figura 35 – Imagem em 3D do local

Figura 36 – Imagem do Google Street View

UserSearch

Endereço: <https://www.usersearch.org/>

O UserSearch permite realizar pesquisa baseada em nomes de usuário, endereço de e-mail, número de telefone etc.

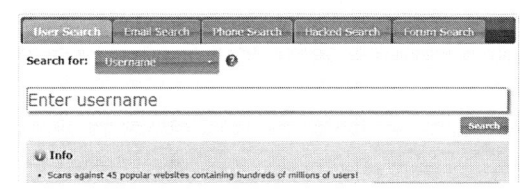

Figura 37 – Página inicial do site UserSearch

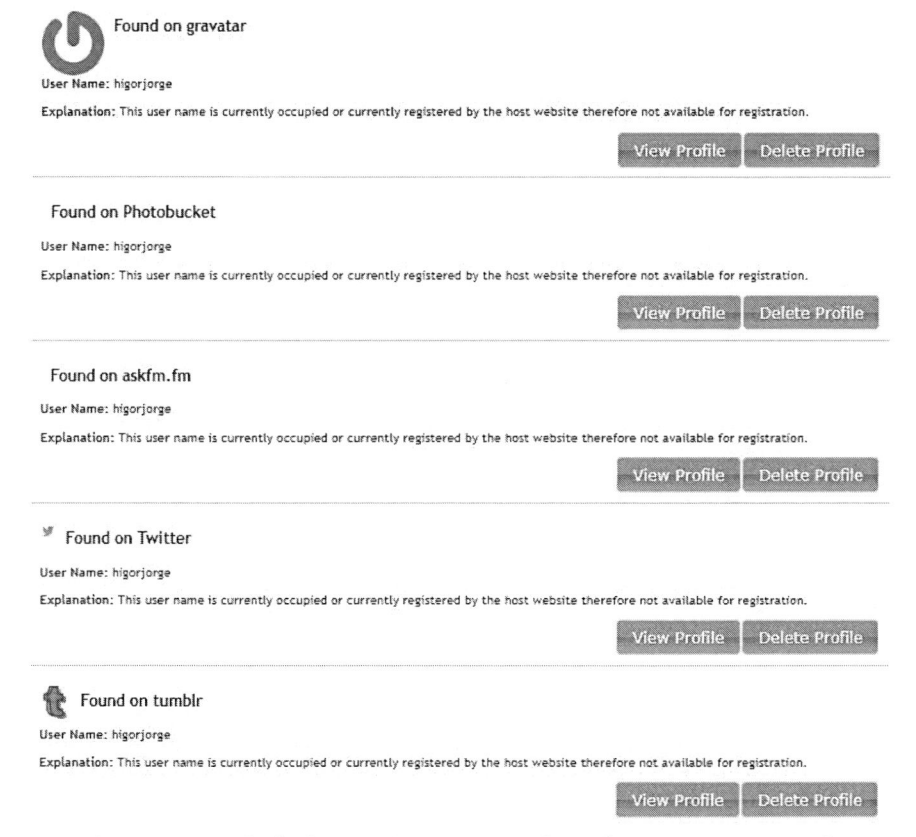

Figura 38 – Resultado de pesquisa com nomes de usuários no site UserSearch

Worldcam

Endereço: <http://worldc.am>

A ferramenta permite obter fotos de locais específicos, publicadas por intermédio dos aplicativos Instagram, Foursquare, Geonames e Geoplugin.

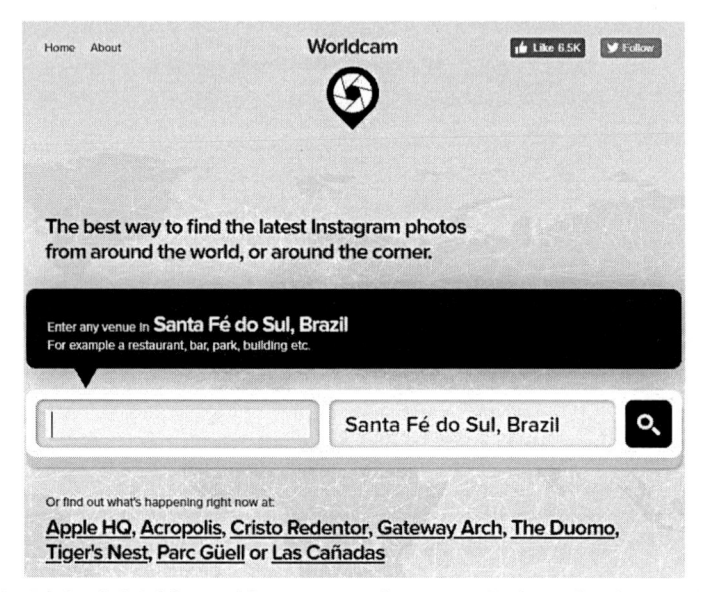

Figura 39 – Página inicial do Worldcam, contendo a sugestão de geolocalização do usuário

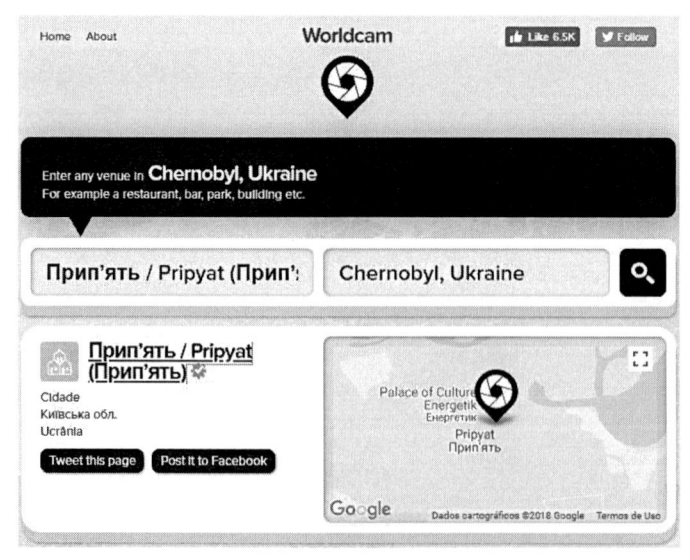

Figura 40 – Pesquisa sobre fotos na cidade de Pripyat, no norte da Ucrânia, nas proximidades da central nuclear de Chernobyl

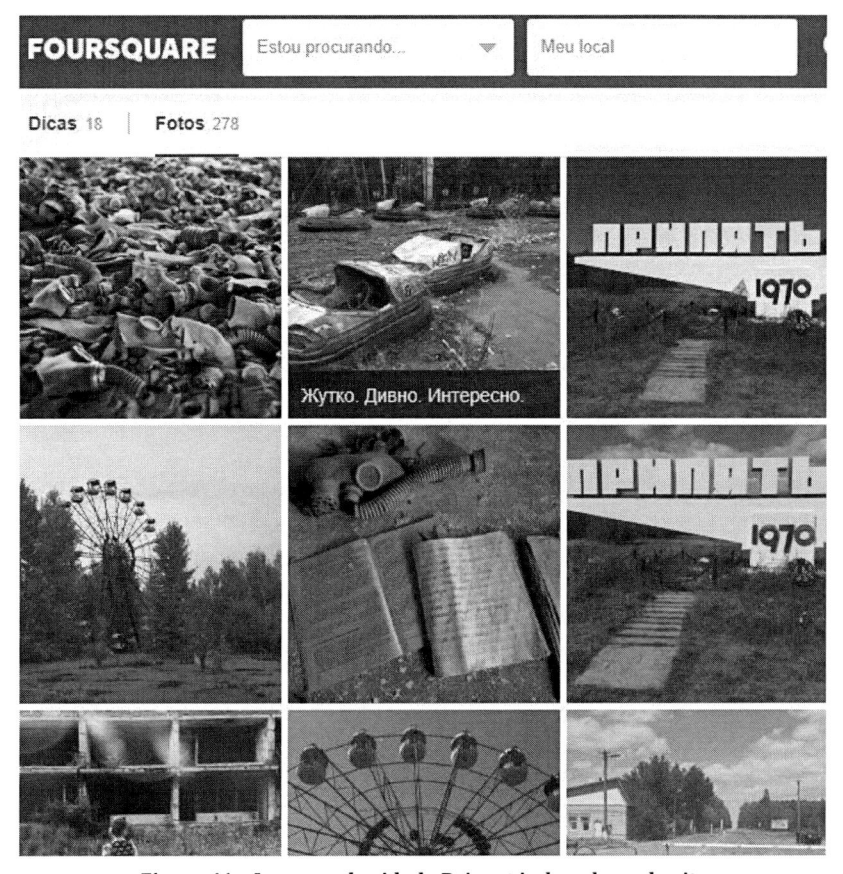

Figura 41 – Imagens da cidade Pripyat indexadas pelo site

Sites de informações cadastrais

Assecc do Brasil (MMD Mailing Informações Cadastrais LTDA – EPP)

Endereço: <http://www.assecc.com.br/>

O Assecc do Brasil permite consultar CPF/CNPJ, telefone, nome, endereço e e-mail, sendo que a ferramenta pode ser utilizada por órgãos da segurança pública mediante convênio e também por empresas e profissionais liberais.

Figura 42 – Página inicial da Assecc

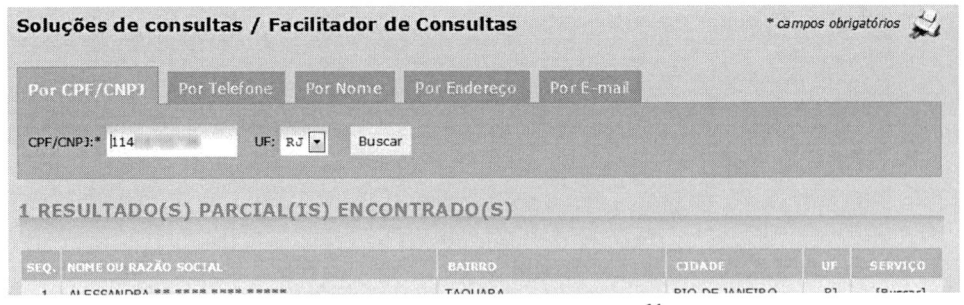

Figura 43 – Consulta por CPF/CNPJ[61]

Conforme as informações preenchidas no formulário de pesquisa, oferece os seguintes resultados:

> **CPF/CNPJ** – Com fulcro no número de documento, o sistema oferece nome, telefone com DDD e endereços cadastrados. O site também pode restringir o resultado e informar apenas os endereços relacionados com determinado CEP.
> **Telefone** – Conforme o número de telefone pesquisado, o site informa nome, documento (CPF/CNPJ) e endereços cadastrados.

---

[61] **Assecc do Brasil**. Extraído do site: <http://www.assecc.com.br/hotsite/facilitador/image/preview_cpfcnpj_cdl.jpg>. Acesso em: 18 abr. 2018.

- **Endereço** – A partir do preenchimento do CEP ou do endereço, contendo cidade e estado, o sistema apresenta nome, telefone e documento (CPF/CNPJ) do alvo.
- **Nome** – Preenchidos o nome e o estado, o sistema informa telefone e documento (CPF/CNPJ).

Catta

Endereço: <https://www.catta.com.br/>

Trata-se de uma ferramenta de buscas por informações atualizadas e segmentadas, conforme as imagens que serão apresentadas a seguir.

Essa ferramenta pode ser utilizada por órgãos da segurança pública, mediante convênio, e também por empresas.

Figura 44 – Exemplo de busca por nome[62]

---

[62] **Catta**. Extraído do site: <https://www.catta.com.br>. Acesso em: 18 abr. 2018.

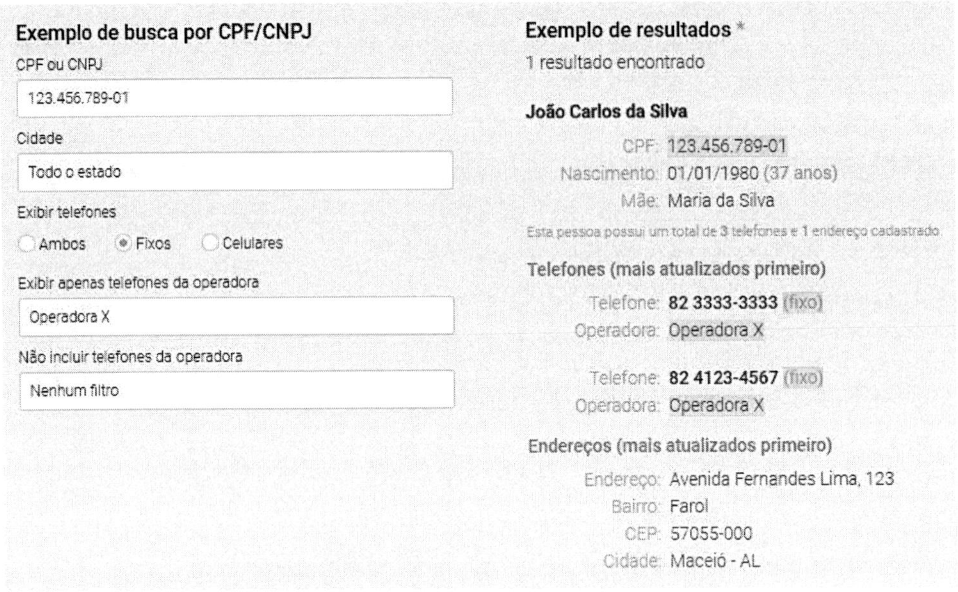

64 Investigação Criminal Tecnológica

Exemplo de busca por CPF/CNPJ

CPF ou CNPJ

    123.456.789-01

Cidade

    Todo o estado

Exibir telefones

   ○ Ambos ● Fixos ○ Celulares

Exibir apenas telefones da operadora

    Operadora X

Não incluir telefones da operadora

    Nenhum filtro

Exemplo de resultados *
1 resultado encontrado

João Carlos da Silva

CPF: 123.456.789-01
Nascimento: 01/01/1980 (37 anos)
Mãe: Maria da Silva

Esta pessoa possui um total de 3 telefones e 1 endereço cadastrado.

Telefones (mais atualizados primeiro)

Telefone: **82 3333-3333** (fixo)
Operadora: Operadora X

Telefone: **82 4123-4567** (fixo)
Operadora: Operadora X

Endereços (mais atualizados primeiro)

Endereço: Avenida Fernandes Lima, 123
Bairro: Farol
CEP: 57055-000
Cidade: Maceió - AL

Figura 45 – Exemplo de busca por CPF/CNPJ[63]

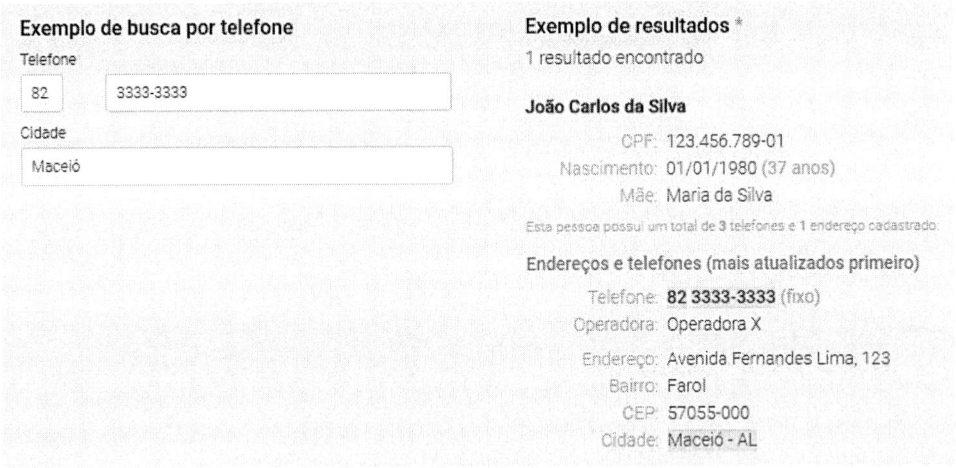

Exemplo de busca por telefone

Telefone

    82   3333-3333

Cidade

    Maceió

Exemplo de resultados *
1 resultado encontrado

João Carlos da Silva

CPF: 123.456.789-01
Nascimento: 01/01/1980 (37 anos)
Mãe: Maria da Silva

Esta pessoa possui um total de 3 telefones e 1 endereço cadastrado.

Endereços e telefones (mais atualizados primeiro)

Telefone: **82 3333-3333** (fixo)
Operadora: Operadora X

Endereço: Avenida Fernandes Lima, 123
Bairro: Farol
CEP: 57055-000
Cidade: Maceió - AL

Figura 46 – Exemplo de busca por telefone[64]

---

[63] **Catta.** Extraído do site: <https://www.catta.com.br>. Acesso em: 18 abr. 2018.
[64] **Catta.** Extraído do site: <https://www.catta.com.br>. Acesso em: 18 abr. 2018.

Figura 47 – Exemplo de busca por endereço[65]

Junta Comercial

A Junta Comercial existe em todos os estados do país, sendo um órgão responsável pelo registro de atividades ligadas a sociedades empresariais.

A seguir, uma lista das informações que podem ser pesquisadas no site da Junta Comercial do Estado de São Paulo.

- ➤ Pesquisa de empresas:
  - ➢ Pesquisa Simples
  - ➢ Pesquisa Avançada
  - ➢ Pesquisa no Mapa
  - ➢ Consulta de Nome Empresarial
- ➤ Dados cadastrais:
  - ➢ Ficha de Breve Relato Digitalizada (dados anteriores a 1992)
  - ➢ Ficha Cadastral Completa (dados a partir de 1992)
  - ➢ Ficha Cadastral Simplificada (dados atuais da empresa)

---

[65] **Catta**. Extraído do site: <https://www.catta.com.br>. Acesso em: 18 abr. 2018.

- ➤ Documentos digitalizados:
  - ➢ Cópia Digitalizada de Documentos Arquivados (cópia simples – não tem valor jurídico de certidão)
- ➤ Certidões:
  - ➢ Certidão Simplificada
  - ➢ Certidão Simplificada Para Filiais com Sede em Outra Unidade da Federação
  - ➢ Certidão Específica Pré-formatada
  - ➢ Certidão Específica com Teor Solicitado
  - ➢ Certidão Específica com Teor Solicitado – Negativa de Pessoa Física
  - ➢ Certidão Específica com Teor Solicitado – Negativa de Pessoa Jurídica
  - ➢ Certidão Específica com Teor Solicitado – Registro de Livros

User Sherlock

Endereço: <http://usersherlock.com>

A ferramenta permite pesquisar nomes de usuários nas principais redes sociais utilizadas.

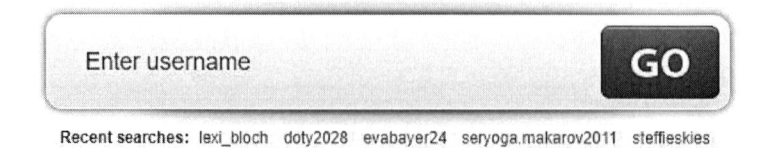

Figura 48 – Página inicial da ferramenta

Outras fontes de informações

Também pode auxiliar a localização de pessoas o envio de requisição de dados cadastrais para a Justiça Eleitoral (em razão da denominada Biometria, as informações oriundas da Justiça Eleitoral estão muito atualizadas, sendo possível, inclusive, informações contendo foto do alvo), Secretaria Estadual da Educação (caso o alvo possua filhos matriculados em alguma escola e resida com eles), Receita Federal (a ferramenta Infoseg, disponível para policiais, oferece informações oriundas da Receita Federal e também de outras fontes), Serasa, AME e Centros de Saúde, sendo que estes dois últimos possuem informações alocadas no banco de dados nacional do Sistema Único de Saúde.

Versões anteriores de sites

Endereço: <http://archive.is>

O site Archive.is permite acessar versões anteriores de sites, *tweets* etc.

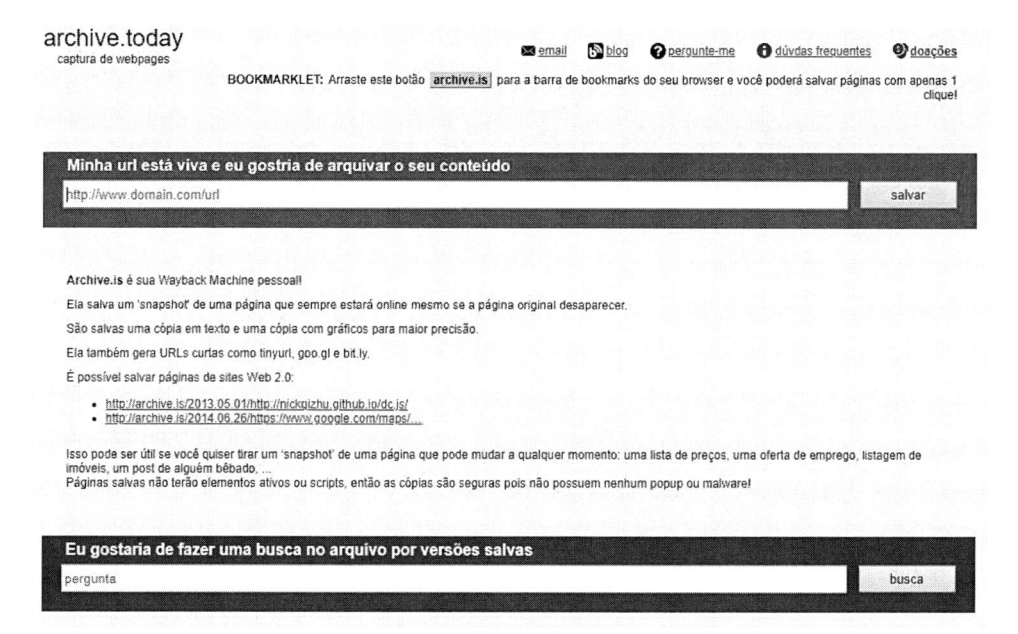

Figura 49 – Site Archive.is

O site The Wayback Machine (<http://web.archive.org/>) oferece, desde 1996, versões antigas de sites.

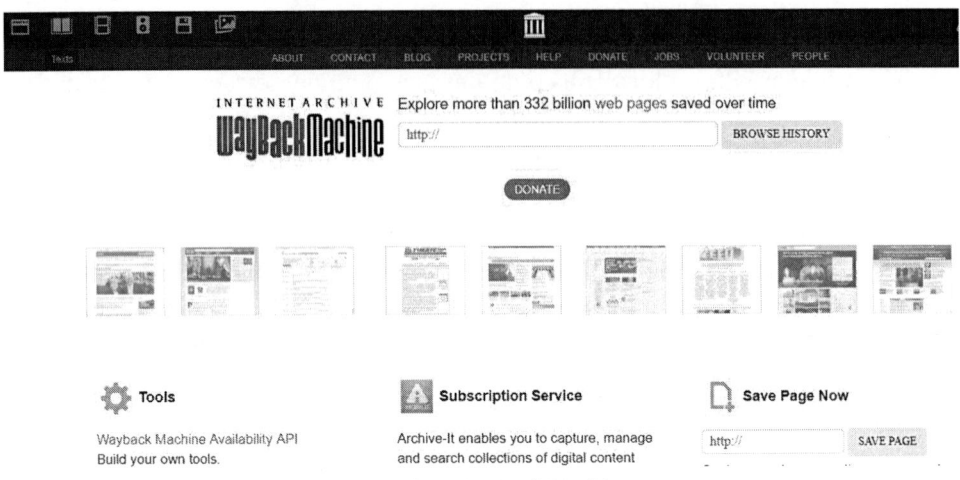

Figura 50 – Way Back Machine

Geolocalização de imagens e outros documentos eletrônicos

Muita gente não imagina que fotos, vídeos e outros arquivos eletrônicos podem conter a localização do dispositivo e o momento em que o arquivo foi produzido, bem como outras informações muito importantes, caso o GPS esteja ativado.

Quando se trata de imagens, as informações podem ser chamadas de metadados exifs (*Exchangeable Image File Format*) e podem conter os seguintes elementos:

- Dispositivo fotográfico.
- Data e horário da imagem.
- Tempo de exposição e sensibilidade ISO.
- Lente.
- Dimensões da imagem e resolução.
- Abertura do diafragma.
- Distância focal e rotação do dispositivo fotográfico.
- Flash e balanço de branco.
- Serial do dispositivo.
- Outras informações relevantes.

De acordo com os delegados de polícia Guilherme Caselli e Alesandro Gonçalves Barreto:

> *O exif metadata é a informação adicional do arquivo da fotografia que pode ter dados sobre data e hora, tamanho, características da câmera ou do smartphone, dados de luminosidade e outras informações úteis. Em alguns casos, quando o GPS – Global Positioning System – do equipamento está ligado, é possível obter a real posição em que a fotografia foi tirada. Cada metadado traz consigo dados individualizadores da imagem produzida.*
>
> *Os metadados inseridos nas fotografias podem ainda ser úteis na proteção dos direitos autorais: por exemplo, quando um fotógrafo posta uma imagem, ele pode incluir dados referentes ao nome do autor, direitos autorais, telefone e e-mail para contato.*[66]

Essas informações podem, inclusive, auxiliar na recuperação de dispositivos fotográficos perdidos ou subtraídos. O site *Stolen Camera Finder* permite realizar pesquisas na internet e, com base nos exifs das fotos do dispositivo desaparecido, em especial com fulcro no número serial do dispositivo, localizar outras fotos com o mesmo serial da câmera que estejam disponibilizadas na rede mundial de computadores e, a partir dessa informação, promover a sua localização e recuperação.

A seguir consta a pesquisa de uma foto no referido site:

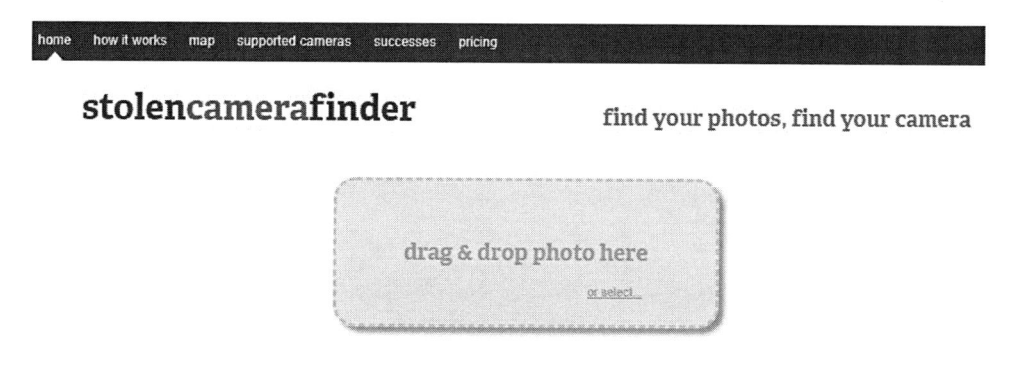

Figura 51 – Página inicial da ferramenta

---

[66] CASELLI, Guilherme; BARRETO, Alesandro Gonçalves. **Exif Metadada:** a investigação policial subsidiada por sua extração e análise. Disponível em: <https://www.delegados.com.br/juridico/exif-metadada-a-investigacao-policial-subsidiada-por-sua-extracao-e-analise>. Acesso em: 18 abr. 2018.

stolencamerafinder
find your photos, find your camera

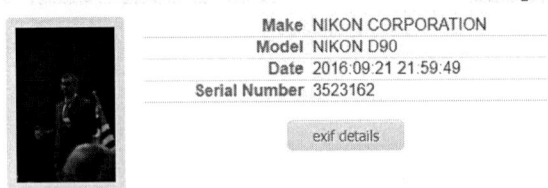

Make	NIKON CORPORATION
Model	NIKON D90
Date	2016:09:21 21:59:49
Serial Number	3523162

exif details

search results for "3523162"

Sorry, no results found this time. To receive email alerts the moment we find photos taken with this camera on the internet, *go Pro*.

We highly recommend you complete a report. It's free and increases the chances of you recovering your camera:

Report stolen camera   Report lost camera   Report found camera

Figura 52 – Pesquisa de imagem contendo os links para reportar o furto, perda ou localização do dispositivo fotográfico

Model	NIKON D90
Date	2016:09:21 21:59:49
Serial Number	3523162

exif details

CFAPattern	0,2,0,2,1,2,0,1
ColorSpace	sRGB
ComponentsConfiguration	Y, Cb, Cr, -
CompressedBitsPerPixel	2
Contrast	Normal
CreateDate	2016:09:21 21:59:49
CustomRendered	Normal
DateTimeOriginal	2016:09:21 21:59:49
DigitalZoomRatio	1
ExifIFDPointer	2328
ExifImageHeight	4288
ExifImageWidth	2848
ExifVersion	0221
ExposureBias	0
ExposureMode	1
ExposureProgram	Manual
ExposureTime	0.03333333333333333
FNumber	5.6
FileSource	DSC
Flash	No Flash
FlashpixVersion	0100
FocalLength	105 mm
FocalLengthIn35mmFilm	157
GPSInfoIFDPointer	38032
GPSVersionID	2.2.0.0
GainControl	High gain up
ISO	1600
InteroperabilityIFDPointer	37982

Figura 53 – Detalhes de uma foto

Cabe esclarecer que existem sites e aplicativos que permitem a apresentação estruturada das informações armazenadas no arquivo eletrônico, sendo que a seguir serão apresentados algumas dessas ferramentas.

Pic2Map Photo Location Viewer

Endereço: <https://www.pic2map.com/>

O Pic2Map é uma ferramenta gratuita que permite a visualização da localização de fotos, dentre outras informações.

Os dados exifs são analisados pela ferramenta, que tem acesso a coordenadas GPS do momento que a foto foi obtida, bem como outras informações relevantes.

Figura 54 – Página inicial do Pic2Map

Figura 55 – Imagem de interesse da investigação sendo carregada na ferramenta

Figura 56 – Geolocalização e outras informações da imagem

Figura 57 – Imagem do Google Street View baseada nas informações de geolocalização da imagem pesquisada

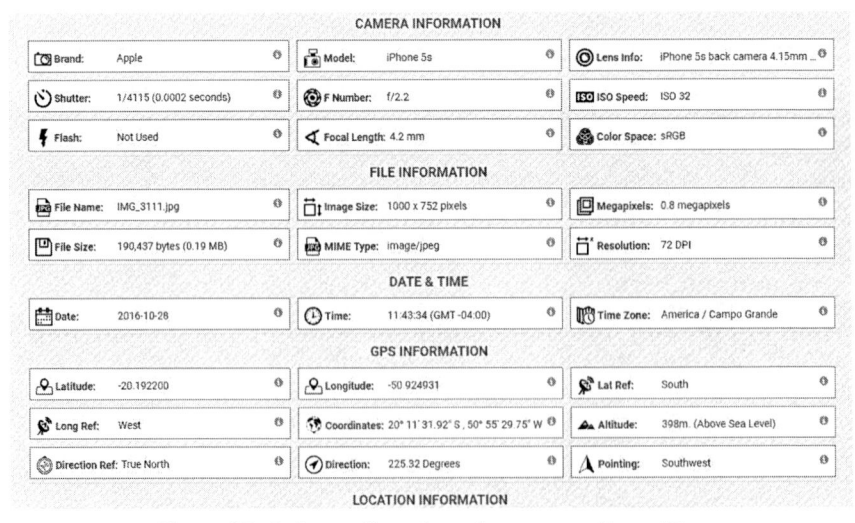

Figura 58 – Informações sobre a imagem e o dispositivo

LOCATION INFORMATION

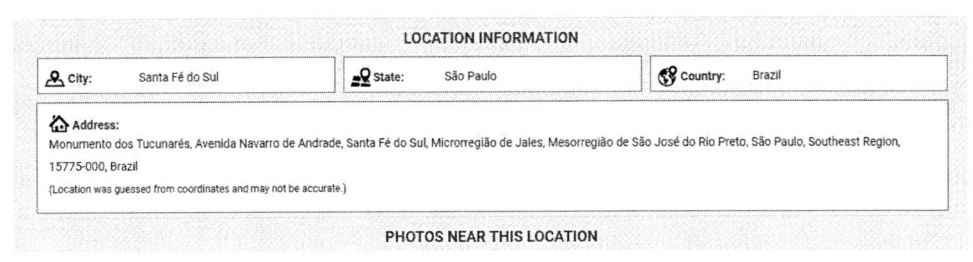

City: Santa Fé do Sul   State: São Paulo   Country: Brazil

Address:
Monumento dos Tucunarés, Avenida Navarro de Andrade, Santa Fé do Sul, Microrregião de Jales, Mesorregião de São José do Rio Preto, São Paulo, Southeast Region, 15775-000, Brazil
(Location was guessed from coordinates and may not be accurate.)

PHOTOS NEAR THIS LOCATION

Figura 59 – Outras informações

Jeffrey's Image Metadata Viewer

Endereço: <http://exif.regex.info/exif.cgi>

Outra ferramenta semelhante é oferecida pelo Jeffrey's Image Metadata Viewer. A ferramenta não realiza pesquisa exclusivamente em imagens, mas também em outros tipos de formatos de arquivos, conforme será observado a seguir.

Figura 60 – Página inicial do Jeffrey's Image Metadata Viewer

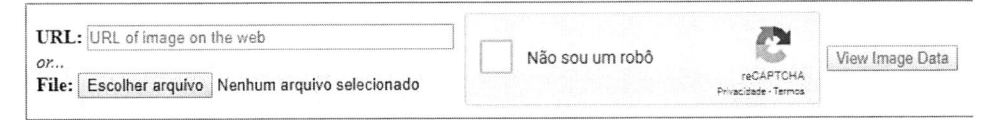

Figura 61 – Ampliação dos formulários de pesquisa. A ferramenta permite realizar a busca baseada em um link de uma imagem ou, caso a imagem esteja armazenada no computador, baseada na referida imagem.

Tipos de arquivos suportados pela ferramenta:

3FR, 3G2, 3GP, 3GP2, 3GPP, A, AA, AAX, ACFM, ACR, AFM, AI, AIF, AIFC, AIFF, AIT, AMFM, APE, APNG, ARW, ASF, AVI, AZW, AZW3, BMP, BPG, BTF, CHM, CIFF, COS, CR2, CR3, CRM, CRW, CS1, DC3, DCM, DCP, DCR, DFONT, DIB, DIC, DICM, DIVX, DJV, DJVU, DLL, DNG, DOC, DOCM, DOCX, DOT, DOTM, DOTX, DPX, DR4, DS2, DSS, DV, DVB, DVR-MS, DYLIB, EIP, EPS, EPS2, EPS3, EPSF, EPUB, ERF, EXE,

EXIF, EXR, EXV, F4A, F4B, F4P, F4V, FFF, FLA, FLAC, FLIF, FLIR, FLV, FPF, FPX, GIF, GPR, GZ, GZIP, HDP, HDR, HEIC, HEIF, HTM, HTML, ICAL, ICC, ICM, ICS, IDML, IIQ, IND, INDD, INDT, INX, ISO, ITC, J2C, J2K, JNG, JP2, JPC, JPE, JPEG, JPF, JPG, JPM, JPX, JSON, JXR, K25, KDC, KEY, KTH, LA, LFP, LFR, LNK, M2T, M2TS, M2V, M4A, M4B, M4P, M4V, MAX, MEF, MIE, MIF, MIFF, MKA, MKS, MKV, MNG, MOBI, MODD, MOI, MOS, MOV, MP3, MP4, MPC, MPEG, MPG, MPO, MQV, MRW, MTS, MXF, NEF, NEWER, NMBTEMPLATE, NRW, NUMBERS, O, ODB, ODC, ODF, ODG, ODI, ODP, ODS, ODT, OFR, OGG, OGV, OPUS, ORF, OTF, PAC, PAGES, PBM, PCD, PCT, PDB, PDF, PEF, PFA, PFB, PFM, PGF, PGM, PICT, PLIST, PMP, PNG, POT, POTM, POTX, PPM, PPS, PPSM, PPSX, PPT, PPTM, PPTX, PRC, PS, PS2, PS3, PSB, PSD, PSDT, PSP, PSPFRAME, PSPIMAGE, PSPSHAPE, PSPTUBE, QIF, QT, QTI, QTIF, R3D, RA, RAF, RAM, RAR, RAW, RIF, RIFF, RM, RMVB, RPM, RSRC, RTF, RV, RW2, RWL, RWZ, SEQ, SKETCH, SO, SR2, SRF, SRW, SVG, SWF, THM, THMX, TIF, TIFF, TORRENT, TS, TTC, TTF, TUB, VCARD, VCF, VOB, VRD, VSD, WAV, WDP, WEBM, WEBP, WMA, WMV, WTV, WV, X3F, XCF, XHTML, XLA, XLAM, XLS, XLSB, XLSM, XLSX, XLT, XLTM, XLTX, XMP e ZIP.

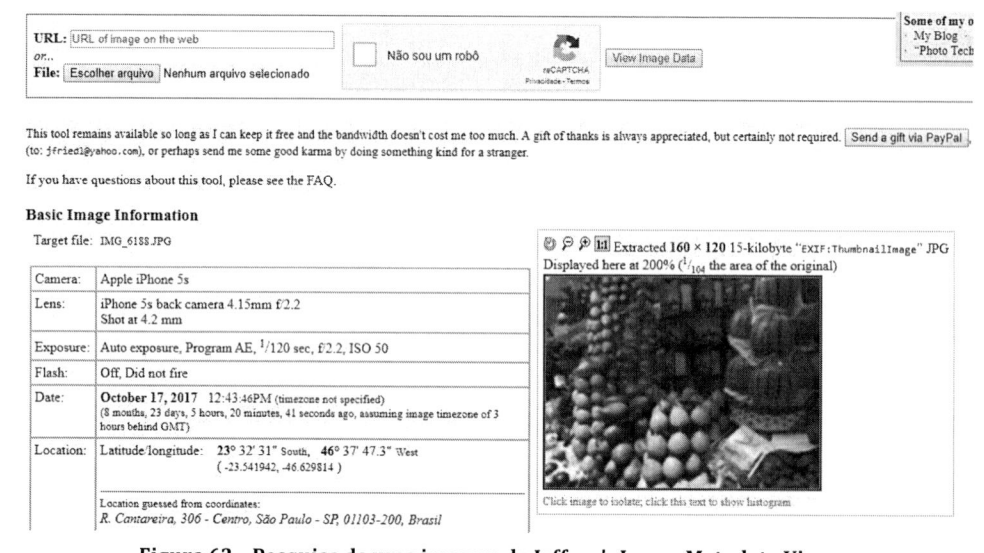

Figura 62 – Pesquisa de uma imagem do Jeffrey's Image Metadata Viewer

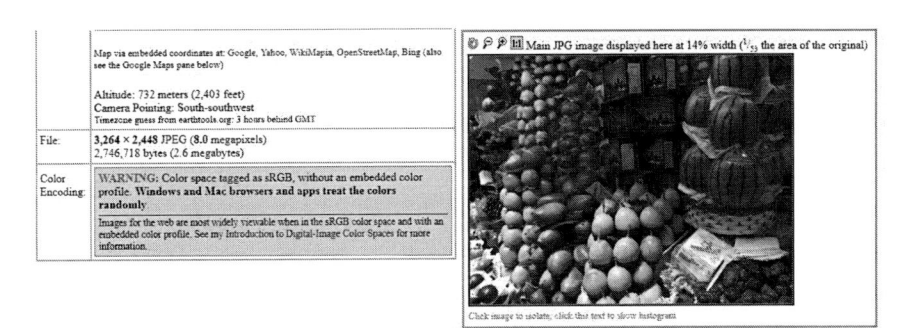

Elementos Disponíveis e Investigação Criminal 75

Figura 63 – Mais informações extraídas do Jeffrey's Image Metadata Viewer

Figura 64 – Geolocalização da imagem

Figura 65 – Google Street View da imagem

EXIF

Make	Apple
Camera Model Name	iPhone 5s
Orientation	Horizontal (normal)
Software	11.0.2
Modify Date	**2017:10:17** 12:43:46 8 months, 23 days, 1 hour, 20 minutes, 41 seconds ago
Y Cb Cr Positioning	Centered
Exposure Time	1/120
F Number	2.20
Exposure Program	Program AE
ISO	50
Exif Version	0221
Date/Time Original	**2017:10:17** 12:43:46 8 months, 23 days, 1 hour, 20 minutes, 41 seconds ago
Create Date	**2017:10:17** 12:43:46 8 months, 23 days, 1 hour, 20 minutes, 41 seconds ago
Components Configuration	Y, Cb, Cr, -
Shutter Speed Value	1/120
Aperture Value	2.20
Brightness Value	5.034488395
Exif Image Size	3,264 × 2,448
Exposure Compensation	0
Metering Mode	Multi-segment
Flash	Off, Did not fire
Focal Length	4.2 mm
Subject Area	1631 1223 1795 1077
Maker Note Apple	(862 bytes binary data)

Figura 66 – Algumas informações sobre o equipamento utilizado, disponíveis no Jeffrey's Image Metadata Viewer

Subject Area	1031 1223 1793 1077
Maker Note Apple	(862 bytes binary data)
Sub Sec Time Original	136
Sub Sec Time Digitized	136
Flashpix Version	0100
Color Space	sRGB
Sensing Method	One-chip color area
Scene Type	Directly photographed
Exposure Mode	Auto
White Balance	Auto
Focal Length In 35mm Format	29 mm
Scene Capture Type	Standard
Lens Info	4.15mm f/2.2
Lens Make	Apple
Lens Model	iPhone 5s back camera 4.15mm f/2.2
GPS Latitude Ref	South
GPS Latitude	23.541942 degrees
GPS Longitude Ref	West
GPS Longitude	46.629814 degrees
GPS Altitude Ref	Above Sea Level
GPS Altitude	732.3779528 m
GPS Time Stamp	14:43:45
GPS Speed Ref	km/h
GPS Speed	0
GPS Img Direction Ref	Magnetic North
GPS Img Direction	200.1456954
GPS Dest Bearing Ref	Magnetic North

Figura 67 – Jeffrey's Image Metadata Viewer

GPS Dest Bearing Ref	Magnetic North
GPS Dest Bearing	200.1456954
GPS Date Stamp	**2017:10:17** 8 months, 23 days, 14 hours, 4 minutes, 27 seconds ago
GPS Horizontal Positioning Error	10 m
Compression	JPEG (old-style)
Resolution	72 pixels/inch
Thumbnail Length	15,778
Thumbnail Image	(15,778 bytes binary data)

MakerNotes

Apple 0x0001	9
Apple 0x0002	(60 bytes binary data)
Run Time Flags	Valid
Run Time Value	98,215,600,490,500
Run Time Scale	1,000,000,000
Run Time Epoch	0
Apple 0x0004	1
Apple 0x0005	129
Apple 0x0006	114
Apple 0x0007	1
Acceleration Vector	-0.9610687023 -0.1169186096 -0.2102670469
Apple 0x000e	1
Apple 0x0014	1
Apple 0x0017 ~ 0x001f	0 (3 times)

Figura 68 – Informações oferecidas pelo Jeffrey's Image Metadata Viewer

File — basic information derived from the file.

File Type	JPEG
MIME Type	image/jpeg
Exif Byte Order	Big-endian (Motorola, MM)
Encoding Process	Baseline DCT, Huffman coding
Bits Per Sample	8
Color Components	3
File Size	2.6 MB
File Type Extension	jpg
Image Size	3,264 × 2,448
Y Cb Cr Sub Sampling	YCbCr4:2:0 (2 2)

Composite
This block of data is computed based upon other items. Some of it may be wildly incorrect, especially if the image has been resized.

GPS Latitude	23.541942 degrees S
GPS Longitude	46.629814 degrees W
GPS Altitude	732.3 m Above Sea Level
Aperture	2.20
GPS Date/Time	**2017:10:17** 14:43:45Z 8 months, 23 days, 6 hours, 20 minutes, 42 seconds ago
GPS Position	23.541942 degrees S, 46.629814 degrees W
Megapixels	8.0
Shutter Speed	1/120
Create Date	**2017:10:17** 12:43:46.136 8 months, 23 days, 1 hour, 20 minutes, 41 seconds ago
Date/Time Original	**2017:10:17** 12:43:46.136 8 months, 23 days, 1 hour, 20 minutes, 41 seconds ago

Figura 69 – Informações oferecidas pelo Jeffrey's Image Metadata Viewer

Existem outros sites que oferecem a extração dos metadados, como, por exemplo:

- Online Exif Viewer (<http://exif-viewer.com>).
- Exif Data (<http://exifdata.com>).
- Metapicz (<http://metapicz.com/#landing>).
- Exif Viewer (<http://prodraw.net/online-tool/exif-viewer.php>).
- Online photo Exif metadata reader (<http://www.findexif.com>).

Privacidade X Metadados

Um esclarecimento necessário é que, por questões de privacidade, otimização de espaço e outros argumentos, as redes sociais geralmente excluem os metadados das fotos.

O Google+ é uma rede social que não exclui metadados no momento que ocorre a publicação da imagem.

Quanto ao Dropbox e Pinterest, é importante esclarecer que eles mantêm os metadados, mas estes não ficam visíveis ao usuário.

No que concerne ao Facebook, Twitter, Instagram e WhatsApp, os metadados são excluídos.

Informações sobre usuário de Facebook[67]

Existem diversas formas de obter informações sobre usuários do Facebook, desde sites que oferecem esses dados até códigos que podem ser digitados para a apresentação de informações relacionadas com o alvo da investigação.

Nas próximas linhas serão apresentados alguns instrumentos que oferecem informações sobre perfis do Facebook.

Obtenção de informações por intermédio de sites

StalkFace

Endereço: <https://stalkface.com/pt/>

A ferramenta necessita que seja digitado o endereço do perfil ou de uma publicação e, em seguida, apresenta algumas opções de pesquisa, tais como: comentários do alvo em publicações, postagens, vídeos e fotos em que o alvo foi marcado; comparação entre dois perfis; páginas e fotos curtidas; grupo etc.

O StalkFace é recomendado constantemente pelo autor em razão de oferecer resultados relevantes sobre a utilização do perfil de Facebook do alvo e também porque a sua utilização é muito simples, sendo acessível a qualquer pessoa, independentemente de maiores conhecimentos sobre ferramentas tecnológicas e pesquisa em fontes abertas.

Importante destacar que, antes de realizar a pesquisa sobre o alvo, é necessário se conectar em uma conta do Facebook. Dependendo da investigação e das configurações de privacidade, não será possível obter muitas informações do alvo ou

---

[67] Recomenda-se acessar as ferramentas apresentadas no site **IntelTechniques** (<http://inteltechniques.com>) ou no site **StalkFace** (<https://stalkface.com/pt/>) e a aquisição da obra "Investigação Digital em Fontes Abertas", elaborada por Alesandro Gonçalves Barreto, Guilherme Caselli e Emerson Wendt, e publicada pela editora Brasport, para aprofundar os conhecimentos sobre pesquisas em fontes abertas e outros temas correlatos.

será necessário ser amigo do alvo na rede social, por intermédio de algum perfil utilizado para realizar a chamada "estória-cobertura – EC".

Exemplo de utilização da ferramenta: um indivíduo é investigado por sua participação em grupos que pregam o racismo. Durante a investigação criminal, o policial consegue identificar o perfil pessoal dele na rede social Facebook. Por isso, utiliza a ferramenta e tem acesso a publicações, fotos e vídeos que ele curtiu e comentou, bem como a todos os seus amigos e a diversas informações sobre o que ele publicou ou sobre suas interações por intermédio da rede social.

Esta obra também apresenta informações sobre ferramentas disponíveis no site IntelTechniques (<https://inteltechniques.com/>) que permitem as mesmas possibilidades e alguma outras mais, como, por exemplo, a comparação entre o que dois perfis possuem em comum etc. Cabe ressaltar que as ferramentas disponíveis no IntelTechniques são um pouco mais complexas, sendo necessário inserir o ID do alvo.

Por intermédio do StalkFace é possível obter as seguintes informações sobre o alvo:

- **Perfil:** fotos, publicações (histórias), vídeos, grupos, eventos futuros, eventos passados, jogos, apps (aplicativos).
- *Tag* **(marcações):** fotos, publicações (histórias), vídeos.
- **Interesses:** páginas, partidos políticos, religião, música, filmes, livros, locais.
- **Curtidas em:** fotos, publicações (histórias), vídeos.
- **Pessoas:** família, amigos, colegas de trabalho, colegas de classe, moradores locais.
- **Comentários em:** fotos, histórias, vídeos.
- **Locais:** todos, bares, restaurantes, lojas, ao ar livre, hotéis, teatros.

https://stalkface.com/pt/

StalkFace

Para espiar alguém insira o **URL do perfil pessoal do Facebook** abaixo:

https://www.facebook.com/zuck

Espiar

Attention: this tool does not violate Facebook's privacy settings. 'Only me' stays 'Only me'. It only shows hidden content you have access to.
Por favor, certifique-se de ler seu Facebook configurado em English (US)

Agora compatível com **Facebook Mobile** *New!*

⦿ Everything ○ This Week ○ This Month ○ This Year

Available Options		Liked	
Everything	▼	Photos	
Persons	▼	Stories	
Gender	▼	Videos	
Age	▼		

Figura 70 – Formulário inicial do StalkFace, utilizado para inserir o endereço do perfil pessoal do alvo ou de alguma foto publicada pelo referido perfil

Everything	▼		Photos		
Persons	▼		Stories		
Gender	▼		Videos		
Age	▼				
Relationship Status	▼		**People**		
			Family		
Profile			Friends		
Photos			Co-Workers		
Stories			Classmates		
Videos			Locals		
Groups					
Future Events			**Comments**		
Past Events			Photos		
Games			Stories		
Apps			Videos		

Figura 71 – Principais informações oferecidas pela ferramenta

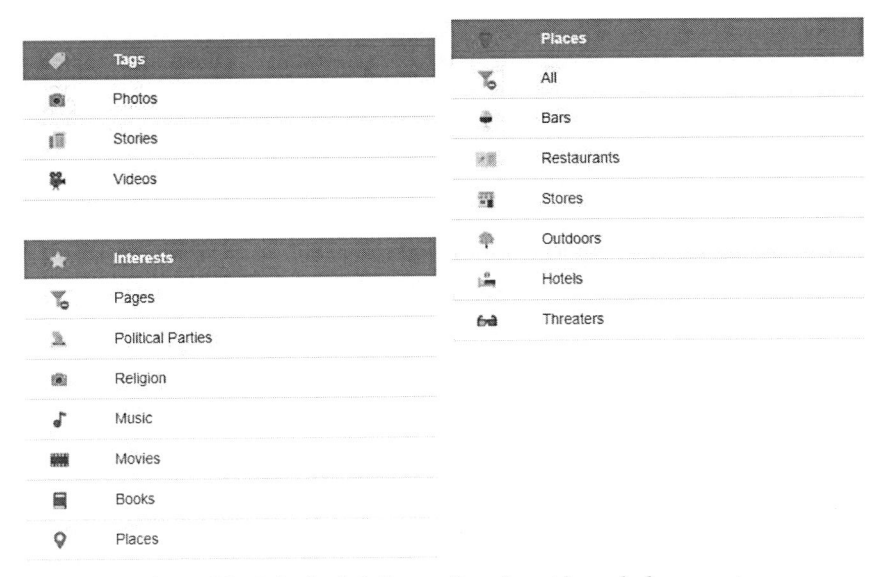

Figura 72 – Principais informações oferecidas pela ferramenta

Figura 73 – Fotos curtidas pelo alvo (photos-liked)

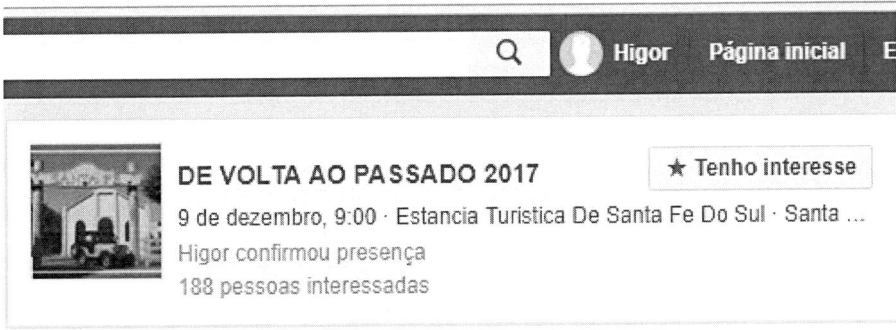

Figura 74 – Eventos de que o alvo participará (events)

w.facebook.com/search/100007879604220/groups

Higor | Página inicial

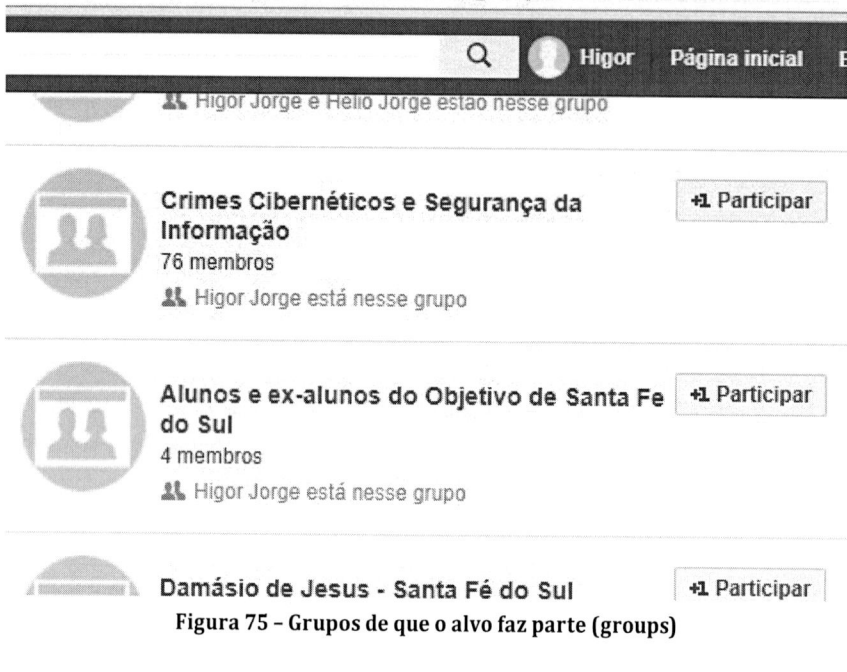

Higor Jorge e Helio Jorge estão nesse grupo

Crimes Cibernéticos e Segurança da Informação
76 membros
Higor Jorge está nesse grupo

+1 Participar

Alunos e ex-alunos do Objetivo de Santa Fe do Sul
4 membros
Higor Jorge está nesse grupo

+1 Participar

Damásio de Jesus - Santa Fé do Sul

+1 Participar

Figura 75 – Grupos de que o alvo faz parte (groups)

w.facebook.com/search/100007879604220/pages-liked

rge | Higor | Página inicial

Blog pessoal · 2,5 mil curtiram isso
Higor Jorge curtiu isso
Blog pessoal

IBZ Schloss Gimborn ⓘ Saiba mais ✓ Curtiu ▼
4,8 ★★★★★ (75) · Centro de convenções · 1,9 mil curtiram isso
Higor Jorge curtiu isso
Das Informations- und Bildungszentrum Schloss Gimborn (IBZ) ist eine internationale Fortbildungs- und Begegnungsstätte, insbesondere für...

IPA IAC ✏ Cadastre-se ✓ Curtiu ▼
4,7 ★★★★★ (67) · Organização sem fins lucrativos · 5,9 mil curtira...
Higor Jorge curtiu isso

Figura 76 – Páginas curtidas pelo alvo (pages-liked)

https://www.facebook.com/search/728950367116865/stories-liked/intersect

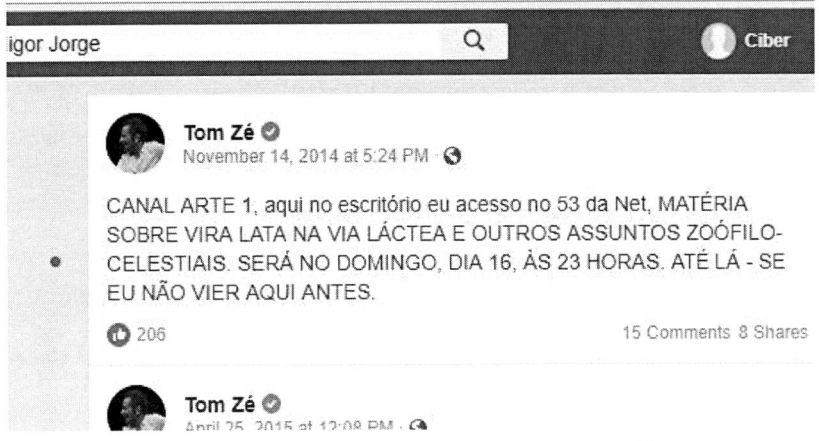

igor Jorge   Ciber

Tom Zé
November 14, 2014 at 5:24 PM

CANAL ARTE 1, aqui no escritório eu acesso no 53 da Net, MATÉRIA SOBRE VIRA LATA NA VIA LÁCTEA E OUTROS ASSUNTOS ZOÓFILO-CELESTIAIS. SERÁ NO DOMINGO, DIA 16, ÀS 23 HORAS. ATÉ LÁ - SE EU NÃO VIER AQUI ANTES.

👍 206   15 Comments 8 Shares

Tom Zé
April 25, 2015 at 12:08 PM

Figura 77 – Publicações curtidas pelo alvo (stories-liked)

ebook.com/search/100007879604220/photos-commented

by Higor Jorge   Higor

Figura 78 – Fotos comentadas pelo alvo (photos-commented)

w.facebook.com/search/100007879604220/photos-tagged

or Jorge   Higor Página inicial

Figura 79 – Fotos em que o alvo foi marcado (photos-tagged)

IntelTechniques

Endereço: <https://inteltechniques.com>

A ferramenta possui funcionalidades semelhantes à anterior, porém, tem ainda mais possibilidades de pesquisa, conforme será demonstrado nas próximas páginas.

A imagem infra apresenta a página inicial do site IntelTechniques.

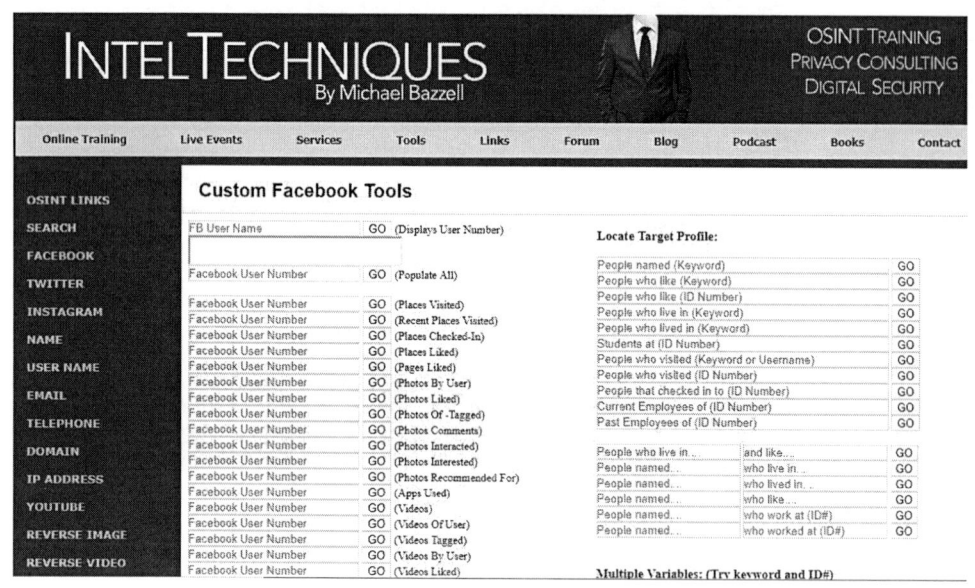

Figura 80 – Página inicial da ferramenta de análise sobre de perfil do Facebook oferecida pela IntelTechniques

Para iniciar a pesquisa é necessário digitar o número de usuário do Facebook (FB *User Number*) do alvo. Caso não possua o número de usuário, pode-se inserir o nome de usuário (FB *User Name*) do alvo e clicar na tecla "GO" para obter o número de usuário.

A imagem a seguir apresenta os campos para obter o número de usuário do Facebook.

Custom Facebook Tools

FB User Name	GO	(Displays User Number)
Facebook User Number	GO	(Populate All)

Facebook User Number	GO	(Places Visited)
Facebook User Number	GO	(Recent Places Visited)
Facebook User Number	GO	(Places Checked-In)
Facebook User Number	GO	(Places Liked)
Facebook User Number	GO	(Pages Liked)
Facebook User Number	GO	(Photos By User)
Facebook User Number	GO	(Photos Liked)
Facebook User Number	GO	(Photos Of -Tagged)
Facebook User Number	GO	(Photos Comments)
Facebook User Number	GO	(Photos Interacted)
Facebook User Number	GO	(Photos Interested)
Facebook User Number	GO	(Photos Recommended For)
Facebook User Number	GO	(Apps Used)
Facebook User Number	GO	(Videos)
Facebook User Number	GO	(Videos Of User)
Facebook User Number	GO	(Videos Tagged)
Facebook User Number	GO	(Videos By User)
Facebook User Number	GO	(Videos Liked)
Facebook User Number	GO	(Video Comments)
Facebook User Number	GO	(Future Event Invitations)
Facebook User Number	Year	GO (Events)
Facebook User Number	Year	GO (Events Created)
Facebook User Number	Year	GO (Events Invited)
Facebook User Number	Year	GO (Events Joined)
Facebook User Number	GO	(Posts by User)
Facebook User Number	Year	GO (Posts by Year)
Facebook User Number	GO	(Posts Tagged)
Facebook User Number	GO	(Posts Liked)
Facebook User Number	GO	(Posts Commented)

Figura 81 – Opções de pesquisa de perfil do Facebook do alvo oferecidas pela IntelTechniques

Anteriormente, o número de telefone era utilizado para ter acesso ao número de usuário do perfil de Facebook, contudo, logo após o escândalo Cambridge Analytica, a pesquisa com base no número de telefone foi desativada.

Em poder do número de usuário será possível promover o preenchimento automático de diversos campos com o número de usuário do alvo para realizar pesquisas.

O investigador pode inserir o nome de usuário para obter o número do usuário (user number ID) necessário para realizar a pesquisa.

Campo para inserir o nome do usuário: "FB User Name (Displays User Number)".

Caso possua o número de usuário, o investigador deve inserir nos campos infra indicados. Caso clique em "Populate All" o número de usuário será preenchido em todos os campos: "Facebook User Number (Populate All)".

A seguir são indicadas as informações que podem ser fornecidas pelo Facebook por intermédio do preenchimento do número de usuário do alvo ou de outras informações solicitadas: *Places Visited, Recent Places Visited, Places Checked-In, Places Liked, Pages Liked, Photos By User, Photos Liked, Photos Of – Tagged, Photos Comments, Photos Interacted, Photos Interested, Photos Recommended For, Apps Used, Videos, Videos of User, Videos Tagged, Videos by User, Videos Liked, Video Comments, Future Event Invitations, Events, Events Created, Events Invited, Events Joined, Posts by User, Posts by Year, Posts Tagged, Posts Liked, Posts Commented, Employers, Reviews, Groups, Co-Workers, Friends, Followers, Relatives, Friends' Likes.*

A seguir são apresentados os campos para inserção dos números de usuários de perfis do Facebook caso o usuário almeje obter informações que dois perfis possuam em comum, como, por exemplo, amigos em comum, fotos que ambos curtiram, vídeos em que ambos foram marcados, eventos em comum, grupos de que ambos os perfis fazem parte, comentários em publicações que ambos curtiram etc.

- ▶ *Multiple Target Profiles* (múltiplos perfis de alvos): *Common Details, Common Friends, Common Places, Common Check-Ins, Common Likes, Common Photo Tags, Common Photo Likes, Common Photo Comments, Common Video Tags, Common Video Likes, Common Video Comments, Common Events, Common Post Comments, Common Groups.*
- ▶ *Multiple Common Friends* (múltiplos amigos em comum): *Friends' Info* (informações de amigos): *Friends by Location, Friends by Likes, Friends by Employee, Photos Liked by Friends, Photos Comments by Friends, Pho-*

tos of Friends, Videos liked by Friends, Videos Comments by Friends, Videos of Friends, Events Attended by Friends, Apps Used by Friends, Facebook User Number (Posts by Friends), Facebook User Number (Posts Comments by Friends), Facebook User Number (Posts Tagged with Friends), Facebook User Number (Check-Ins by Friends)

➤ *Additional Information* (informações adicionais): *Keyword By, Pipl API, Wayback Archives.*
➤ *Locate Target Profile* (localize o perfil do alvo): *People named (Keyword), People who like (Keyword), People who like (ID Number), People who live in (Keyword), People who lived in (Keyword), Students at (ID Number), People who visited (Keyword or Username), People who visited (ID Number), People that checked in to (ID Number), Current Employees of (ID Number), Past Employees of (ID Number), People who live in.... and like...., People named.... who live in...., People named.... who lived in...., People named.... who like...., People named.... who work at (ID#), People named.... who worked at (ID#)*
➤ *Multiple Variables (Try keyword and ID#)* (Múltiplas variáveis) (Palavra--chave e ID).
➤ *Detailed Search* (Pesquisa Detalhada): *Posts (Keyword), Photos (Keyword), Videos (Keyword), External Videos (Keyword), Future Event (Keyword), Event This Month at... (Page ID Number), Past Event (Keyword), Groups by Location at...(Page ID Number), Photos from (Page ID Number)...., Videos from (Page ID Number)...., Posts from (Page ID Number)...., Group Members (GroupID), Viewer Locations (Video ID), Video Download (Video ID), Video API (Video ID), Video Data: ALL / Level 0 / Level 1 / Level 2*

Lookup

Endereço: lookup-id.com

A ferramenta também possui funcionalidades semelhantes às anteriores.

Figura 82 – Inserir endereço do Facebook do alvo para obter a sua ID

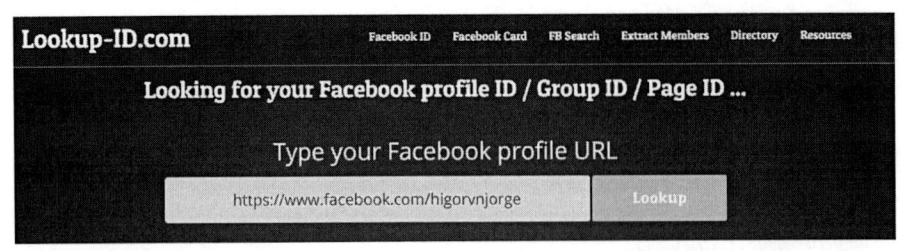

Figura 83 – Endereço do Facebook do alvo inserido

Figura 84 – ID do alvo

As imagens mostradas a seguir apresentam algumas informações que podem ser extraídas de um perfil do Facebook pelo site:

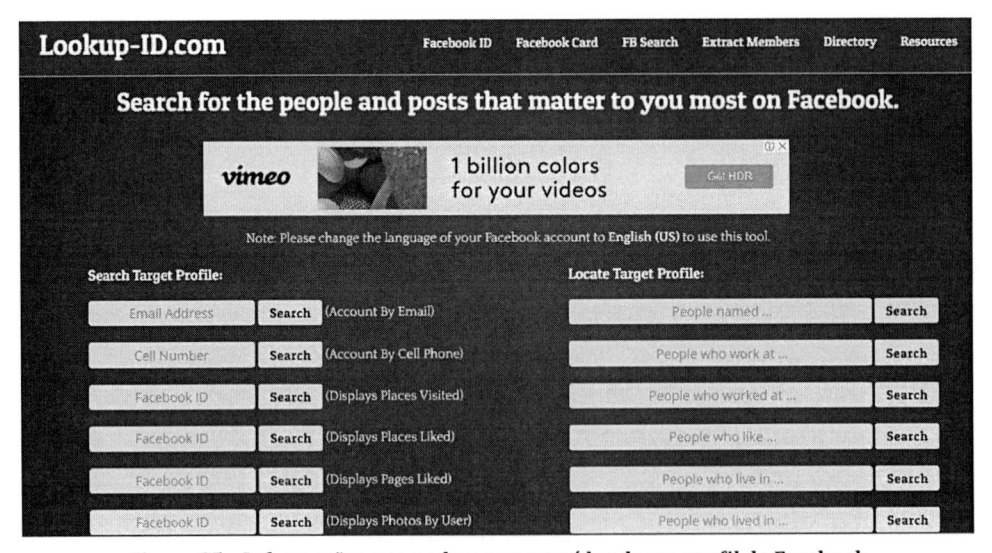

Figura 85 – Informações que podem ser extraídas de um perfil do Facebook

Figura 86 - Informações que podem ser extraídas de um perfil do Facebook

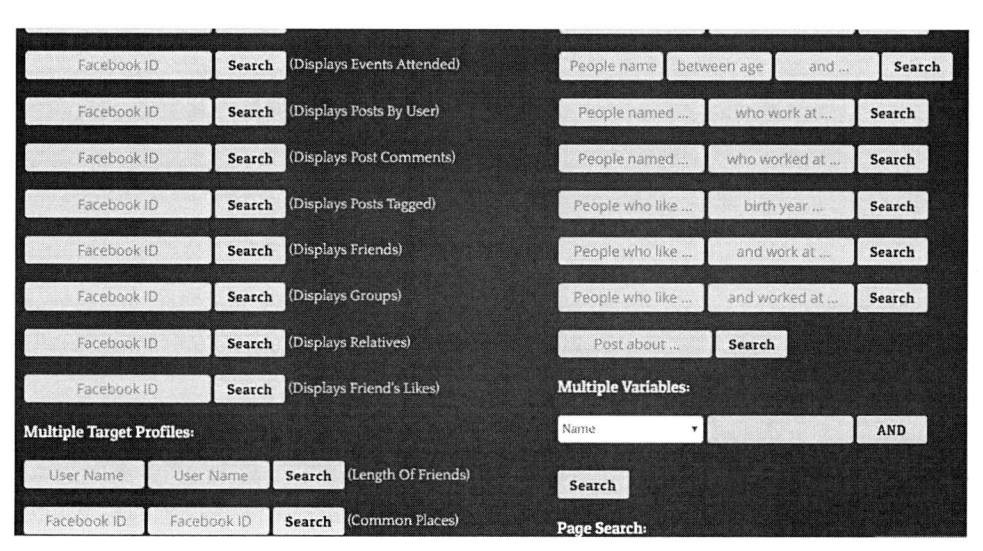

Figura 87 - Informações que podem ser extraídas de um perfil do Facebook

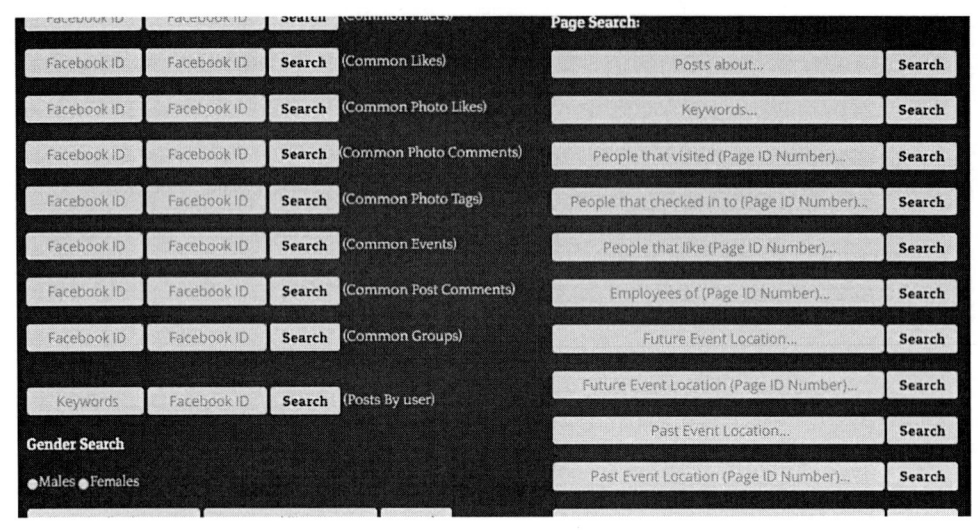

Figura 88 – Informações que podem ser extraídas de um perfil do Facebook

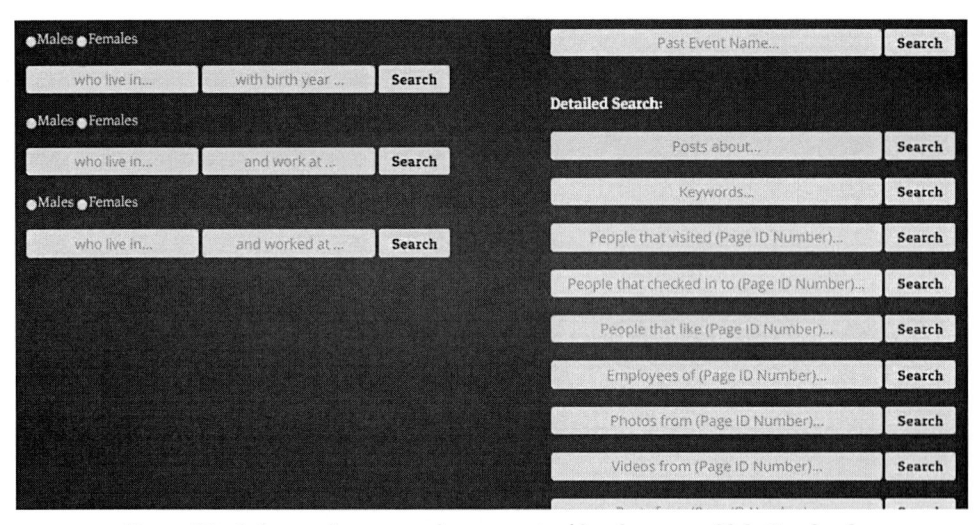

Figura 89 – Informações que podem ser extraídas de um perfil do Facebook

Imagens do resultado de pesquisas realizadas com o auxílio do Lookup:

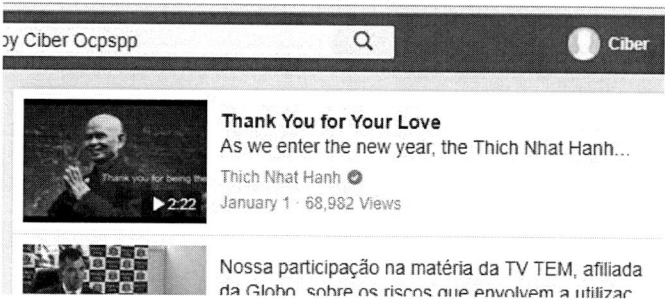

Figura 90 – Vídeos comentados pelo alvo

Figura 91 – Fotos comentadas pelo alvo

Figura 92 – Fotos curtidas pelo alvo

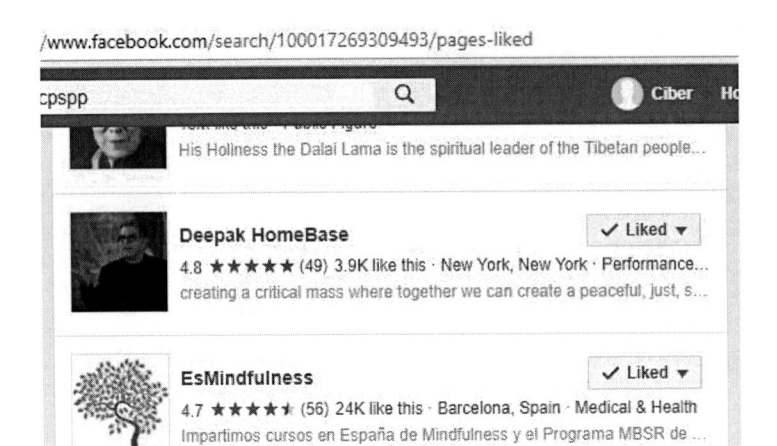

Figura 93 – Páginas curtidas pelo alvo

Fbookscraper

Endereço: <http://www.fbookscraper.com/>

O site Fbookscraper permite inserir a ID de um grupo do Facebook e extrair informações sobre seus membros, conforme demonstrado a seguir:

Figura 94 – Site Fbookscraper

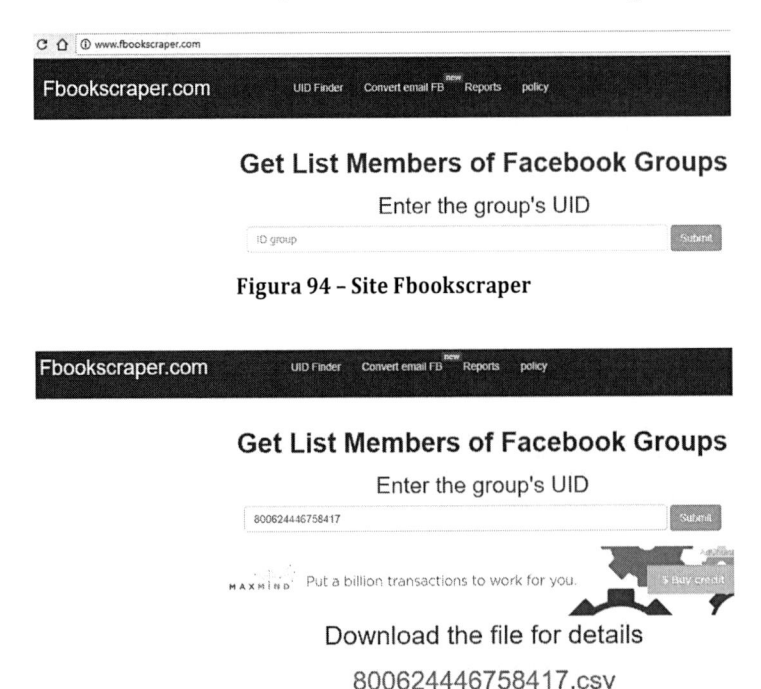

Figura 95 – Após a inserção da ID do grupo foi gerado arquivo no formato .csv com informações dos membros do grupo

```
Harinadh Tharigopula,100011000348741
Shakti Lama,100002645587775
Thameem Ahamed,100007522320740
Zahoor Khattak,100004013278260
Gagan Verma,100009613122373
Adebayo Abdul Qoyum Haryorfe,100008022250811
Muhaimeen Abdul,100001104587785
C Sathiya Narayanan,618154872
Ko Min,100023793172789
Elouga Yvan Daniel,100023875523079
Rakesh Nani,100002633116869
Shubham Mal,100023951893379
Joe Jackson,100012277669165
Kin Wang,100005985978425
Ravikumar HR,100022765547943
Bharath Kumar Bolleddu,100006304355857
Emayeil Seven Thang,100000109207685
Arth Patel,100001112425881
Ayobami Sikiru,100023578299717
Misegana Gebere,100011663753175
Shaik Nasir,100023985159102
Hoà ng Anh Tuá¥n 100006327845007
```

Figura 96 – Informações sobre membros do grupo

Obtenção de informações por intermédio da digitação de comandos

Pesquisa sobre e-mail vinculado ao perfil

É possível pesquisar a existência de perfil do Facebook vinculado a e-mail ao se digitar o seguinte endereço na barra de navegação: https://www.facebook.com/search/people?q=**e-mail do alvo**.

Exemplo: quando se digita o endereço https://www.facebook.com/search/people?q=falecom@crimesciberneticos.net no navegador (URL), o Facebook apresenta o perfil vinculado.

Importante esclarecer que o mesmo resultado será oferecido se o e-mail for digitado no campo de busca do Facebook. Contudo, as informações não apresentarão resultado se o titular do perfil configurar a privacidade para que as informações sobre e-mail vinculado não sejam públicas.

Pesquisa sobre nome editado de perfil e ID

Cabe esclarecer que um perfil de Facebook pode ser apresentado por um número de identificação (ID) ou pode ser editado.

Por exemplo, o autor possui uma *fan page* no Facebook com o nome higorvnjorge (<https://www.facebook.com/higorvnjorge>).

Se acessar o site Find your Facebook ID (endereço: <https://findmyfbid.com/>) e inserir o nome editado do perfil, a ferramenta informará que o número de identificação (ID) é 728950367116865, conforme pode-se observar nas próximas imagens.

Figura 97 – Página inicial da ferramenta que permite obter o ID do perfil do Facebook

Figura 98 – Endereço do perfil editado inserido na ferramenta

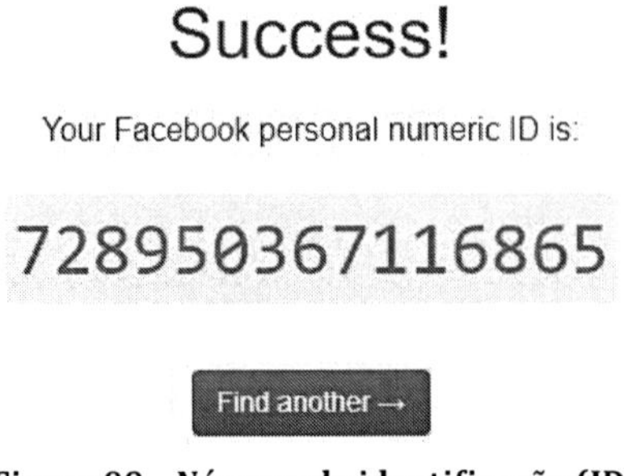

Figura 99 – Número de identificação (ID)

Páginas curtidas

Para pesquisar as páginas curtidas pelo usuário é necessário digitar https://www.facebook.com/search/ID/pages-liked.

Exemplo: Pode-se digitar <https://www.facebook.com/search/100001164278791/pages-liked> para obter as informações sobre as páginas curtidas pelo alvo.

Fotos publicadas pelo usuário

Para observar as fotos publicadas pelo usuário é necessário digitar https://www.facebook.com/search/ID/photos-by.

Como exemplo, pode-se digitar <https://www.facebook.com/search/728950367116865/photos-by>.

Fotos curtidas

Para observar as fotos curtidas pelo usuário basta digitar https://www.facebook.com/search/ID/photos-liked.

Fotos com marcação do perfil do alvo

Para observar as fotos em que o alvo foi marcado é necessário digitar https://www.facebook.com/search/ID/photos-of.

Comentários feitos pelo alvo em fotos

Para visualizar os comentários que o alvo fez em fotos é necessário digitar https://www.facebook.com/search/ID/photos-commented.

Relação das principais ferramentas para analisar atividades de perfil de Facebook[68]

Ação	Códigos a serem digitados
Curtidas	/likers
Páginas por nomes	/str/keywords separated by %20/pages-named/
Locais	/residents/past (or present) /users-birth-place /employer-location/ever-past (or present) /place-visited /places (e.g. bars) /places-in
Amigos	/friends
Pessoas pelo nome	/str/keywords separated by %20/user-named /males (or females)
Relacionamento	/spouses/females (or males)
Grupos	/groups or /groups-privacy (for private groups)
Emprego	/job-liker-union /employers /employees/past (or present) /employer-location/ever-past
Fotos e vídeos	/photos-of /photos-by /photos-in (photos taken in a place) /photos-tagged /photos-commented /photos-liked /videos-of etc.
Publicações	/stories-commented /stories-topic /stories-by /stories-tagged /stories-liked
Religião e política	/users-religious-view /users-political-view
Sexualidade	/users-interested/males (or females or both)
Pesquisa combinada	/intersect (at the end of the address)
Idiomas	/speakers

---

[68] MYERS, Paul. **Research Clinic**. Facebook Graph Searching. Disponível em: <http://researchclinic.net/graph.html>. Acesso em: 18 abr. 2018.

Informações sobre usuário de Instagram

Endereço: <https://inteltechniques.com/osint/instagram.html>

O site IntelTechniques, citado anteriormente em razão de realizar pesquisas em perfis do Facebook, também realiza pesquisas em outras redes sociais, bem como pesquisas em números de telefone, e-mails, domínios, etc.

Este site também permite extrair informações de perfis da rede social Instagram.

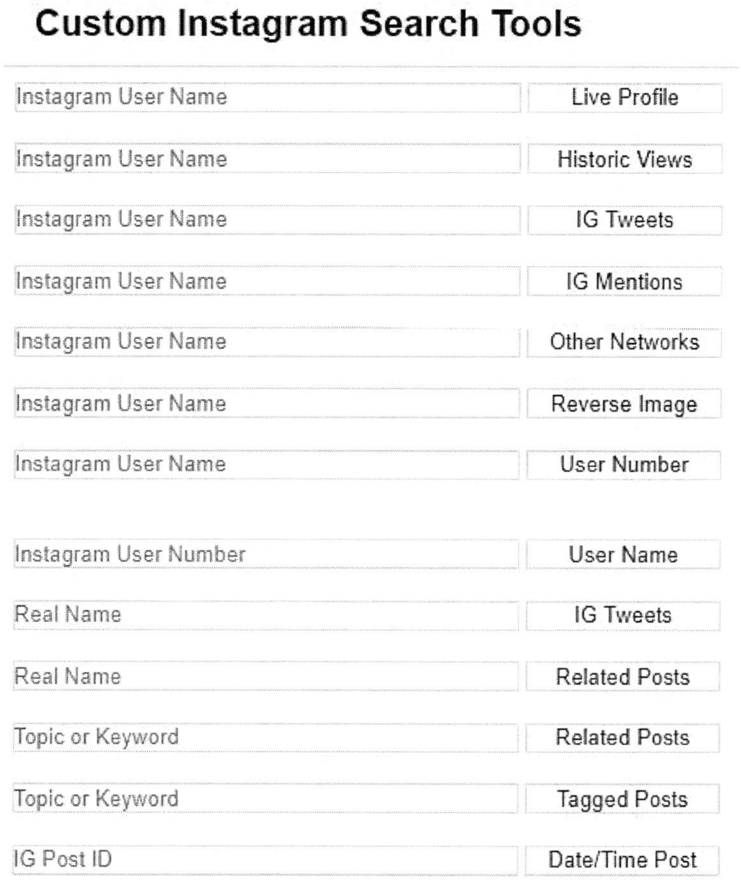

Figura 100 – Possibilidades de pesquisa em perfil do Instagram oferecidas pela ferramenta

Informações sobre usuário de Twitter

A rede social Twitter permite uma busca avançada por intermédio da ferramenta disponibilizada no site: <https://twitter.com/search-advanced>.

Figura 101 – Busca avançada no Twitter

Existe também a ferramenta twXplorer, acessada no endereço: <https://twxplorer.knightlab.com>, que permite pesquisa avançada sobre *tweets* recentes, palavras-chave e *hashtags*.

Figura 102 – Página inicial da ferramenta

Autorizar twXplorer (production) para usar sua conta?

Nome de usuário ou e-mail

Senha

☐ Lembrar-me · Esqueceu sua senha?

Autorizar aplicativo   Cancelar

twXplorer (production)
twxplorer.knightlab.com

tweet explorer

Este aplicativo poderá:
- Ler Tweets na sua timeline.
- Ver quem você segue.

Não poderá:
- Seguir novas pessoas.
- Atualizar seu perfil.
- Enviar Tweets para você.
- Acessar suas mensagens diretas.
- Ver seu endereço de e-mail.
- Ver a sua senha do Twitter.

Figura 103 – Inserção de login e senha do perfil

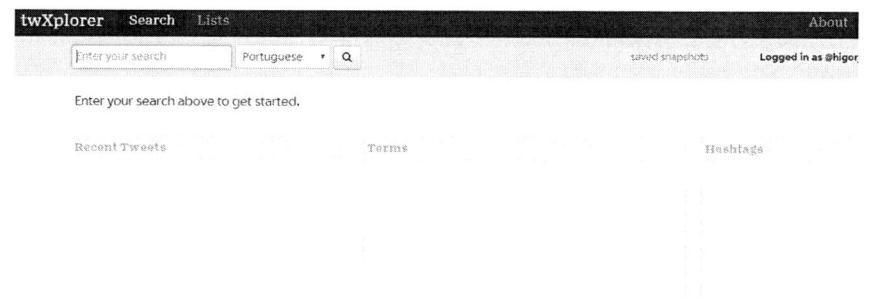

Figura 104 – Campo para realização das pesquisas

4. Modelos de Documentos de Polícia Judiciária

Auto de materialização de evidência eletrônica

Há alguns anos, sempre que alguma vítima indagava sobre o que fazer para comprovar ter sofrido um crime praticado por intermédio de dispositivo tecnológico, a primeira recomendação era que fosse elaborada uma ata notarial em um Cartório de Notas.

De acordo com o Colégio Notarial do Brasil,

> Ata notarial é um instrumento público no qual o tabelião documenta, de forma imparcial, um fato, uma situação ou uma circunstância presenciada por ele, perpetuando-os no tempo.

> A ata notarial tem eficácia probatória, presumindo-se verdadeiros os fatos nela contidos. É um importante meio de prova na esfera judicial, conforme disposto no artigo 384 do Código de Processo Civil (Lei nº 13.105/2015). A ata notarial pode ser utilizada, por exemplo, para comprovar a existência e o conteúdo de sites na internet, conversas de WhatsApp, realização de assembleias de pessoas jurídicas, o estado de imóveis na entrega de chaves ou atestar a presença de uma pessoa em determinado lugar ou a ocorrência de qualquer fato.

> O interessado poderá solicitar a lavratura da ata notarial, bem como a realização de diligências dentro da circunscrição a qual pertence o cartório, para certificação de qualquer fato[69].

Conforme consta na obra "Crimes Cibernéticos: ameaças e procedimentos de investigação", elaborada pelo delegado de polícia Emerson Wendt, em parceria com o subscritor,

---

[69] Colégio Notarial do Brasil. Atas Notariais. Disponível em: <http://cnbsp.org.br/index.php?pG=X19wYWdpbmFz&idPagina=6002>. Acesso em: 18 abr. 2018.

> *A Ata Notarial pode ser utilizada como meio de prova em ambiente eletrônico, sobre páginas eletrônicas (sites) e documentos eletrônicos, fixando data e existência de arquivos em meio eletrônico, prova de fatos contendo imagens, vídeos, textos e logotipos, além de inúmeras outras funções. Portanto, pode a parte interessada imprimir o site relacionado ao delito e/ou seu interesse, procurar um tabelionato e registrar uma Ata Notarial. Ela pode ser utilizada para fins de prova em processo cível e/ou criminal*[70].

Com o tempo surgiram diversos casos em que as vítimas não tinham condições de promover o referido registro em um Cartório de Notas, em razão do valor muito elevado para que fosse feito o registro.

Sendo assim, foi necessário recomendar que a materialização dos fatos fosse feita por um policial civil da Delegacia de Polícia que elaborasse o Boletim de Ocorrência.

De acordo com a obra supra referida:

> *A certidão elaborada pela Polícia Civil representa outro importante instrumento. Não seria lógico o Delegado de Polícia ter que imprimir os dados e levá-los a um tabelionato para fins de registro de Ata Notarial. Por isso surge a quinta e última opção de salvaguarda de dados eletrônicos e/ou telemáticos: a certidão elaborada pelo Escrivão de Polícia. O agente policial, na condição de "Escrivão", tem fé pública sobre seus atos e pode, acessando uma página na internet, promover a sua impressão e certificar data e existência. Assim, também pode e deve usar todos os meios disponíveis*[71].

Mais recentemente, o subscritor passou a orientar o policial que realizasse o registro inicial dos fatos criminosos (Boletim de Ocorrência) a elaborar um Auto de Materialização de Evidência Eletrônica, como forma de tornar mais célere e simplificado esse registro, e também com o intuito de evitar que a evidência fosse apagada antes que a sua existência pudesse ser materializada para servir de prova no inquérito policial e na ação penal.

O Auto de Materialização de Evidência Eletrônica é um documento que tem a finalidade de descrever como se deu o acesso às evidências, bem como informar data, horário e fuso horário do acesso e formalizar o conteúdo criminoso indicado pela vítima ou por outra pessoa que tenha permitido que o fato criminoso fosse investigado.

---

[70] WENDT, Emerson; JORGE, Higor Vinicius Nogueira. Crimes Cibernéticos: ameaças e procedimentos de investigação. 2. ed. Rio de Janeiro: Brasport, 2013.
[71] Ibid.

É importante não se esquecer de apresentar todos os links que tenham relação com o fato em investigação – por exemplo, os links do perfil do Facebook, do Twitter, do blog e do site que tenham publicado o conteúdo de interesse policial.

Quando a investigação envolver som ou imagem (fotos e vídeos), é recomendável também gravar o conteúdo em um CD ou DVD, preferencialmente não regravável, ou em outras mídias que permitam a geração de um *hash*, ou seja, de uma chave criptográfica capaz de comprovar a autenticidade do arquivo.

Um programa muito utilizado para esse fim é o MD5summer.

> *Este programa é utilizado para verificar a integridade de um ou vários arquivos por intermédio de um algoritmo que gera uma assinatura digital (hash) do arquivo, com base em um código de 32 caracteres hexadecimais. Com base nesta assinatura digital é possível analisar se determinado arquivo é autêntico ou sofreu alguma alteração. Essa funcionalidade é muito importante para as cópias de sites ou outras informações extraídas da internet ou recebidas por um usuário na rede. Temos visto diversos casos em que as partes contrárias questionam o armazenamento de conteúdo extraído da internet, e o programa MD5summer pode conferir autenticidade às informações coletadas do ambiente virtual*[72].

Modelo de auto de materialização de evidência eletrônica – Facebook

AUTO DE MATERIALIZAÇÃO DE EVIDÊNCIA ELETRÔNICA

A **POLÍCIA CIVIL DO ESTADO DE SÃO PAULO**, pela Autoridade Policial subscritora, [data, horário e fuso horário], nas dependências do Setor de Investigações Gerais desta Unidade de Polícia Judiciária, acessou o perfil da rede social Facebook publicado no endereço: **www.facebook.com/profile.php?id=[...]** e promoveu a impressão de informações, publicações e imagens que constavam no referido perfil e possuem relação com os crimes em apuração, cujas páginas estão numeradas e rubricadas. Ato contínuo, o subscritor realizou a gravação das imagens em um CD e elaborou o presente **Auto de Materialização de Evidência Eletrônica** com o intuito de demonstrar o que foi observado ao acessar o referido perfil e materializar as evidências dos crimes em investigação.

---

[72] WENDT, Emerson; JORGE, Higor Vinicius Nogueira. **Crimes Cibernéticos**: ameaças e procedimentos de investigação. 2. ed. Rio de Janeiro: Brasport, 2013.

[cidade], [dia] de [mês] de [ano].

[nome do Delegado de Polícia signatário]

DELEGADO DE POLÍCIA[73]

Síntese

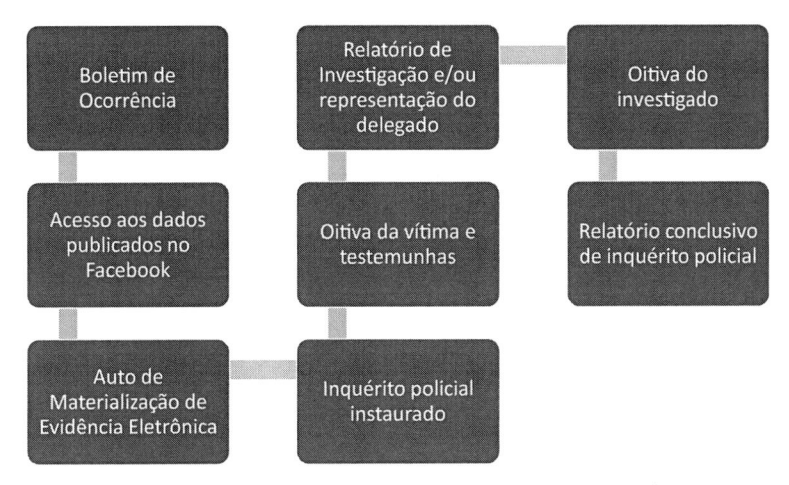

Figura 105 – Auto de Materialização de Evidência Eletrônica

Modelo de auto de materialização de evidência eletrônica – WhatsApp

AUTO DE MATERIALIZAÇÃO DE EVIDÊNCIA ELETRÔNICA

A **POLÍCIA CIVIL DO ESTADO DE SÃO PAULO**, pela Autoridade Policial subscritora, [data, horário e fuso horário], nas dependências do Setor de Investigações Gerais desta Central de Polícia Judiciária, depois de receber cópia do deferimento, pelo M.M. Juiz de Direito da [...] Vara Criminal Comarca de [...], da representação elaborada pelo subscritor, para que autorizasse acesso e análise das informações armazenadas no celular iPhone X, marca Apple, IMEI [...], pertencente ao investigado [...] e apreendido em razão de mandado de busca e apreensão concedido pela Vara Criminal supra referida, promoveu a impressão de 33 imagens de adolescentes mantendo relações sexuais com o investigado, que estavam armazenadas na pasta "Rolo da Câmera" do referido dispositivo.

---

[73] O Auto de Materialização de Evidência Eletrônica pode ser elaborado por policial civil, independentemente da carreira que integre.

Também houve impressão das conversas e imagens do grupo de WhatsApp denominado "Novinhas Pedo", administrado pelo investigado. Em seguida acessou o site: www.novinhaspedo[...].com.br e, por intermédio do programa HTTrack Website Copier, copiou integralmente o seu conteúdo. Cabe consignar que algumas imagens do investigado, que estavam armazenadas no celular, também foram observadas no referido site, conforme gráfico comparativo anexo. Ato contínuo, se realizou a gravação das imagens em um CD e elaborou o presente **Auto de Materialização de Evidência Eletrônica** com o intuito de demonstrar o que foi observado ao acessar o referido perfil e materializar as evidências do crime em investigação.

[cidade], [dia] de [mês] de [ano].

[nome do Delegado de Polícia signatário]

DELEGADO DE POLÍCIA

Síntese

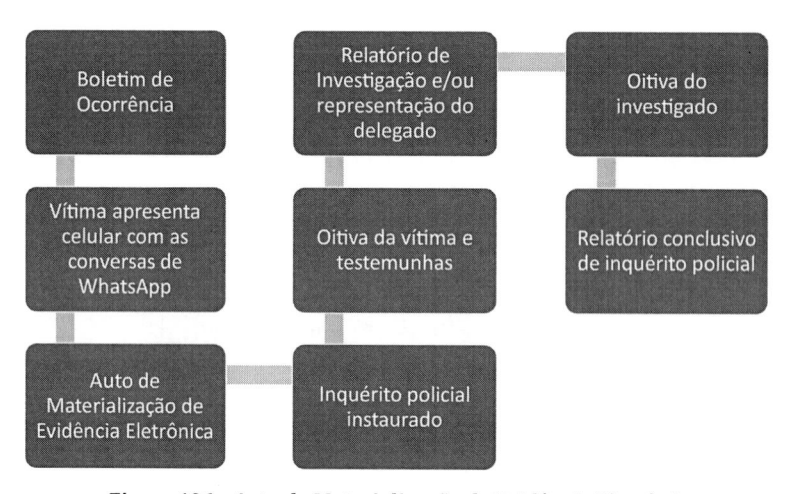

Figura 106 – Auto de Materialização de Evidência Eletrônica

Requisição cautelar de preservação de registros de conexão e de acesso a aplicações de internet

Uma das características das evidências eletrônicas é que elas são muito voláteis, ou seja, desaparecem rapidamente, por isso é importante que, após receber a notícia de um crime praticado por meios tecnológicos, seja encaminhado requerimento cautelar de guarda dos registros (também chamados de *logs*) de provedores de conexão (por exemplo, Vivo, Tim, Net, Claro etc.) e de provedores de acesso a aplicações de internet (por exemplo, Hotmail, UOL, Yahoo etc.).

Segundo a Lei nº 12.965/14[74], o provedor responsável pela guarda dos registros deverá manter sigilo em relação ao requerimento de guarda dos registros; contudo, o requerimento perderá sua eficácia caso o pedido de autorização judi-

---

[74] **Da Guarda de Registros de Conexão**
Art. 13. Na provisão de conexão à internet, cabe ao administrador de sistema autônomo respectivo o dever de manter os registros de conexão, sob sigilo, em ambiente controlado e de segurança, pelo prazo de 1 (um) ano, nos termos do regulamento.
§ 1º A responsabilidade pela manutenção dos registros de conexão não poderá ser transferida a terceiros.
§ 2º A autoridade policial ou administrativa ou o Ministério Público poderá requerer cautelarmente que os registros de conexão sejam guardados por prazo superior ao previsto no *caput*.
§ 3º Na hipótese do § 2º, a autoridade requerente terá o prazo de 60 (sessenta) dias, contados a partir do requerimento, para ingressar com o pedido de autorização judicial de acesso aos registros previstos no *caput*.
§ 4º O provedor responsável pela guarda dos registros deverá manter sigilo em relação ao requerimento previsto no § 2º, que perderá sua eficácia caso o pedido de autorização judicial seja indeferido ou não tenha sido protocolado no prazo previsto no § 3º.
§ 5º Em qualquer hipótese, a disponibilização ao requerente dos registros de que trata este artigo deverá ser precedida de autorização judicial, conforme disposto na Seção IV deste Capítulo.
§ 6º Na aplicação de sanções pelo descumprimento ao disposto neste artigo, serão considerados a natureza e a gravidade da infração, os danos dela resultantes, eventual vantagem auferida pelo infrator, as circunstâncias agravantes, os antecedentes do infrator e a reincidência.
Da Guarda de Registros de Acesso a Aplicações de Internet na Provisão de Conexão
Art. 14. Na provisão de conexão, onerosa ou gratuita, é vedado guardar os registros de acesso a aplicações de internet.
Da Guarda de Registros de Acesso a Aplicações de Internet na Provisão de Aplicações
Art. 15. O provedor de aplicações de internet constituído na forma de pessoa jurídica e que exerça essa atividade de forma organizada, profissionalmente e com fins econômicos deverá manter os respectivos registros de acesso a aplicações de internet, sob sigilo, em ambiente controlado e de segurança, pelo prazo de 6 (seis) meses, nos termos do regulamento.
§ 1º Ordem judicial poderá obrigar, por tempo certo, os provedores de aplicações de internet que não estão sujeitos ao disposto no *caput* a guardarem registros de acesso a aplicações de internet, desde que se trate de registros relativos a fatos específicos em período determinado.
§ 2º A autoridade policial ou administrativa ou o Ministério Público poderão requerer cautelarmente a qualquer provedor de aplicações de internet que os registros de acesso a aplicações de internet sejam guardados, inclusive por prazo superior ao previsto no *caput*, observado o disposto nos § 3º e § 4º do art. 13.
§ 3º Em qualquer hipótese, a disponibilização ao requerente dos registros de que trata este artigo deverá ser precedida de autorização judicial, conforme disposto na Seção IV deste Capítulo.
§ 4º Na aplicação de sanções pelo descumprimento ao disposto neste artigo, serão considerados a natureza e a gravidade da infração, os danos dela resultantes, eventual vantagem auferida pelo infrator, as circunstâncias agravantes, os antecedentes do infrator e a reincidência.

cial seja indeferido ou não tenha sido protocolado no prazo de sessenta dias do requerimento.

Cabe esclarecer que a aludida Lei estabelece que os provedores de conexão devem guardar os registros de utilização por um ano e os provedores de acesso a aplicações de internet devem manter os registros por seis meses.

Modelo de requisição de preservação cautelar de registros eletrônicos

ILUSTRÍSSIMO SENHOR REPRESENTANTE DO FACEBOOK

A **POLÍCIA CIVIL DO ESTADO DE SÃO PAULO**, pela Autoridade Policial subscritora, com fulcro no artigo 144, § 4º da Constituição Federal, artigo 140 da Constituição Estadual, artigo 4º e seguintes do Código de Processo Penal, promove a presente **REQUISIÇÃO CAUTELAR DE REGISTROS ELETRÔNICOS** pelos motivos de fato e de direito a seguir apresentados.

DO FATO

Nos dias [...] e [...] foram publicadas na linha de tempo do perfil de [...], na rede social Facebook, diversas mensagens exigindo que a vítima pagasse a quantia de [...] *Bitcoins* (BTC) para que não fossem divulgadas suas conversas pessoais de cunho sexual com [...]. Os fatos foram registrados na Delegacia de Polícia, no dia [...], conforme consta no Boletim de Ocorrência [...], que teve como declarante [...].

DA INVESTIGAÇÃO

Procedeu-se encaminhamento de representação para [...].

DA SOLICITAÇÃO

Dessa forma, como medida visando a absoluta elucidação do delito e levando em consideração que os crimes cibernéticos representam um grande desafio para a persecução penal, em razão da volatilidade e complexidade das provas e pela impossibilidade de produzir provas por outros meios, solicito que providencie a PRESERVAÇÃO CAUTELAR DE REGISTROS ELETRÔNICOS, relacionados com o perfil [...] da rede social Facebook, sendo que nos próximos dias será encaminhada representação de afastamento de sigilo eletrônico do referido perfil.

[cidade], [dia] de [mês] de [ano].

[nome do Delegado de Polícia signatário]

DELEGADO DE POLÍCIA

AO

ILUSTRÍSSIMO SENHOR

REPRESENTANTE DO FACEBOOK

Síntese

Figura 107 – Requisição cautelar de preservação de registros eletrônicos

Relatório de investigação

Relatório de investigação sugerindo representação para que empresa de telefonia informe ligações realizadas pela ERB, bem como células utilizadas (*cell* ID) e azimute de cada ligação[75]

RELATÓRIO DE INVESTIGAÇÃO

SETOR DE INVESTIGAÇÕES

EXCELENTÍSSIMO DELEGADO

Informo à Vossa Excelência que este Setor desenvolve investigações com o intuito de apurar crime de roubo ocorrido em nosso município. Que os autores

---

[75] Modelo elaborado pelo papiloscopista policial Marcos Eduardo Ribeiro Ferreira, da Polícia Civil do Estado de São Paulo.

permaneceram por aproximadamente duas horas na residência das vítimas e, segundo relatado por elas, fizeram o uso constante de terminais móveis.

Assim, diante do exposto, sugerimos à Vossa Excelência que represente ao Juízo solicitando a quebra de todas as ligações efetuadas e recebidas, no período [inserir período de interesse], da torre (ERB) com cobertura as coordenadas geográficas 22°37'[...].[...]"S, 48°38'[...].[...]"O, local em que o delito foi praticado.

Esclareço que se faz necessário que a concessionaria de telefonia informe as ligações, as células utilizadas (*cell* ID) e o azimute de cada ligação.

Essas informações irão possibilitar que a investigação elimine inúmeras ligações que, embora tenham utilizado a torre de cobertura do local, não utilizaram as células e o azimute correspondentes ao local.

Informamos ainda que necessitamos de senha para consulta a dados cadastrais de todas as operadoras de telefonia e que permitam consultas retroativas à data do fato.

É o relatório.

[nome do Policial Civil signatário]

[carreira]

Síntese

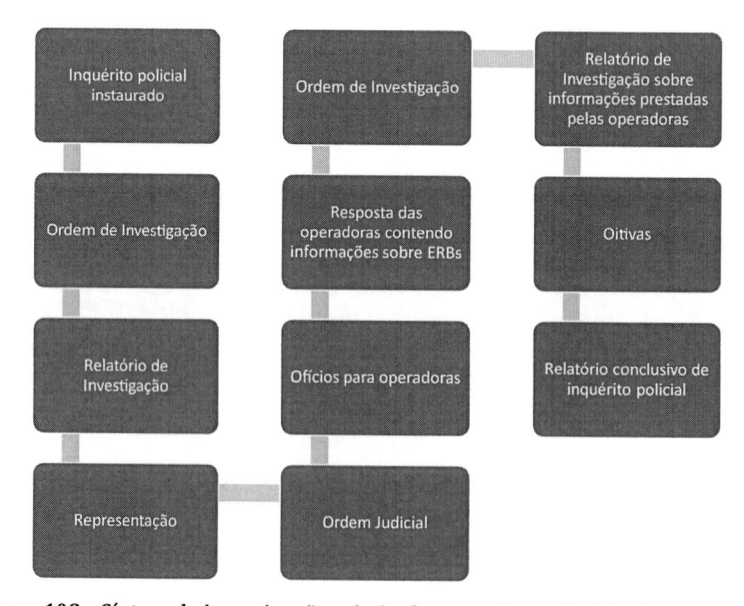

Figura 108 – Síntese da investigação criminal, contendo o relatório de investigação

Relatório de investigação baseado em informações de geolocalização extraídas das ligações telefônicas dos investigados[76]

RELATÓRIO DE INVESTIGAÇÃO

SETOR DE INVESTIGAÇÕES

EXCELENTÍSSIMO DELEGADO

A Polícia Civil do Estado de São Paulo [...] atende Vossa requisição acerca do Estado de Direito e levando em conta a busca da verdade real, atende Vossa requisição acerca do deslinde do fato narrado no Inquérito Policial número [...]/2017 e apresenta as considerações que seguem.

Da *Notitia Criminis*

Pelo narrado no instrumento policial em referência [breve narrativa do fato criminoso].

Da Investigação

O trabalho investigativo inicia-se com a análise da *notitia criminis* e o posterior comparecimento aos locais de crime a fim de constatação de vestígios, sensíveis à apuração do delito, mediante sua submissão a raciocínio dedutivo, indutivo e analógico, com vistas à sua elevação a indício de autoria, ao qual somam-se dados materiais a fim de se consubstanciar a materialidade do elemento probatório.

Sob tal ótica, analisando-se a *notitia criminis*, pode-se deduzir que [considerações sequenciais de raciocínio].

Portanto, a hipótese investigativa é [apontamento da hipótese investigativa].

A) Dos Suspeitos: Qualificação e Conduta Social

[apresentação, com imagens dos suspeitos e outras informações relevantes].

B) Dos Indícios de Autoria e Materialidade

[consideração, em tópicos, dos elementos indiciários, em especial, criação de tópico denominado "Rastreio de ERBs" ou, tendo em vista comum ocorrência de pluralidade de sujeitos ativos, "Concurso de Agentes e Rastreio de ERBs"].

---

[76] Modelo elaborado pelo agente policial Adair Dias de Freitas Junior, da Polícia Civil do Estado de São Paulo.

Para melhor ilustração, o modelo será feito considerando uma situação de roubos em continuação e concurso de agentes. Segue adiante:

I. "Concurso de Agentes e Rastreio"

Concernente o exposto, foram coligidos indícios de que [...], [...] e [...] estivessem associados para a prática dos dois roubos naquela data.

Enquanto [...] e [...] executavam os crimes, [...] lhes monitorava as ações, tendo erigido o plano dos assaltos, emprestado a arma de fogo e orientado, constantemente, o casal assaltante.

A fim de fazer prova de tal assertiva obtida pelo tirocínio policial, fora feito pedido de afastamento de sigilo das comunicações telefônicas do casal. Ofertamos ilustração do trecho de tal bilhetagem (completa juntada aos autos) e a explanamos no que segue:

[imagem do satélite]

A partir das 13 horas, 06 minutos e 47 segundos do dia dos roubos, [...] e [...], que utilizavam o número [...] (dados cadastrais em nome de [...] – pai de [...] e vinculado ao perfil de Facebook desta última), firmaram, até às 14 horas, 01 minuto e 27 segundos do dia seguinte, com [...], que utilizava o número [...] (dados cadastrais em nome do próprio [...], e vinculado ao seu perfil de Facebook), a expressiva quantia de 27 ligações.

As chamadas iniciam-se às 13 horas, 06 minutos e 47 segundos, dando como ERB aquela situada na [endereço], o que faz prova de que, em tal horário, os interlocutores estavam sob a área de abrangência daquela unidade repetidora.

Em continuada análise, tais chamadas passam a ser simultâneas entre os interlocutores a partir das 17 horas, 53 minutos e 01 segundo, ainda sob a ERB anterior.

Perceba que houve ligação mais demorada às 19 horas, 23 minutos e 18 segundos, não por acaso, horário apontado pela primeira vítima, Y, de início do assalto.

Note ainda que, nesta última ligação, a ERB sob a qual os celulares de [...] e [...] estavam na área situada na [endereço], enquanto o número de [...] continua sob a área da primeira ERB situada em [endereço], conforme ilustrações infra.

Neste ponto, utilizando-se o azimute, os radianos e o raio da amplitude circunferente da unidade repetidora da cidade de [...], cabe demonstração da posição do casal assaltante como forma de comprovar sua presença no local do primeiro crime. Veja:

[imagem do satélite]

Note que prolongando o raio no azimute indicado, tem-se a exata cercania do local do primeiro roubo (por existir apenas uma ERB em [...], a exata triangulação não é possível. Há uma insignificante variação na angulação da imagem por satélite). Senão, vejamos:

[imagem do satélite]

Nesse mister, às 20 horas, 25 minutos e 29 segundos, horário apontado como próximo ao de saída dos criminosos da residência roubada, há novel ligação entre os interlocutores, agora já ambos sob a mesma ERB de [...], aquela localizada na [...], sendo o azimute do número chamador, o do casal e o do número chamado, o de [...].

Como dois corpos não ocupam o mesmo espaço ao mesmo tempo, é premente que estão ocupando posição em radianos aproximados, o que indica o encontro dos três.

Às 22 horas, 09 minutos e 05 segundos, passadas duas horas do encontro dos criminosos após o primeiro roubo, volta a ocorrer chamada entre eles, dessa vez, novamente sob a ERB situada na [...].

À 01 hora, 18 minutos e 41 segundos os interlocutores ocupam novamente o mesmo espaço radiano sob a amplitude circunferente da ERB sita na [...], o que demonstra que novamente se encontram antes da prática do segundo crime.

As chamadas entre os interlocutores continuam sob esta mesma ERB até à 01 hora, 33 minutos e 40 segundos, momento anterior à ocorrência do segundo roubo às 02 horas, 13 minutos e 31 segundos.

Passado o período do segundo roubo, há novo contato entre o três, dessa vez às 03 horas, 02 minutos e 52 segundos, ainda sob a última ERB.

Fundamental expor que, nestes últimos contatos, os azimutes dos números dos interlocutores variam de 0 (zero) a 230. Fato relevante, pois, se considerado tal posicionamento geográfico, obtém-se amplitude que engloba os endereços dos três suspeitos. Ilustrando:

[imagem do satélite]

Do Esclarecimento

Considerando-se todos os indícios de autoria e materialidade apresentados, o que se pode estabelecer como situação fática mais próxima à verdade real é a ocorrência de [...].

Dessa feita, *si vera sunt*, com fulcro em tudo que se deixou cristalino, é atribuída a autoria dos dois crimes a [...]

É o relatório.

Respeitosamente,

[nome do Policial Civil signatário]

[carreira]

Síntese

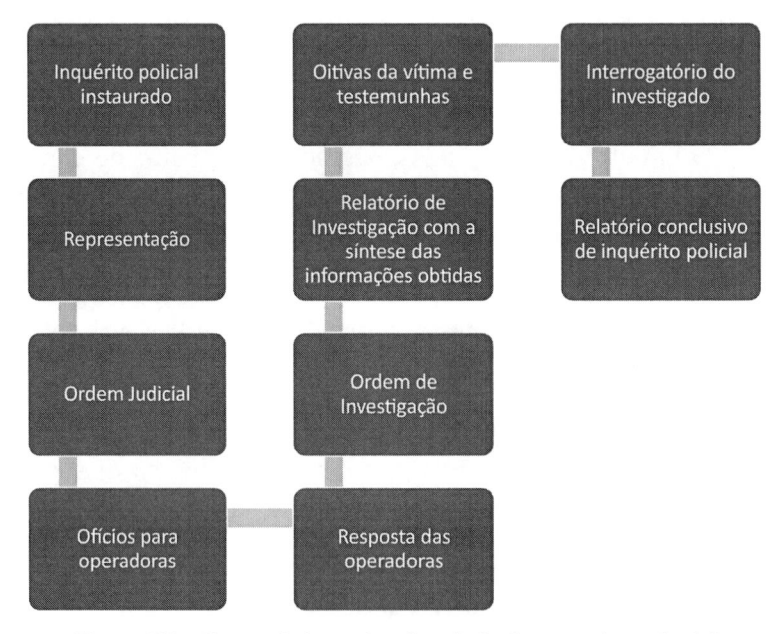

Figura 109 – Síntese da investigação criminal, contendo o relatório de investigação com informações de geolocalização extraídas das ligações telefônicas dos investigados e outros dados relevantes

Relatório de investigação baseado em informações de geolocalização extraídas das ligações telefônicas dos investigados e outros dados relevantes[77]

RELATÓRIO DE INVESTIGAÇÃO

SETOR DE INVESTIGAÇÕES

EXCELENTÍSSIMO DELEGADO

A Polícia Civil do Estado de São Paulo [...] atende Vossa requisição acerca do Estado de Direito e levando em conta a busca da verdade real, atende vossa requisição acerca do deslinde do fato narrado no instrumento policial em referência e apresenta as considerações que seguem.

Da *Notitia Criminis*

Pelo narrado no instrumento policial em referência, a vítima [narração dos fatos em investigação].

Da Investigação

[síntese das ações investigativas realizadas]

A) Dos Suspeitos: Conduta Social, Personalidade e Qualificação

[informações sobre os investigados]

[...] sendo que ambos reverberam em seus perfis de Facebook a exaltação de símbolos criminosos, como letras de música que enaltecem o crime e figuras do patrono criminoso dos quadrinhos, o Coringa.

A partir de tal ponto, iniciou-se a busca específica de informações acerca dos dois, com realização de observação, inclusive. Logo de início pode-se perceber relação de amizade entre os investigados e outro rapaz, também conhecido dos meios Policiais. Era ele: [...], sendo criminoso contumaz. Não trabalha, se dedica exclusivamente à atividade criminosa. Tem registros de tráfico, corrupção de menores, dano, desacato, ameaça, direção perigosa, lesão corporal e, no dia 27/11/2015, cerca de 40 dias após os roubos aqui tratados, foi preso por orquestrar o roubo da loja [...], onde utilizou um revólver, também oxidado (preto), com o mesmo calibre provável da arma utilizada naqueles outros crimes e, associando-se a mais dois indivíduos, perpetrou crime com *modus operandi* semelhante.

---

[77] Modelo elaborado pelo agente policial Adair Dias de Freitas Junior, da Polícia Civil do Estado de São Paulo.

Tal proximidade entre [...], [...] e [...] muito nos chamou a atenção, vez que este último indivíduo já vinha sendo investigado pela prática de crimes de roubo, tendo sido preso dias depois por esse delito. Tais situações subsidiam os indícios da participação de [...] como mentor intelectual e fornecedor da arma de fogo necessária para a prática dos roubos.

Para fazer prova material deste último raciocínio apresentado, foi pleiteado junto ao juízo competente o afastamento do sigilo da linha telefônica utilizada pelo casal, a fim de fazer prova de sua presença física nos locais de crime, bem como da coautoria de [...].

Dessa feita, ademais do explanado, passemos à consubstanciação dos indícios de autoria e materialidade que ilustram e o esmiúçam.

B) Dos Indícios de Autoria e Materialidade

I. A Bandana

[...]

II. O Veículo

O veículo roubado no primeiro crime – Fiat Strada Trek Flex ELR 2463 – fora utilizado para a prática do segundo, tendo sido registrado por uma das câmeras de segurança do [...].

III. A Vestimenta e a Arma dos Crimes

A vestimenta e arma utilizada pelo casal nos dois roubos possuem idêntica descrição declarada pelas vítimas. Veja:

[...]

IV. Reconhecimentos

[...]

V. Locais de Crime

[...]

VI. "Concurso de Agentes e Rastreio"

Concernente ao exposto, havia indícios de que [...], [...] e [...] estivessem associados para a prática dos dois roubos naquela data.

Enquanto [...] e [...] executavam os crimes, [...] lhes monitorava as ações, tendo erigido o plano dos assaltos, emprestado a arma de fogo e orientado, constantemente, o casal assaltante.

A fim de fazer prova de tal assertiva obtida pelo tirocínio policial, cabe expor informações sobre resultado do afastamento de sigilo das comunicações telefônicas do casal. Ofertamos ilustração do trecho de tal bilhetagem (completa juntada aos autos) e a explanamos no que segue:

[imagem]

A partir das 13 horas, 06 minutos e 47 segundos do dia dos roubos, [...] e [...], que utilizavam o número [...] (dados cadastrais em nome de [...] – pai de [...] e vinculado ao perfil de Facebook desta última), firmaram, até às 14 horas, 01 minuto e 27 segundos do dia seguinte, com [...], que utilizava o número [...] (dados cadastrais em nome do próprio [...], e vinculado ao seu perfil de Facebook), a expressiva quantia de 27 ligações.

As chamadas iniciam-se às 13 horas, 06 minutos e 47 segundos, dando como ERB aquela situada na [...], o que faz prova de que, em tal horário, os interlocutores estavam sob a área de abrangência daquela unidade repetidora.

Em continuada análise, tais chamadas passam a ser simultâneas entre os interlocutores a partir das 17 horas, 53 minutos e 01 segundo, ainda sob a ERB anterior.

Perceba que houve ligação mais demorada às 19 horas, 23 minutos e 18 segundos, não por acaso, horário apontado pela primeira vítima, [...], de início do assalto.

Note ainda que, nesta última ligação, a ERB sob a qual o celular de [...] e [...] está é a situada na [...], enquanto o número de [...] continua sob a área da primeira ERB de [...] indicada.

Neste ponto, utilizando-se o azimute, os radianos e o raio da amplitude circunferente da unidade repetidora de [...], cabe demonstração da posição do casal assaltante como forma de comprovar sua presença no local do primeiro crime. Veja:

[imagem]

Note que, prolongando o raio no azimute indicado, tem-se a exata cercania do local do primeiro roubo (por existir apenas uma ERB em [...], a exata triangulação não é possível. Há uma insignificante variação na angulação da imagem por satélite). Senão, vejamos:

[imagem]

Nesse mister, às 20 horas, 25 minutos e 29 segundos, horário apontado como próximo ao de saída dos criminosos da residência roubada, há novel ligação entre os interlocutores, agora já ambos sob a mesma ERB de [...], aquela localizada na [...], sendo o azimute do número chamador, o do casal, e o do número chamado, o de [...].

Como dois corpos não ocupam o mesmo espaço ao mesmo tempo, é premente que estão ocupando posição em radianos aproximada, o que indica o encontro dos três.

Às 22 horas, 09 minutos e 05 segundos, passadas duas horas do encontro dos criminosos após o primeiro roubo, volta a ocorrer chamada entre eles, dessa vez, novamente sob a ERB situada na [...].

À 01 hora, 18 minutos e 41 segundos os interlocutores ocupam novamente o mesmo espaço radiano sob a amplitude circunferente da ERB sita na [...], o que demonstra que novamente se encontram antes da prática do segundo crime.

As chamadas entre os interlocutores continuam sob esta mesma ERB até à 01 hora, 33 minutos e 40 segundos, momento anterior à ocorrência do segundo roubo às 02 horas, 13 minutos e 31 segundos.

Passado o período do segundo roubo, há novo contato entre o três, dessa vez às 03 horas, 02 minutos e 52 segundos, ainda sob a última ERB.

Fundamental expor que, nestes últimos contatos, os azimutes dos números dos interlocutores variam de 0 (zero) a 230. Fato relevante, pois, se considerado tal posicionamento geográfico, obtém-se amplitude que engloba os endereços dos três suspeitos. Ilustrando:

[imagem]

Do Esclarecimento

Considerando-se todos os indícios de autoria e materialidade apresentados, o que se pode estabelecer como situação fática mais próxima à verdade real é a ocorrência de dois crimes de roubo, com emprego de violência resultante em lesão corporal, grave ameaça mediante utilização de arma de fogo, concurso de agentes – em que houve um orquestrador e dois executores – bem como seu desfecho sob o período de repouso noturno, o que torna a ação criminosa mais nociva à saúde psicológica das vítimas.

Dessa feita, *si vera sunt*, com fulcro em tudo que se deixou cristalino, é atribuída a autoria dos dois crimes de roubo, perpetrados em tal data e nas circunstâncias demonstradas, aos indivíduos já qualificados nos autos, [...], [...] e [...].

Das Medidas Cautelares

Consubstanciados por tudo que se demonstrou, manifestamo-nos no sentido de que há ainda a premente necessidade do cumprimento de Mandado de Busca e Apreensão nos endereços indicados como sendo de [...] e [...], nos municípios de [...] e [...], tendo em vista [...].

É o que me cumpre relatar.

[nome do Policial Civil signatário]

[carreira]

Síntese

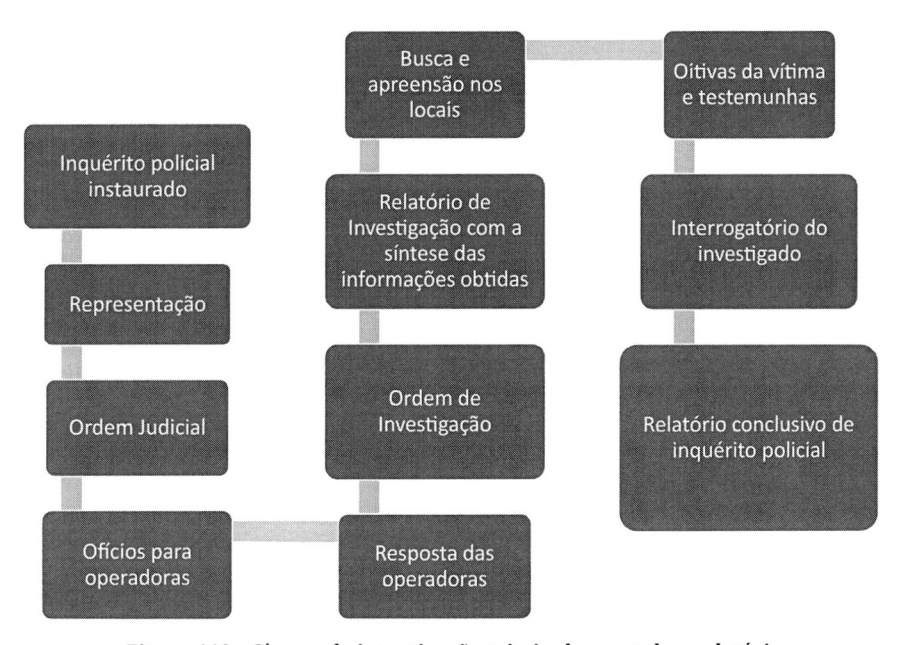

Figura 110 – Síntese da investigação criminal, contendo o relatório de investigação com informações de geolocalização extraídas das ligações telefônicas dos investigados e outros dados relevantes

Relatório de investigação decorrente de investigação de crimes relacionados com pornografia infantil na internet[78]

EXCELENTÍSSIMO DELEGADO

[...] apurou que existem várias pessoas no Estado de São Paulo fazendo uso da rede mundial de computadores para adquirir, armazenar e distribuir material contendo pornografia infantil, principalmente vídeos e fotos, caracterizando assim crimes graves previstos no **Estatuto da Criança e Adolescente – ECA (Artigos 241-A, 241-B, entre outros)**, isso quando não caracterizarem crimes mais graves como a própria exploração sexual física dessas crianças e adolescentes.

[...] realizou entre maio e dezembro de 2016 quatro operações policiais [...] totalizando cerca de 100 (cem) prisões em flagrante [...].

Entre os autuados estavam [...]. Muitos desses materiais possuíam sexo explícito de crianças, entre 3 e 5 anos de idade, com adultos e em alguns casos até com bebês. Foi possível identificar alguns alvos reincidentes nos mesmos crimes, além de crimes de estupro; com outros, observou-se que parte do acervo havia sido produzida pelo investigado, inclusive participando de cenas de sexo.

A técnica de investigação consiste na utilização de um software em cooperação com forças policiais do mundo todo. Esse software tabula as informações de IP de uma conexão de internet utilizada com o fim específico de troca de arquivos contendo pornografia infantil.

Na realidade o campo de investigação é ainda mais restrito, ou seja, o monitoramento é baseado na atividade de compartilhamento de material entre [...] através dela que ocorre o compartilhamento e consequente armazenamento do conteúdo. Parte da doutrina defende que as [...] caracterizam o primeiro nível da *Deep Web*, que é a chamada rede profunda (rede escura, rede do mal etc.).

As pessoas que fazem uso desses programas buscam nessas redes de compartilhamento o que normalmente não se encontra em uma pesquisa do Google (<www.google.com.br>) por se tratar de conteúdo que de alguma forma fere algum tipo de direito, incorrendo assim em um crime. Um exemplo disso é o *download* de músicas, filmes e séries que ferem os direitos autorais.

---

[78] Modelo elaborado pelo investigador de polícia Jorge André Domingues Barreto e pelo escrivão de polícia Hericson dos Santos, ambos da Polícia Civil do Estado de São Paulo.

Os motores de busca como o Google e Yahoo!, por exemplo, indexam apenas alertas e matérias contra pornografia infantil e não seu conteúdo, ou seja, um [...].

A principal informação que temos aqui é o IP, que é o endereço lógico do computador no momento do compartilhamento do arquivo, e é através desse dado e de outros que é possível, posteriormente, identificar o dono da conexão.

Observe que o IP é **visível** para qualquer cliente/usuário da rede ponto-a-ponto, portanto, trata-se de uma informação de fonte aberta. Nosso software de [...] opera como um cliente qualquer dentro da rede de compartilhamento, fazendo pesquisas através de palavras-chave e codificação *hash* diuturnamente, 24 horas por dia, 7 dias por semana. Toda vez que um computador conectado [...] palavra-chave que nosso software pediu, o IP desse computador vai para uma *blacklist*, georreferenciada através da localização provável do IP (país, estado, cidade) e é nessa lista de IPs que realizamos a triagem por piores IPs e/ou piores GUIDs (usuários).

Note que a obtenção dos dados de IP, GUID e demais informações de um usuário da rede ponto-a-ponto pode ser feita manualmente, no entanto, o software realiza essa tarefa de forma automática apresentando dados que nos permitem conduzir uma investigação policial.

Além do endereço IP, existem dois outros conceitos que aumentam o grau de precisão da investigação: a codificação *hash* de um arquivo e o GUID do usuário.

➤ **Codificação *hash*:** é uma fórmula matemática que permite extrair de um arquivo uma combinação de letras e números que o torna único. Podemos dizer que é o DNA do arquivo.
➤ **GUID** *(Global Unique Identifier)*: de maneira análoga, o usuário do computador também recebe uma codificação que o torna único, no entanto, essa codificação é modificada sempre que o usuário realiza operações de manutenção no programa de compartilhamento ou em seu computador, desinstalando e o instalando novamente, por exemplo.

Portanto, a investigação é criteriosa e muito técnica, permitindo identificar com clareza uma conexão de internet cujo usuário final, uma pessoa física, a utilizou para baixar, compartilhar e/ou armazenar material contendo pornografia infantil.

Para dar início à investigação ocorreu a triagem dos seguintes alvos:

➤ CASO 01

IP ADDRESS	PORTA	DATA GMT	HORA GMT	GUID	REDE	PROVEDOR
191.181.[...]	6346	07/05/2017	05:09:57 AM	[...]92A1F7085854DA04605AF1[...]	GNUTELLA	NET VIRTUA
187.38. [...]	6346	03/05/2017	10:36:18 PM	[...]92A1F7085854DA04605AF1[...]	GNUTELLA	NET VIRTUA
187.38. [...]	6346	16/04/2017	04:56:06 PM	[...]92A1F7085854DA04605AF1[...]	GNUTELLA	NET VIRTUA
191.181. [...]	6346	14/04/2017	04:49:22 AM	[...]92A1F7085854DA04605AF1[...]	GNUTELLA	NET VIRTUA
187.38. [...]	6346	09/04/2017	11:57:57 AM	[...]92A1F7085854DA04605AF1[...]	GNUTELLA	NET VIRTUA

➤ CASO 02

IP ADDRESS	PORTA	DATA GMT	HORA GMT	GUID	REDE	PROVEDOR
200.100.[...]	58623	08/05/2017	08:09:34 AM	[...]396137F7E8C4D8A6FB078F6[...]	GNUTELLA	VIVO
177.94.[...]	48745	02/05/2017	01:41:36 AM	[...]396137F7E8C4D8A6FB078F6[...]	GNUTELLA	VIVO

➤ CASO 03

IP ADDRESS	PORTA	DATA GMT	HORA GMT	GUID	REDE	PROVEDOR
177.103.[...]	25236	08/05/2017	11:33:02 AM	[...]6D7126D68354585F947052[...]	GNUTELLA	VIVO

Observe que os alvos listados nas tabelas anteriores possuem o mesmo GUID, respectivamente. Essa representação matemática nos permite afirmar que se trata da mesma pessoa, muito embora os IPs vinculados ao GUID mudaram com o tempo.

Resta-nos solicitar às empresas Vivo Telefônica e NET Virtua, atual Claro S/A, os dados cadastrais do usuário/cliente atrelado aos IPs para que possamos identificar o dono da conexão, o que nos levará à sua residência, não à autoria propriamente dita, posto que uma conexão pode servir vários dispositivos e pessoas através de uma rede local.

Trata-se, portanto, de investigação muito criteriosa que demanda análise e investigação diferenciada e [...].

Portanto, sugerimos o encaminhamento do presente relatório à [...].

É o relatório.

[nomes dos Policiais Civis signatários]

[carreiras]

Síntese

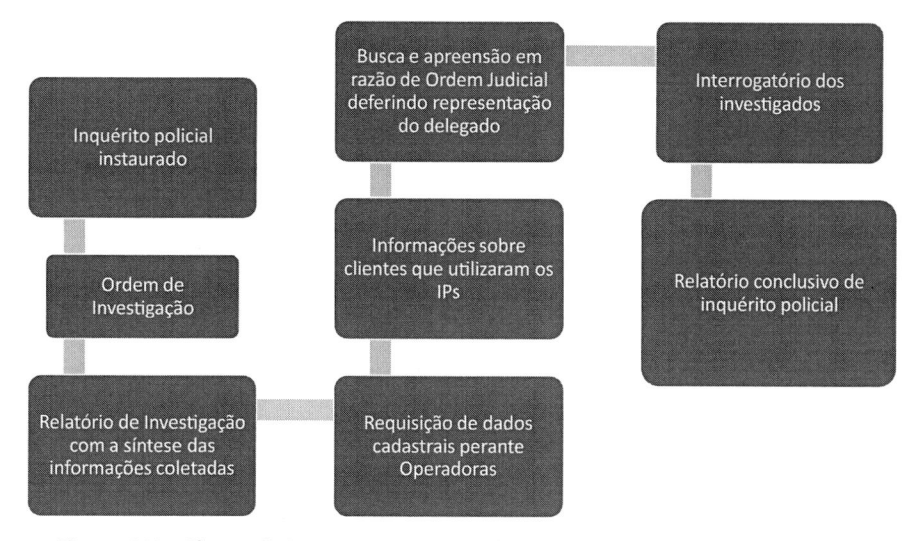

Figura 111 – Síntese da investigação criminal, contendo o relatório de investigação decorrente de investigação de crimes relacionados com pornografia infantil na internet

Relatório técnico sobre necessidade de infiltração policial na internet para investigar crimes relacionados com pornografia na rede mundial de computadores[79]

OPERAÇÃO:	[...]
PROCESSO:	[...]
LOCALIDADE:	[...]
INCIDÊNCIA:	ARTIGOS 241A E 241B DO ECA
ASSUNTO:	INFILTRAÇÃO POLICIAL NA INTERNET

EXCELENTÍSSIMO DELEGADO

Apresento a Vossa Senhoria o relatório técnico para noticiar um novo meio de cometimento de crime cibernético, principalmente no que concerne a distribuição de material contendo pornografia infantil, que vem acontecendo em todo o estado de São Paulo, incluindo áreas desse Departamento.

---

[79] Modelo elaborado pelo investigador de polícia Jorge André Domingues Barreto e pelo escrivão de polícia Hericson dos Santos, ambos da Polícia Civil do Estado de São Paulo.

DO FATO

Através de técnicas computacionais e de inteligência, agentes da [...] apuraram que existem várias pessoas no Estado, principalmente em nossa região, fazendo uso do aplicativo de troca de mensagens WhatsApp para compartilhar (armazenar e disponibilizar) material contendo filmes e fotos de sexo explícito envolvendo crianças e adolescentes, caracterizando os crimes previstos no Estatuto da Criança e Adolescente – ECA (Artigos 241-A, 241-B, entre outros).

DA INVESTIGAÇÃO

Atualmente temos utilizado o conceito de "ronda virtual", que, segundo a doutrina de crimes cibernéticos, trata-se da atividade exercida por um agente policial que objetiva buscar na internet (redes sociais, mensageiros, sites em geral) informações de fontes abertas capazes de subsidiar uma investida policial.

Com a técnica empregada, foi possível identificar uma dezena de grupos de usuários do aplicativo WhatsApp praticando os crimes previstos no Estatuto da Criança e do Adolescente.

Os grupos das imagens possuem em média 200 (duzentas) pessoas, de várias partes do Brasil, mas principalmente do Estado de [...]. Algumas pessoas, inclusive, simulam número de telefone celular internacional na tentativa de se esquivarem de suas atividades criminosas.

[imagens]

As imagens anteriores foram extraídas do celular apreendido em poder de [...], conforme autorização judicial para análise em seu conteúdo. As imagens permitem observar participantes de dois dos grupos em investigação. Observe que existem várias pessoas que utilizam os DDDs [...].

A seguir são apresentados os *print screens* de alguns vídeos transmitidos em um dos grupos investigados:

[vídeos contendo pornografia infantil]

Estes grupos são estritamente fechados, com os chamados *admins*, que são os responsáveis por convidar novos membros ou gerar os links que são distribuídos entre a "comunidade" para angariar novos participantes; existem várias regras a serem seguidas, tais como: proibido se identificar, proibido trocar mensagens e, a mais importante, compartilhar material de pornografia infantil, sob pena de ser banido do grupo.

Todas essas regras visam dar anonimato e uma espécie de segurança aos participantes; vez ou outra, um ou outro membro é banido por infringir algumas dessas regras e o grupo é desativado.

A técnica policial da "ronda virtual" se faz muito eficiente, no entanto, uma das regras desses grupos é o compartilhamento de material pornográfico infantil para nos mantermos ativos nos grupos. Isso nos coloca diante da necessidade, SMJ, de utilizar a figura jurídica prevista na Lei nº 13.441/2017, ou seja, a infiltração de agentes de polícia na internet com o fim de investigar crimes contra a dignidade sexual de criança e de adolescente.

Portanto, consideramos que a investigação é de alta complexidade, no entanto é de extrema importância jurídica e social, pois muitas dessas pessoas podem ser potenciais abusadores físicos das crianças e adolescentes que figuram nos materiais por eles compartilhados.

Desta forma, apresentamos as informações supra, para que Vossa Excelência analise eventuais providências de polícia judiciária que possam ser adotadas.

[nomes dos Policiais Civis signatários]

[carreiras]

Síntese

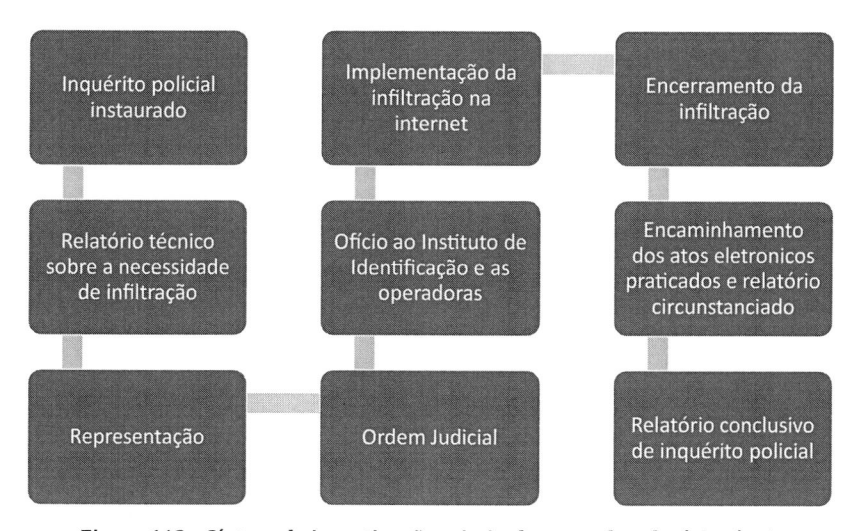

Figura 112 – Síntese da investigação criminal, contendo relatório técnico sobre necessidade de infiltração policial na internet para investigar crimes relacionados com pornografia na rede mundial de computadores

Relatório de investigação sobre informações recebidas da Apple sobre dados armazenados no iCloud da Apple[80]

RELATÓRIO DE INVESTIGAÇÃO	
PROCESSO:	[...]
VARA:	[...]
NATUREZA:	Artigo 273, §1º do CPB e Outros
ASSUNTO:	Informações recebidas da iCloud da Apple

EXCELENTÍSSIMO DELEGADO

Informo a Vossa Senhoria que se realizou análise nas informações enviadas pela Apple referente ao *smartphone* modelo **iPhone 6**, número **(18) 9 9xxx-7x6x e IMEI 3x4.xx7.0xx[...]** pertencente ao autuado [...], apreendido conforme consta no Boletim de Ocorrência [...]/2018 do Plantão Policial de [...].

Após a análise, foram localizados os seguintes arquivos de interesse policial no caminho: <root> Production\APL000002_APPLE CONFIDENTIAL\1474326199\54099\Cloudphotolibrary\1474326199\54099\[...]@hotmail.com-54099\cloudphotolibrary:

1) **Arquivos de tipo <Imagem> extraídos do *iCloud* do Alvo:**

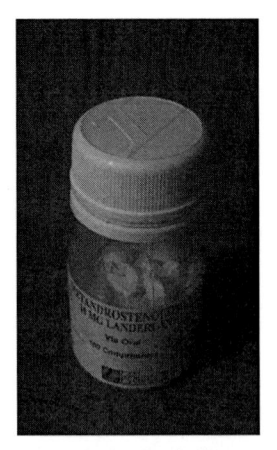

Figura 113 – Anabolizante

---

[80] Modelo elaborado pelo escrivão de polícia Hericson dos Santos, da Polícia Civil do Estado de São Paulo.

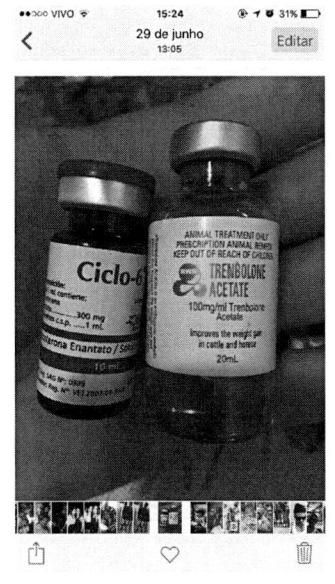

Modelos de Documentos de Polícia Judiciária **127**

Figura 114 – Imagem do alvo com anabolizantes

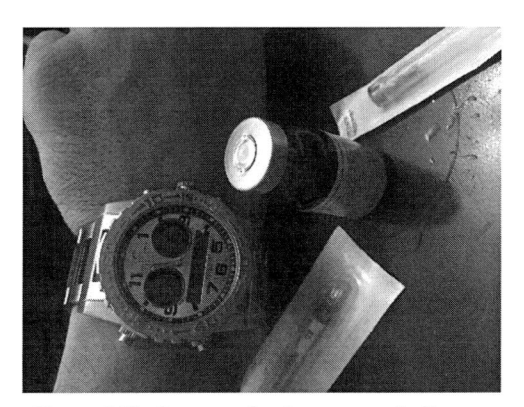

Figura 115 – Imagem do alvo com anabolizante

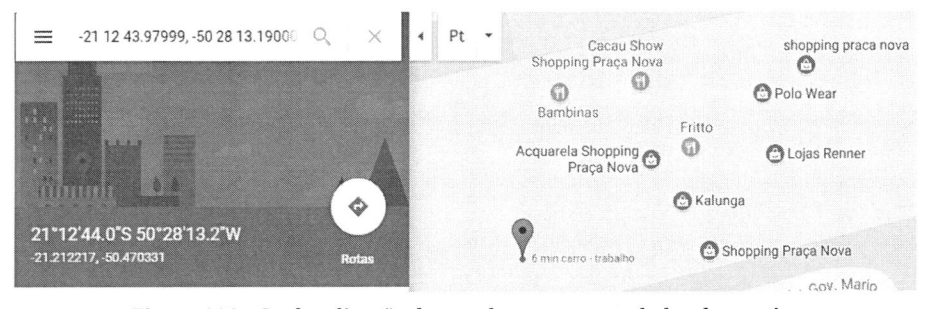

Figura 116 – Geolocalização de acordo com os metadados do arquivo

Metadados são informações que encontramos embutidos dentro de um arquivo digital. Geralmente as fotos produzidas com *smartphones* possuem o recurso de gravar as coordenadas geográficas da localidade onde foram tiradas.

Figura 117 – Caixa com remédios proibidos

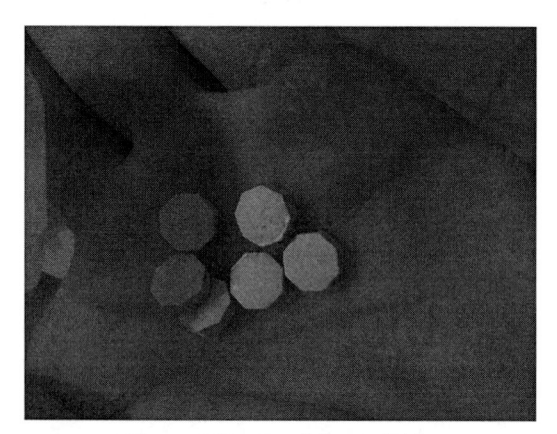

Figura 118 – Remédio proibido

Excelência, após a análise do conteúdo fornecido pela empresa Apple, o qual estava armazenado na nuvem do alvo, pode-se afirmar que, de fato, o investigado pratica a venda de remédios com venda proibida no Brasil ou que necessitam de receita médica para tanto. Isso fica muito claro na imagem da Figura 117, onde se pode contar ao menos 18 (dezoito) caixas.

[nome do Policial Civil signatário]

[carreira]

Síntese

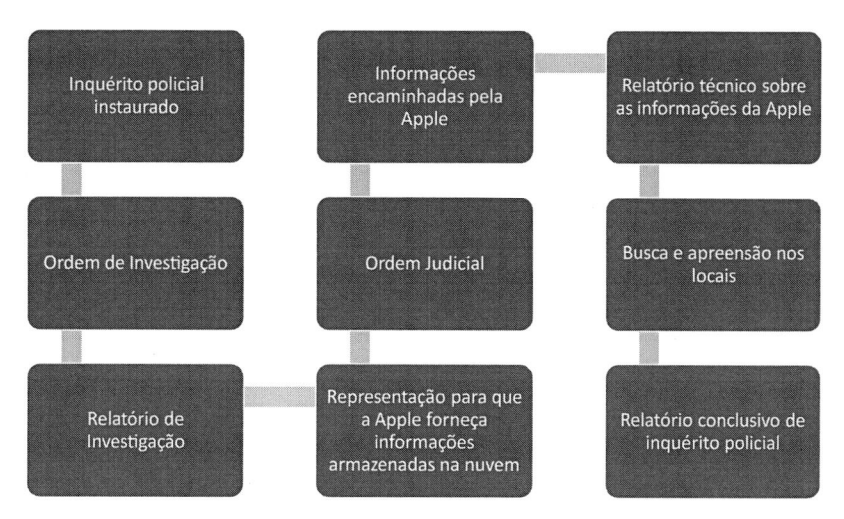

Figura 119 – Síntese da investigação criminal, contendo relatório de Investigação sobre informações recebidas da Apple sobre dados armazenados no iCloud

Relatório técnico sobre celular utilizado para auxiliar no tráfico de drogas e que possui informações armazenadas no Google Drive e outros serviços fornecidos pelo Google[81]

OPERAÇÃO:	[...]
PROCESSO:	[...]
LOCALIDADE:	[...]
INCIDÊNCIA:	TRÁFICO DE DROGAS
ASSUNTO:	AFASTAMENTO DE SIGILO DE DADOS TELEMÁTICOS – NUVEM

EXCELENTÍSSIMO DELEGADO

Informo Vossa Senhoria que um dos telefones do suspeito de tráfico de drogas é do tipo *smartphone*, o qual possui serviço de **backup de dados em "nuvem"**, sendo necessário que a empresa que disponibiliza este serviço nos forneça os dados que estejam armazenados em seus servidores, conforme segue:

O aparelho celular nº **(17) [...]**, com o **IMEI: 354.211.077[...]** pertencente ao investigado [qualificação]. De acordo com o site <www.imei.info>, o modelo do

---

[81] Modelo elaborado pelo escrivão de polícia Hericson dos Santos, da Polícia Civil do Estado de São Paulo.

aparelho é um **Vibe K5 Plus da LENOVO**, com sistema operacional Android, da Google, conforme imagem:

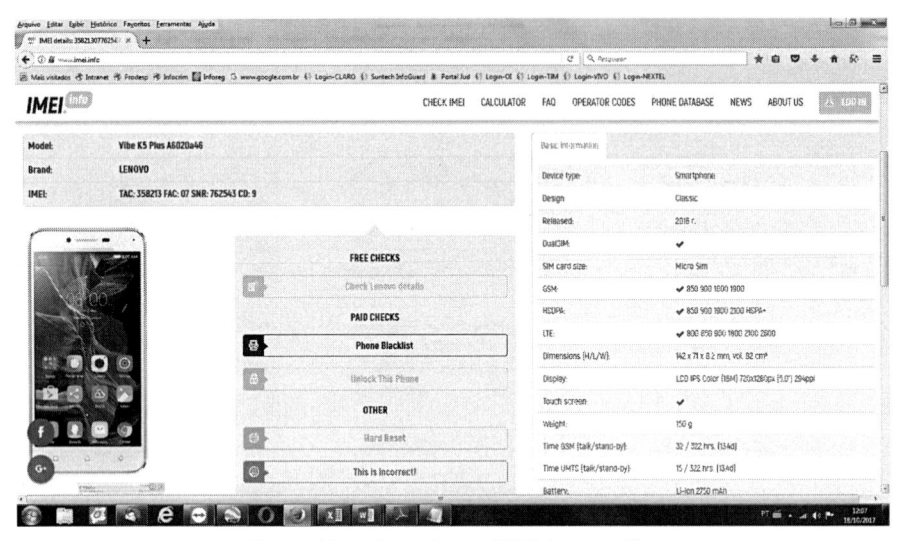

Figura 120 – Consulta ao IMEI do aparelho

Usuários de contas Google, Apple, Samsung Account, Dropbox, OneNote etc. podem habilitar serviços de sincronia de dados de seus arquivos em nuvem. Geralmente os *smartphones* com sistema operacional do Google (Android) realizam o *backup* das informações no serviço Google Drive, assim como os usuários do sistema iOS da Apple contam com o serviço do iCloud de armazenamento em nuvem. Dessa forma, é possível que informações de interesse policial estejam armazenadas nos servidores do Google.

Sugiro que V. Sra. represente junto ao MM Juiz de Direito Criminal da Comarca de [...] para que autorize o **AFASTAMENTO DO SIGILO DE DADOS TELEMÁTICOS** dos alvos, para que a empresa Google Brasil Internet Ltda. nos forneça e franqueie o acesso às informações de seus clientes [...]@google.com e [...]@google.com, que constem em suas respectivas "nuvens", sendo necessário fornecer as seguintes informações:

- ➤ Informações pessoais de cadastro do **Google Account**.
- ➤ Acesso a todo o conteúdo do **Google Drive**.
- ➤ Acesso a todo o conteúdo da ferramenta **Maps** (seus lugares, suas contribuições, sua linha do tempo etc.).
- ➤ Acesso ao conteúdo do **Google Docs** e outros serviços da Google.
- ➤ Acesso a todos os aplicativos do **Google Play Store** instalados no aparelho.
- ➤ Acesso ao histórico de mensagens do aplicativo **Hangouts (Google Talk)**.

- ➤ Acesso ao histórico de localização *(Location History)*, disponibilizando o trajeto efetuado pelo alvo.
- ➤ Acesso ao conteúdo da ferramenta de *backup* de **Fotos (Google Fotos)**.
- ➤ Acesso ao conteúdo do **Gmail** (enviados, recebidos, deletados, rascunhados etc.).
- ➤ Acesso à **Agenda de Contatos**.
- ➤ IP, porta (se possível), Data, Hora, *Time zone* entre os dias **01/01/2017 a 05/01/2018 das respectivas contas**.
- ➤ **Dados pessoais de cadastro e demais informações de identificação (nome, CPF, telefone etc.)**.

As contas Google a seguir estão vinculadas ao telefone do IMEI identificado na figura deste relatório, conforme tabela a seguir, sendo necessário, portanto, a produção de todo o conteúdo dessas contas:

IMEI	CONTA GOOGLE
354.211.077.3[...]	[...]@gmail.com
354.211.075.6[...]	[...]@gmail.com

Após, com as informações produzidas pela empresa, será possível [...].

[nome do Policial Civil signatário]

[carreira]

Síntese

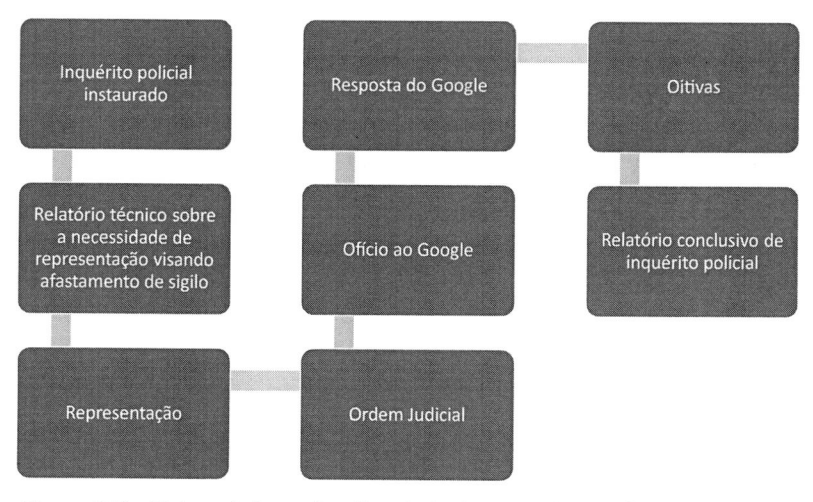

Figura 121 – Síntese da investigação criminal, contendo relatório técnico sobre celular utilizado para auxiliar no tráfico de drogas e que possui informações armazenadas no Google Drive e outros serviços fornecidos pelo Google

Requisição de dados cadastrais e outras informações

Modelo de requisição de dados cadastrais de titular de linha telefônica[82]

Ofício nº [...]

[cidade], [dia] de [mês] de [ano].

AO

PROVEDOR

Assunto: Dados cadastrais

Prezados Senhores

A fim de subsidiar investigação sigilosa em trâmite neste Departamento, referente ao Inquérito Policial nº [...]/2018, com fundamentado no art. 144, § 4º da CF/1988 e no art. 2, §2º da Lei nº 12.830/2013, que garante à autoridade policial o acesso a dados independentemente de ordem judicial, REQUISITO os seguintes dados do terminal telefônico [...]-[...]:

a) Dados cadastrais do terminal telefônico investigado.
b) IMEI vinculado ao terminal investigado.
c) Loja da operadora onde foi adquirido o número vinculado ao terminal investigado.
d) Local de compra de recarga de crédito (caso o número seja pré-pago).

Requisito, ainda, que tais dados requisitados sejam enviados no prazo de 48h para o endereço eletrônico [...]@pcivil.ba.gov.br ou através do fax. [...]-[...].

Atenciosamente,

[nome do Delegado de Polícia signatário]

DELEGADO DE POLÍCIA

---

[82] Modelo elaborado pelo delegado de polícia Delmar Araujo Bittencourt, da Polícia Civil do Estado da Bahia.

Síntese

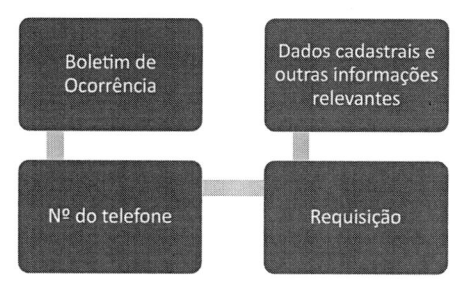

Figura 122 – Síntese da requisição de dados cadastrais de titular de linha telefônica

Modelo de requisição de dados cadastrais de celular de interesse policial

A recuperação de um celular subtraído ou a obtenção de informações sobre um celular envolvido em algum crime pode ser feita com base no número do IMEI (*International Mobile Equipment Identity* – Identificação Internacional de Equipamento Móvel) do aparelho ou com base no número da linha telefônica utilizada pelo celular alvo.

Modelo de requisição de informações de dispositivo de telefonia (celular) com fulcro no IMEI

Deverão ser enviados ofícios com o IMEI do celular para todas as operadoras (Vivo, Tim, Claro e Oi) para obter os números que foram e/ou estão sendo utilizados no celular. Muitas vezes as operadoras informam diversos números, pois todo *chip* inserido no celular fica registrado. Geralmente o celular é apreendido em poder do indivíduo cujo *chip* foi utilizado mais recentemente.

Modelo:

[cidade], [dia] de [mês] de [ano].

SENHOR DIRETOR

Com o fito de instruir investigação criminal decorrente de fatos apresentados no Inquérito Policial [...]/2018, registrado nesta Unidade de Polícia Judiciária, solicito informar os números das linhas e respectivos dados cadastrais em uso no celular que possui as IMEIs 352573[...] no período compreendido entre [inserir data, horário e fuso horário].

Considerando a necessidade de celeridade da investigação criminal, solicito que os dados sejam enviados através do e-mail [...].

Aproveito a oportunidade para renovar os protestos de elevada estima e distinta consideração.

[nome do Delegado de Polícia signatário]

DELEGADO DE POLÍCIA

AO

ILUSTRÍSSIMO SENHOR RESPONSÁVEL PELA

OPERADORA [...]

Síntese

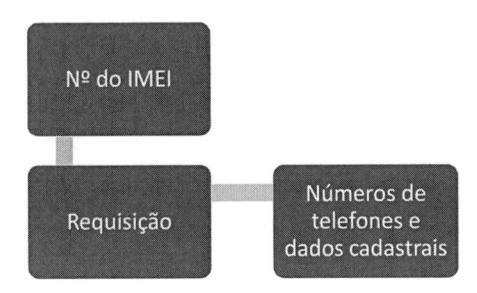

Figura 123 – Síntese da requisição de dados cadastrais de celular de interesse policial

Modelo de requisição de informações de dispositivo de telefonia (celular) com fulcro no seu número

Deverá ser feita pesquisa no site <http://consultanumero.abrtelecom.com.br>, para saber a operadora do número de celular e o ofício será direcionado para a referida operadora visando informar o IMEI do celular. Quando a operadora informar o IMEI, será necessário encaminhar ofícios para todas as operadoras, informando o IMEI e indagando os números de celular (*chips*) que foram utilizados no celular da vítima.

Modelo:

[cidade], [dia] de [mês] de [ano].

SENHOR DIRETOR

Com o fito de instruir investigação criminal decorrente de fatos apresentados no Inquérito Policial [...]/2018, registrado nesta Unidade de Polícia Judiciária, solicito informar os IMEIs que foram utilizados na linha telefônica [...], no período compreendido entre as [data, horário e fuso horário] e as [data, horário e fuso horário], ou seja, entre a data que a vítima adquiriu o celular e a data que o celular foi subtraído. Cabe esclarecer que a informação é necessária porque a vítima não possui o número do IMEI, sendo este número necessário para realização de pesquisas sobre os atuais números de celulares que estão sendo utilizados.

Considerando a necessidade de celeridade da investigação criminal, solicito que os dados sejam enviados através do e-mail [...].

Aproveito a oportunidade para renovar os protestos de elevada estima e distinta consideração.

[nome do Delegado de Polícia signatário]

DELEGADO DE POLÍCIA

AO

ILUSTRÍSSIMO SENHOR RESPONSÁVEL PELA

OPERADORA [...]

Síntese

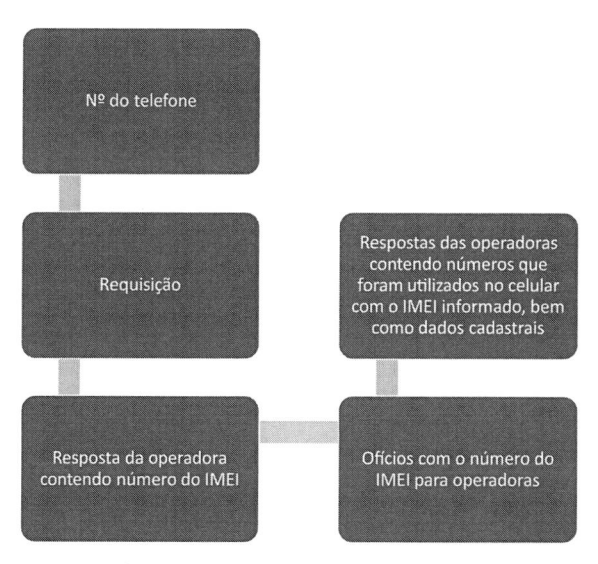

Figura 124 – Síntese da requisição de informações de dispositivo de telefonia (celular) com fulcro no seu número

Modelo de requisição de dados cadastrais de usuário de internet com base no seu protocolo de internet – IP

Inquérito Policial Nº [...]/2018

[cidade], [dia] de [mês] de [ano].

SENHOR RESPONSÁVEL

Com o fito de instruir investigação criminal decorrente de fatos apresentados no Inquérito Policial Nº [...]/2018, instaurado nesta Unidade de Polícia Judiciária para apurar crime praticado por pessoas ainda não identificadas, solicito, com a máxima urgência, as seguintes informações:

I – Os dados cadastrais e todas as outras informações identificativas dos clientes que utilizaram os protocolos de internet que constam em anexo e que foram acostados entre as fls. [...] deste inquérito policial.

II – Os números de eventuais linhas telefônicas relacionadas com os protocolos de internet supra referidos.

Em razão da gravidade do caso e da necessidade de celeridade, solicito que os dados sejam enviados por intermédio do e-mail [...].

Aproveito a oportunidade para renovar os protestos de elevada estima e distinta consideração.

[nome do Delegado de Polícia signatário]

DELEGADO DE POLÍCIA

AO

ILUSTRÍSSIMO SENHOR RESPONSÁVEL PELA

OPERADORA [...]

Síntese

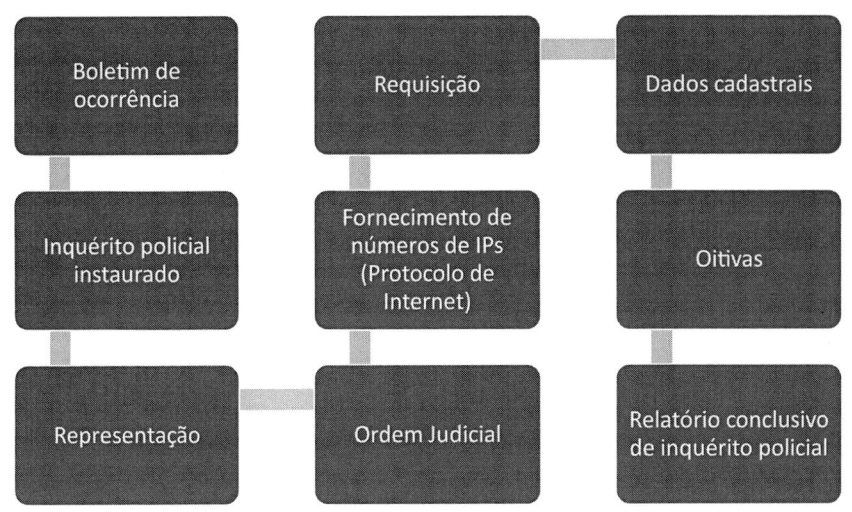

Figura 125 – Síntese da investigação criminal contendo requisição de dados cadastrais de usuário de internet com base no seu protocolo de internet – IP

Modelo de requisição de dados cadastrais de usuário/motorista do Uber

Com o fito de instruir investigação criminal decorrente de fatos apresentados no Inquérito Policial Nº [...]/2018, instaurado nesta Unidade de Polícia Judiciária para apurar crime de [...] praticado pelo passageiro/motorista do UBER, solicito, com a máxima urgência, as seguintes informações:

– Caso o investigado for motorista:

Os dados cadastrais e todas as outras informações identificativas do motorista do UBER, que utilizou o veículo placa [...] para transportar a vítima [...] no período [...] e realizou o trajeto [...].

– Caso o investigado for passageiro:

Os dados cadastrais e todas as outras informações identificativas do passageiro do UBER, que foi transportado no veículo placa [...] da vítima [...] às [...] horas do dia [...].

Em razão da gravidade do caso e da necessidade de celeridade, solicito que os dados sejam enviados por intermédio do e-mail [...].

Aproveito a oportunidade para renovar os protestos de elevada estima e distinta consideração.

[nome do Delegado de Polícia signatário]

DELEGADO DE POLÍCIA

AO ILUSTRÍSSIMO SENHOR RESPONSÁVEL PELO UBER [...]

Síntese

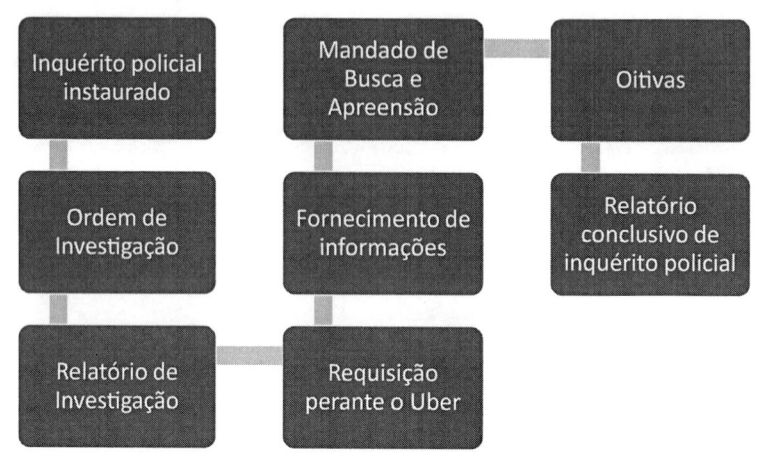

Figura 126 – Síntese da investigação criminal contendo requisição de dados cadastrais perante a Uber

Modelo de requisição de informações sobre o funcionamento de câmeras de monitoramento

Inquérito Policial Nº [...]

[cidade], [dia] de [mês] de [ano].

SENHOR RESPONSÁVEL

Com o fito de instruir investigação criminal iniciada por esta Unidade de Polícia Judiciária, solicito as seguintes informações:

1. Relação das câmeras de vídeo-monitoramento existentes no município.
2. Relação das câmeras de vídeo-monitoramento que gravam as imagens e o período que estas imagens permanecem armazenadas nos servidores da Guarda Municipal de [...].

Os prováveis autores do crime em investigação teriam passado por algumas destas câmeras, de forma que as imagens das referidas câmeras são imprescindíveis para a cabal elucidação dos referidos delitos e de outros crimes que possam ocorrer no futuro e, por isso, contamos com a sempre eficaz colaboração da Guarda Municipal de [...].

Em razão da gravidade dos fatos é mister que as referidas informações sejam fornecidas com a maior celeridade possível.

Aproveito a oportunidade para agradecer e renovar os protestos de elevada estima e distinta consideração.

[nome do Delegado de Polícia signatário]

DELEGADO DE POLÍCIA

AO

ILUSTRÍSSIMO SENHOR COMANDANTE DA

GUARDA MUNICIPAL DE [...]

Síntese

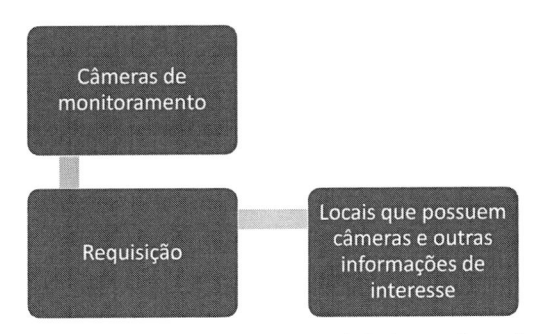

Figura 127 – Síntese da requisição de informações sobre o funcionamento de câmeras de monitoramento

Modelo de requisição de dados das câmeras de monitoramento de empresa

Inquérito Policial Nº [...]/2018

[cidade], [dia] de [mês] de [ano].

SENHOR RESPONSÁVEL

Com o fito de instruir investigação criminal iniciada por esta Unidade de Polícia Judiciária em razão da prática do crime de latrocínio que teve como vítima [...], ocorrido nas proximidades da rodovia SP – 320, exatamente na [...] (Boletim de Ocorrência [...]/2018 – Inquérito Policial Nº [...]/2018), solicito que Vossa Senhoria forneça imagens das câmeras de segurança direcionadas à área externa da empresa no período compreendido entre [data e horário], tendo em vista indícios de que a vítima passou pelas imediações no referido horário e que [...].

Também solicito que informe se o veículo [...], pertencente a [...], abasteceu no local, no período compreendido entre [data e horário].

Em razão da gravidade dos fatos, é necessário que as referidas informações sejam fornecidas com a maior celeridade e sigilo possível.

Aproveito a oportunidade para agradecer e renovar os protestos de elevada estima e distinta consideração.

[nome do Delegado de Polícia signatário]

DELEGADO DE POLÍCIA

AO

ILUSTRÍSSIMO SENHOR REPRESENTANTE DO

AUTO POSTO [...]

Síntese

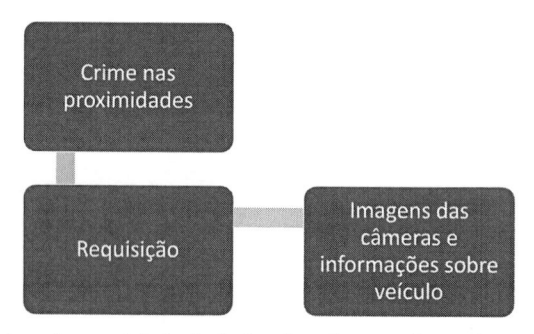

Figura 128 – Síntese da requisição de dados das câmeras de monitoramento de empresa

Modelo de requisição de informações para pedágio

Inquérito Policial Nº [...]/2018

[cidade], [dia] de [mês] de [ano].

SENHOR DIRETOR

Com o fito de instruir investigação criminal decorrente de fatos apresentados no Inquérito Policial Nº [...]/2018, instaurado nesta Unidade de Polícia Judiciária para apurar crime [...], considerando o disposto no artigo 2, §2º da Lei nº 12.830/2013, requisito, com a máxima urgência, as seguintes informações:

I. Extrato contendo identificação e horário dos veículos que passaram pelas praças de pedágio localizadas nos endereços [...] no período [inserir data e horário do período desejado].
II. Imagens das câmeras de segurança das praças de pedágio, com a finalidade de identificar os condutores dos veículos que passaram pelos locais, no período referido no item I.
III. Confirmação se o veículo placas [...] passou pelas praças de pedágio [...] no período [...], bem como extrato contendo identificação e horário dos veículos que passaram nos 15 (quinze) minutos anteriores e posteriores à passagem do referido veículo.

Em razão da gravidade do caso e da necessidade de celeridade, solicito que os dados sejam enviados por intermédio do e-mail [...].

Aproveito a oportunidade para renovar os protestos de elevada estima e distinta consideração.

[nome do Delegado de Polícia signatário]

DELEGADO DE POLÍCIA

AO

ILUSTRÍSSIMO SENHOR DIRETOR DA

CONCESSIONÁRIA [...]

Síntese

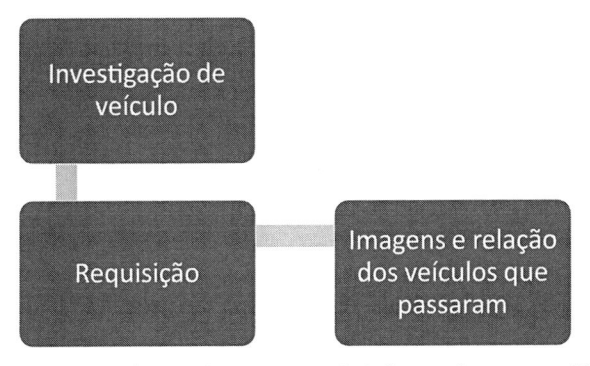

Figura 129 – Síntese da requisição de informações para pedágio

Modelo de requisição de informações de sistema de identificação automática de veículos (IAV)

Inquérito Policial Nº [...]/2018

[cidade], [dia] de [mês] de [ano].

SENHOR DIRETOR

Com o fito de instruir investigação criminal decorrente de fatos apresentados no Inquérito Policial Nº [...]/2018, instaurado nesta Unidade de Polícia Judiciária para apurar crime [...], considerando o disposto no artigo 2, §2º da Lei nº 12.830/2013, requisito, com a máxima urgência, as seguintes informações:

I. Dados cadastrais e outras informações identificativas, inclusive dados sobre o meio de pagamento da TAG vinculada ao veículo placas [...] e extrato contendo a utilização da referida TAG no período [...], contendo datas, horários e locais em que foi utilizada.
II. Informação se há alguma TAG vinculada a [inserir nome], ao CPF [...] ou ao RG [...].

Em razão da gravidade do caso e da necessidade de celeridade, solicito que os dados sejam enviados por intermédio do e-mail [...].

Aproveito a oportunidade para renovar os protestos de elevada estima e distinta consideração.

[nome do Delegado de Polícia signatário]

DELEGADO DE POLÍCIA

AO

ILUSTRÍSSIMO SENHOR DIRETOR DA EMPRESA [...][83]

---

[83] Sem Parar (<https://www.semparar.com.br/>), ConectCar (<http://conectcar.com>), Auto Expresso (<https://www.autoexpresso.com.br/site/>), Move Mais (<https://movemais.com/#/inicio>), DB Trans (<https://www.dbtrans.com.br>) etc.

Síntese

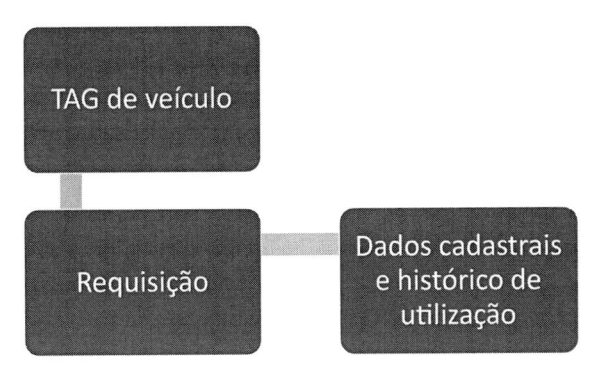

Figura 130 – Síntese da requisição de informações de sistema de identificação automática de veículos (IAV)

Modelo de requisição de informações de sistema de radares[84]

Inquérito Policial Nº [...]/2018

[cidade], [dia] de [mês] de [ano].

SENHOR DIRETOR

Com o fito de instruir investigação criminal decorrente de fatos apresentados no Inquérito Policial Nº [...]/2018, instaurado nesta Unidade de Polícia Judiciária para apurar crime [...], considerando o disposto no artigo 2, §2º da Lei nº 12.830/2013, requisito, com a máxima urgência, as seguintes informações:

I. Extrato contendo identificação e horário dos veículos que passaram pelos radares localizadas nos endereços [...] no período [inserir data e horário do período desejado];
II. Confirmação se o veículo placas [...] passou pelos radares [...] no período [...], bem como extrato contendo identificação e horário dos veículos que passaram nos 15 (quinze) minutos anteriores e posteriores à passagem do referido veículo.

Em razão da gravidade do caso e da necessidade de celeridade, solicito que os dados sejam enviados por intermédio do e-mail [...].

---

[84] Em alguns estados da federação existem bancos de dados disponíveis aos policiais para essa finalidade.

Aproveito a oportunidade para renovar os protestos de elevada estima e distinta consideração.

[nome do Delegado de Polícia signatário]

DELEGADO DE POLÍCIA

Síntese

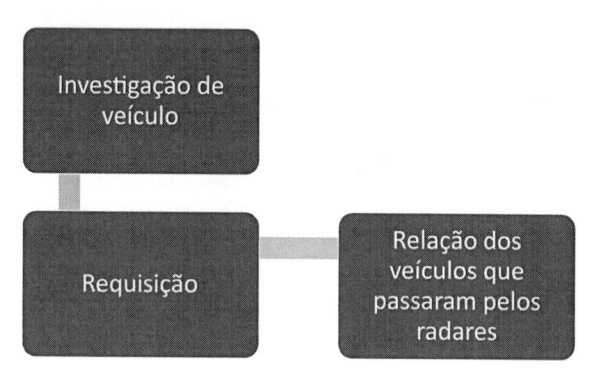

Figura 131 – Síntese da requisição de informações de sistema de radares

Modelo de requisição de dados de beneficiário de transação bancária (caso prático apresentado de forma resumida)

Aspectos essenciais da requisição perante a instituição bancária:

Assim, diante do exposto, REQUISITO perante Vossa Senhoria que informe todos os dados identificativos que possuir sobre as pessoas físicas e/ou jurídicas que foram beneficiadas pela transação fraudulenta infra relacionada, bem como outras informações sobre a referida transação, incluindo cópia do boleto bancário vinculado com a transação para confrontação com as informações obtidas pelo Setor de Investigações desta Unidade de Polícia Judiciária, que constam neste Inquérito Policial.

TRANSAÇÃO FRAUDULENTA

Data	Dados	Valor
[...]	10495232432400040004800000200241[...]	R$ [...]

Síntese

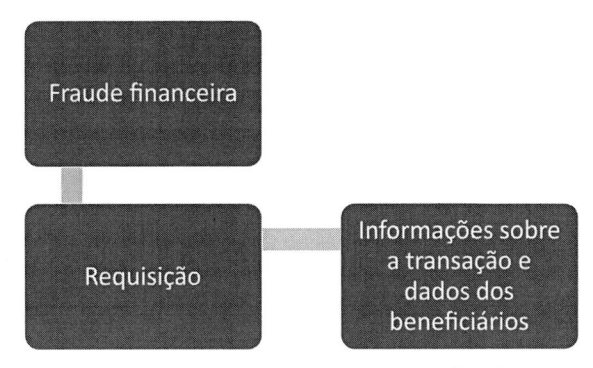

Figura 132 – Síntese da requisição de dados de beneficiário de transação bancária

Modelo de requisição para exame pericial em dispositivo de telefonia

REQUISIÇÃO DE EXAME PERICIAL Nº [...]

IP Nº [...]

ILUSTRÍSSIMO SENHOR DIRETOR DO INSTITUTO CRIMINALÍSTICA

Solicito providências no sentido de determinar a perícia infra requisitada:

Natureza do exame: EXAME PERICIAL EM DISPOSITIVO DE TELEFONIA

Objetivo da perícia: RECUPERAR CONVERSAS, IMAGENS E OUTRAS INFORMAÇÕES RELEVANTES

CARACTERÍSTICAS DA OCORRÊNCIA

Delegacia: [...] Inquérito Policial Nº [...]

Natureza: [...]

Circunscrição: [...]

Local: [...]

Tipo local: [...]

Data da ocorrência: [...] Horário: [...]

Data da comunicação: [...] Horário: [...]

Objeto do exame: [...]

BREVE HISTÓRICO:

- ➤ Procedeu-se apreensão dos equipamentos em poder dos investigados [...] em razão [síntese dos fatos e do que foi apurado até o momento].
- ➤ Por isso sugerimos o envio dos dispositivos para o Núcleo Especializado em Forense Digital do Instituto de Criminalística da Superintendência da Polícia Técnico-Científica para que direcionem esforços visando acessar o conteúdo armazenado, inclusive obtendo informações que tenham sido excluídas do dispositivo, como, por exemplo, áudios, textos e imagens de aplicativos.

NECESSIDADES DA INVESTIGAÇÃO:

- ➤ Recuperar textos, áudios, vídeos e fotos contidos no celular e também mensagens via SMS, WhatsApp, Messenger ou outros aplicativos e que tenham sido apagadas ou que ainda constem no celular e possam indicar o envolvimento dos investigados com a prática de crimes.
- ➤ Recuperar histórico de navegação na internet, incluindo pesquisas realizadas em mecanismos de busca e sites visitados relacionadas com as informações supra narradas.
- ➤ Recuperar histórico de ligações feitas, recebidas e perdidas no período [...].
- ➤ Obter informações sobre documentos, arquivos eletrônicos ou programas de computador utilizados.
- ➤ Obter informações que indiquem o envolvimento dos investigados com outros crimes.
- ➤ Recuperar o histórico de localização do Google ou de eventuais ferramentas que o celular possua, no período [...], para obter informações sobre o trajeto dos investigados [...].
- ➤ Esclarecer se o celular foi restaurado para as configurações de fábrica após do dia [...] de [...] de [...] ou se há algum indicativo que trocaram o celular após a referida data.

Encaminhar o Laudo para: [...]

[cidade], [dia] de [mês] de [ano].

[nome do Delegado de Polícia signatário]

DELEGADO DE POLÍCIA

Síntese

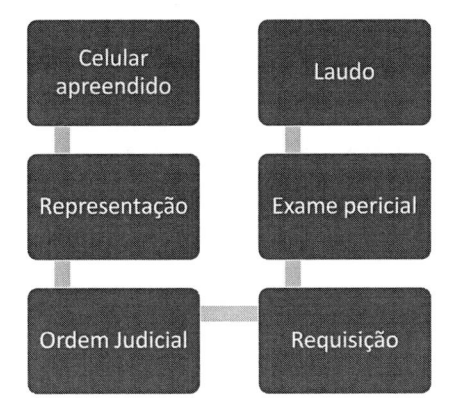

Figura 133 – Síntese da requisição para exame pericial em dispositivo de telefonia

Modelo de reiteração de requisição de dados cadastrais

Inquérito Policial Nº [...]/2018

Ilustríssimo Senhor [...]

Considerando o teor do Ofício [...], datado de [...], informo que a legislação referida por Vossa Senhoria (artigo 10º, parágrafo 1º da Lei nº 12.965/2014), trata da guarda e disponibilização dos registros de conexão e de acesso a aplicações de internet, bem como dados pessoais e conteúdo de comunicações privadas, contudo, o solicitado pelo subscritor no ofício [...]/2018, datado de [...], trata da requisição dos dados cadastrais, linhas telefônicas vinculadas e outras informações identificativas relacionados com os protocolos de internet investigados, conforme preceitua a legislação que trata do poder geral de requisição do delegado de polícia (artigo 6º, III do Código de Processo Penal e artigo 2º, parágrafo 2º da Lei nº 12.830/2013), bem como a legislação que trata do poder específico de requisição de dados cadastrais (artigo 15 da Lei nº 12.850/2013, artigo 17-B da Lei nº 9.613/1998 e artigo 11 da Lei nº 13.344/2016).

Em razão do exposto, reitero a necessidade de fornecimento das informações solicitadas e informo que a negativa de Vossa Senhoria no fornecimento das informações pode ser tipificada no artigo 330 do Código Penal que trata do crime de desobediência.

Aproveito a oportunidade para solicitar que Vossa Senhoria informe seus dados qualificativos e dos demais responsáveis pela empresa para eventual confecção de procedimento de polícia judiciária sobre os fatos.

Em razão da modalidade do crime investigado e da necessidade de celeridade, solicito que os dados sejam enviados por intermédio do e-mail [...]@policiacivil.sp.gov.br e que as informações sejam oferecidas até no máximo em 05 (cinco) dias para evitar que a investigação seja prejudicada/inviabilizada.

Aproveito a oportunidade para renovar os protestos de elevada estima e distinta consideração.

[...]

Delegado de Polícia

AO

ILUSTRÍSSIMO SENHOR [...]

DIRETOR DO [...]

SÃO PAULO/SP

Modelo de requisição de dados cadastrais de perfil do Facebook/Instagram

Inquérito Policial Nº [...]/2018

A POLÍCIA CIVIL DO ESTADO DE SÃO PAULO, representada neste ato pelo Delegado de Polícia subscritor, que no uso de suas atribuições legais e regulamentares conferidas pelo artigo 144, §4º, da Constituição Federal, artigo 140, da Constituição Estadual Paulista, artigo 4º e seguintes do Código de Processo Penal Brasileiro, Portaria DGP-18/1998, sob as premissas da Lei nº 12.830/13 e demais dispositivos legais correlatos, requisita informações detalhadas, contendo dados cadastrais disponíveis (nome, dados de cartão de crédito, endereço de e-mail e/ou número de telefone) e endereços de IP de criação da(s) conta(s) alvo, se disponíveis, dos seguintes perfis:

[nome] – endereço: www.facebook.com/[...]
[nome] – endereço: www.facebook.com/[...]
[nome] – endereço: www.facebook.com/[...]

Importante esclarecer que o objetivo desta investigação criminal, que tramita em segredo de justiça, é apurar o crime de:

Tráfico internacional de criança ou adolescente; Organização criminosa; Pornografia infantil; Extorsão mediante sequestro; Redução a condição análoga a escravo; Lavagem de dinheiro; Sequestro ou cárcere privado; Tráfico de pessoas; Extorsão qualificada; Terrorismo etc. (inserir legislação correlata).

Em razão do exposto, reitero a necessidade de fornecimento das informações solicitadas e informo que a negativa no fornecimento das informações pode ser tipificada no artigo 330 do Código Penal que trata do crime de desobediência.

Em razão da modalidade do crime investigado e da necessidade de celeridade, solicito que os dados sejam enviados por intermédio do e-mail [...]@policiacivil.sp.gov.br e que as informações sejam oferecidas até no máximo em 05 dias para evitar que a investigação seja prejudicada/inviabilizada.

Aproveito a oportunidade para renovar os protestos de elevada estima e distinta consideração.

[...]

Delegado de Polícia

Ao

Facebook, Inc., 1601 Willow Road, Menlo Park, CA 94025 (Facebook Serviços Online do Brasil Ltda – CNPJ 13.347.016/0001-17 – Rua Leopoldo Couto de Magalhães Junior, 700, 5º andar, Edifício Infinity, Itaim Bibi, São Paulo, SP, CEP 04542-000)

ou

Ao

Instagram LLC 1601 Willow Road, Menlo Park, CA 94025, United States (Facebook Serviços Online do Brasil Ltda – CNPJ 13.347.016/0001-17 – Rua Leopoldo Couto de Magalhães Junior, 700, 5º andar, Edifício Infinity, Itaim Bibi, São Paulo, SP, CEP 04542-000)

Representações

Modelo de representação destinada ao WhatsApp para oferecer informações sobre usuários do aplicativo[85]

EXCELENTÍSSIMO SENHOR DOUTOR JUIZ DE DIREITO DA COMARCA DE [...]

A POLÍCIA CIVIL DO ESTADO DE SÃO PAULO, representada neste ato pelo Delegado de Polícia subscritor, que no uso de suas atribuições legais e regulamentares conferidas pelo artigo 144, §4º, da Constituição Federal, artigo 140, da Cons-

---

[85] Elaborado por Higor Vinicius Nogueira Jorge e Marcos Tupinambá Martin Alves Pereira, professores da Academia de Polícia do Estado de São Paulo.

tituição Estadual Paulista, artigo 4º e seguintes do Código de Processo Penal Brasileiro, Portaria DGP-18/1998, sob as premissas da Lei nº 12.830/13 e demais dispositivos legais correlatos, representa pelo AFASTAMENTO DO SIGILO DE DADOS ELETRÔNICOS pelos motivos de fato e de direito a seguir apresentados.

DO FATO

O presente inquérito foi instaurado para apurar a infração [descrever a infração e informar os números de Boletim de Ocorrência/Inquérito Policial que apuram os fatos].

Pode-se observar que o telefone número [...] [descrever as condutas realizadas com o uso de número de celular, sua vinculação com o WhatsApp e relação com o fato criminoso].

DA INVESTIGAÇÃO

[Descrever os principais momentos da investigação e demonstrar o esgotamento de meios tradicionais para a elucidação do crime].

DA SOLICITAÇÃO

Dessa forma, como medida visando a absoluta elucidação do delito, que tem proporcionado grande transtorno para as vítimas e pela impossibilidade de produzir provas por outros meios, solicito que Vossa Excelência, após vista do ínclito membro do Ministério Público, requisite a medida infra para oferecer a informação pretendida:

1) Perante a empresa WhatsApp Inc. (e-mail <records@whatsapp.com>), tendo como alvo o número de celular +55 [...], para que forneça [escolher os dados necessários para a investigação, conforme as opções anteriormente descritas[86]], considerando o período entre [data e hora inicial] e [data e hora final].

---

[86] **Diretamente pelo Delegado de Polícia, Promotor de Justiça ou com ordem judicial**
- Preservação de dados.
- Dados básicos de registro da conta (*Basic Subscriber Identification* – BSI).
  - Informações sobre a data e a hora de criação do perfil.
  - Dados do dispositivo e sistema operacional utilizados para o acesso à internet.
  - Data e hora da última conexão.
  - Informação sobre conexão/uso do WhatsApp Web (se existir).
  - Data e hora da última conexão do WhatsApp Web (se existir).

Exclusivamente com ordem judicial
- Grupos de que o usuário faz parte.
- *Logs* (registros) de acesso dos últimos seis meses de utilização contendo endereçamento IP e outras informações identificativas.

Em razão da necessária celeridade exigida pelo caso, solicito ainda que as informações sejam encaminhadas para o e-mail institucional da Delegacia de Polícia de [...] ([...]@policiacivil.sp.gov.br) e, em seguida, em via impressa para o endereço desta Unidade de Polícia Judiciária [nome e endereço completo da Unidade de Polícia Judiciária solicitante] em ambos os casos constando como referência o [BO e/ou IP número] da Delegacia de Polícia [nome da Unidade de Polícia Judiciária solicitante].

[cidade], [dia] de [mês] de [ano].

[nome do Delegado de Polícia signatário]

DELEGADO DE POLÍCIA

Síntese

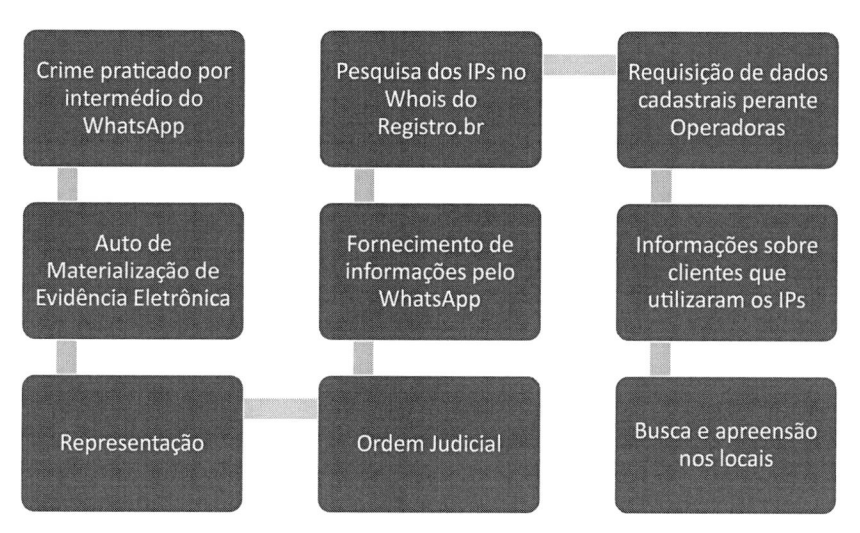

```
┌─────────────────┐   ┌─────────────────┐   ┌─────────────────┐
│ Crime praticado │   │ Pesquisa dos IPs│   │ Requisição de   │
│ por intermédio  │   │ no Whois do     │   │ dados cadastrais│
│ do WhatsApp     │   │ Registro.br     │   │ perante         │
│                 │   │                 │   │ Operadoras      │
└─────────────────┘   └─────────────────┘   └─────────────────┘
┌─────────────────┐   ┌─────────────────┐   ┌─────────────────┐
│ Auto de         │   │ Fornecimento de │   │ Informações     │
│ Materialização  │   │ informações     │   │ sobre clientes  │
│ de Evidência    │   │ pelo WhatsApp   │   │ que utilizaram  │
│ Eletrônica      │   │                 │   │ os IPs          │
└─────────────────┘   └─────────────────┘   └─────────────────┘
┌─────────────────┐   ┌─────────────────┐   ┌─────────────────┐
│ Representação   │   │ Ordem Judicial  │   │ Busca e         │
│                 │   │                 │   │ apreensão nos   │
│                 │   │                 │   │ locais          │
└─────────────────┘   └─────────────────┘   └─────────────────┘
```

Figura 134 – Síntese da investigação criminal, contendo representação destinada ao WhatsApp para oferecer informações sobre usuários do aplicativo

➤ Agenda de contatos.
➤ Porta lógica (importante nos casos em que os provedores de internet/telefonia compartilham o endereçamento IP de conexão com diversos usuários – a porta lógica somente será fornecida caso, no momento da coleta, o usuário esteja *on-line*).
➤ Com relação à investigação de grupos específicos, podem ser fornecidos foto e nome do grupo, data de criação, usuário que criou o grupo, administradores e lista de participantes.
➤ Suspensão do encaminhamento de arquivos veiculando conteúdo ilícito.
➤ Cancelamento de perfil de usuário de WhatsApp.

Modelo de representação destinada ao WhatsApp para interrupção do encaminhamento de arquivos disseminados pelo aplicativo

EXCELENTÍSSIMO SENHOR DOUTOR JUIZ DE DIREITO DA COMARCA DE [...]

A POLÍCIA CIVIL DO ESTADO DE SÃO PAULO, representada neste ato pelo Delegado de Polícia subscritor, que no uso de suas atribuições legais e regulamentares conferidas pelo artigo 144, §4º, da Constituição Federal, artigo 140, da Constituição Estadual Paulista, artigo 4º e seguintes do Código de Processo Penal Brasileiro, Portaria DGP-18/1998, sob as premissas da Lei nº 12.830/13 e demais dispositivos legais correlatos, representa pela INTERRUPÇÃO DO ENCAMINHAMENTO DE ARQUIVOS COM CONTEÚDO ILÍCITO PELO APLICATIVO WHATSAPP pelos motivos de fato e de direito a seguir apresentados.

DO FATO

O presente inquérito foi instaurado para apurar a infração [descrever a infração e informar os números de Boletim de Ocorrência/Inquérito Policial que apuram os fatos].

Os seguintes arquivos, que estão se disseminando de uma forma muito rápida no aplicativo WhatsApp, são considerados ilícitos em razão [...].

[arquivos com conteúdo ilícito e incidência penal da disseminação dos arquivos]

DA INVESTIGAÇÃO

[Descrever os principais momentos da investigação, descrever como se deu a obtenção dos links e demonstrar o esgotamento de meios tradicionais para a elucidação do crime]

[arquivos com conteúdo ilícito]

[links dos arquivos disseminados pelo aplicativo, conforme orientação apresentada no item "Investigação criminal com o auxílio do WhatsApp"]

DA SOLICITAÇÃO

Dessa forma, como medida visando a absoluta elucidação do delito, que tem proporcionado grande transtorno para as vítimas e pela impossibilidade de produzir provas por outros meios, solicito que Vossa Excelência, após vista do ínclito membro do Ministério Público, requisite a medida infra para oferecer a informação pretendida:

1) Perante a empresa WhatsApp Inc. (e-mail <records@whatsapp.com>), para que promova a interrupção do encaminhamento dos arquivos que constam nos seguintes links:

   ➢ https://mmg-fna.whatsapp.net/d/f/[...].enc
   ➢ https://mmg-fna.whatsapp.net/d/f/[...].enc
   ➢ https://mmg-fna.whatsapp.net/d/f/[...].enc
   ➢ https://mmg-fna.whatsapp.net/d/f/[...].enc
   ➢ https://mmg-fna.whatsapp.net/d/f/[...].enc

Em razão da necessária celeridade exigida pelo caso, solicito ainda que as informações sejam encaminhadas para o e-mail institucional da Delegacia de Polícia de [...] ([...]@policiacivil.sp.gov.br) e, em seguida, em via impressa para o endereço desta Unidade de Polícia Judiciária [nome e endereço completo da Unidade de Polícia Judiciária solicitante] em ambos os casos constando como referência o [BO e/ou IP número] da Delegacia de Polícia [nome da Unidade de Polícia Judiciária solicitante].

[cidade], [dia] de [mês] de [ano].

[nome do Delegado de Polícia signatário]

DELEGADO DE POLÍCIA

Síntese

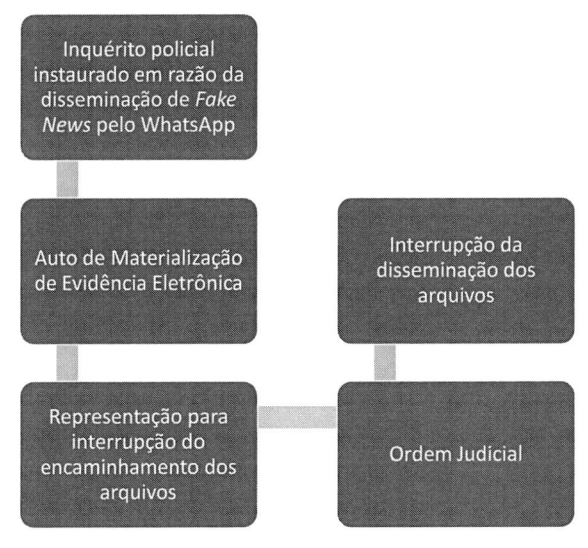

Figura 135 – Síntese da investigação criminal, contendo representação destinada ao WhatsApp para interrupção do encaminhamento de arquivos disseminados pelo aplicativo

Modelo de representação destinada ao Facebook – perfil falso utilizado para praticar crimes[87]

EXCELENTÍSSIMO SENHOR DOUTOR JUIZ DE DIREITO DA COMARCA DE [...]

A POLÍCIA CIVIL DO ESTADO DE SÃO PAULO, representada neste ato pelo Delegado de Polícia subscritor, que no uso de suas atribuições legais e regulamentares conferidas pelo artigo 144, §4º, da Constituição Federal, artigo 140, da Constituição Estadual Paulista, artigo 4º e seguintes do Código de Processo Penal Brasileiro, Portaria DGP-18/1998, sob as premissas da Lei nº 12.830/13 e demais dispositivos legais correlatos, representa pelo AFASTAMENTO DO SIGILO DE DADOS ELETRÔNICOS pelos motivos de fato e de direito a seguir apresentados.

DO FATO

A vítima [...] teve acesso a um perfil falso da rede social Facebook, contendo suas fotos, sendo que a pessoa que criou o perfil estaria se passando por ela, inclusive colocou no perfil informações [...], criou a página [...], localizada no endereço: www.facebook.com/[...], bem como manteve contato com [...], endereço: www.facebook.com/[...] e [...], endereço: www.facebook.com/[...], ambos investigados em razão de [...].

DA INVESTIGAÇÃO

Em razão dos fatos anteriormente expostos, a vítima procurou a Polícia Civil de [...], elaborou Boletim de Ocorrência, prestou declarações sobre os fatos e se manifestou no sentido de representar criminalmente contra a pessoa que criou o perfil [...] acostado no endereço: www.facebook.com/[...].

Em posse das informações prestadas pela vítima, os policiais desta Unidade de Polícia Judiciária realizaram diligências com o intuito de esclarecer a identidade do indivíduo que criou o perfil em investigação, porém, conforme relatório de investigação, não foi possível [...] elucidar a autoria pelos meios tradicionais [...].

DA SOLICITAÇÃO

Dessa forma, como medida visando a absoluta elucidação do delito, que tem proporcionado grande transtorno e levando em consideração que os crimes cibernéticos representam um grande desafio para a persecução penal, em razão da

---

[87] Adaptação do modelo apresentado na obra "Crimes Cibernéticos: ameaças e procedimentos de investigação", editora Brasport, elaborado por Emerson Wendt e Higor Vinicius Nogueira Jorge.

volatilidade e complexidade das provas e pela impossibilidade de produzir provas por outros meios, solicito que Vossa Excelência, após vista do ínclito membro do Ministério Público, requisite a medida infra apresentada e estipule multa diária nos casos em que demorar mais de dez dias para oferecer a informação pretendida:

1) Perante a empresa Facebook, Inc., 1601 Willow Road, Menlo Park, CA 94025 (Facebook Serviços On Line do Brasil Ltda – Rua Leopoldo Couto de Magalhães Junior, 700, 5º andar, Edifício Infinity, Itaim Bibi, São Paulo, SP, CEP: 04542-000) determine que forneça, com relação ao perfil [...] localizado no endereço: www.facebook.com/[...][88]:
   a. Dados cadastrais, incluindo e-mail, número de telefone, dados do cartão de crédito e outras informações identificativas;
   b. Registros (*logs*) de criação e de todos os acessos (contendo endereçamento IP, porta lógica, data, horário e padrão de fuso horário);
   c. Páginas e grupos que administra;
   d. Relação de amigos e de grupos de que faz parte;
   e. **Publicações, incluindo, textos, fotos e vídeos [inserir período de interesse][89];**
   f. **Conteúdo das comunicações instantâneas e mensagens trocadas com os perfis [...] e [...] que estejam armazenadas [inserir nomes e endereços dos perfis, bem como o período de interesse][90].**

Em seguida, represento que determine que o Facebook promova a exclusão do perfil [...] utilizado pelo criminoso, que consta no endereço: www.facebook.com/[...].

Cabe esclarecer que as solicitações perante o Facebook podem ser enviadas exclusivamente pela plataforma *on-line* do Facebook de auxílio a Aplicação da Lei (*Law Enforcement*), que pode ser acessada no endereço <www.facebook.com/records>, sendo necessário apenas que realize a digitalização da eventual ordem

---

[88] O acesso em tempo real às mensagens e comunicações instantâneas pode ser representado perante o Juiz de Direito se presentes os requisitos da Lei da Interceptação de Comunicações Telefônicas (Lei nº 9.296, de 24 de julho de 1996).

[89] Em que pese o posicionamento do Facebook/Instagram no sentido de somente fornecer dados adicionais da rede social, como, por exemplo, conteúdo de mensagens, publicações, vídeos e fotografias, por intermédio de carta rogatória ou Acordo de Assistência Judiciária em Matéria Penal (MLAT), o subscritor considera recomendável inserir os dados adicionais na representação e informar o Poder Judiciário sobre eventual descumprimento para adoção das medidas pertinentes.

[90] Idem. Ver rodapé anterior.

judicial para o envio pela referida plataforma. Informo também que a resposta do Facebook será oferecida por intermédio desta plataforma, no formato PDF (clicar em "download data" para fazer *download* das informações).

Quanto ao WhatsApp, as informações serão enviadas e recebidas por intermédio de e-mail.

[cidade], [dia] de [mês] de [ano].

[nome do Delegado de Polícia signatário]

DELEGADO DE POLÍCIA

Síntese

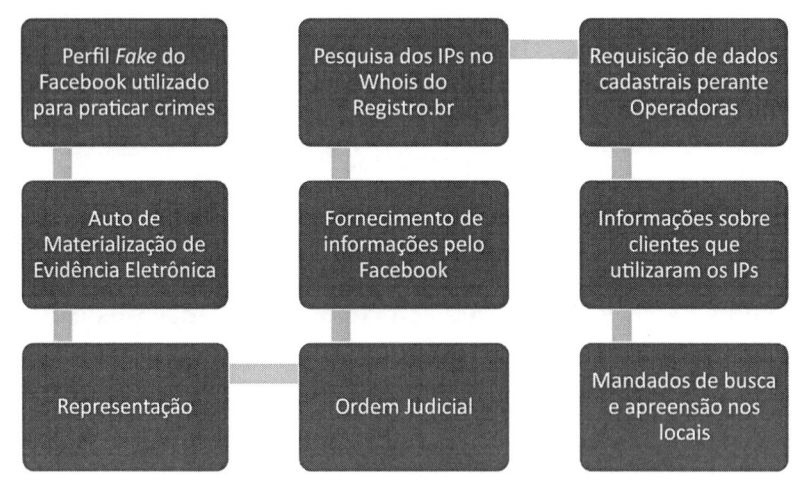

Figura 136 – Síntese da investigação criminal, contendo representação destinada ao Facebook

Modelo de representação destinada ao WhatsApp e ao Facebook

EXCELENTÍSSIMO SENHOR DOUTOR JUIZ DE DIREITO DA COMARCA DE [...]

A POLÍCIA CIVIL DO ESTADO DE SÃO PAULO, representada neste ato pelo Delegado de Polícia subscritor, que no uso de suas atribuições legais e regulamentares conferidas pelo artigo 144, §4º, da Constituição Federal, artigo 140, da Constituição Estadual Paulista, artigo 4º e seguintes do Código de Processo Penal Brasileiro, Portaria DGP-18/1998, sob as premissas da Lei nº 12.830/13 e demais dispositivos legais correlatos, representa pelo AFASTAMENTO DO SIGILO DE DADOS ELETRÔNICOS pelos motivos de fato e de direito a seguir apresentados.

DO FATO

O presente inquérito foi instaurado para apurar os crimes de [...].

DA INVESTIGAÇÃO

Os fatos passaram a ser investigados pelo Setor de Investigações desta Central de Polícia Judiciária, que apurou [...], bem como constatou-se que o *chip* estava registrado no nome de [...] que reside há mais de dois mil quilômetros da vítima, contudo, o número + 55 [...]-[...], que estava sendo utilizado no aparelho de celular subtraído, possuía uma conta no aplicativo de comunicação WhatsApp e utilizava como foto do perfil de WhatsApp, uma imagem [...].

Foram acostados aos autos relatórios de investigação que demonstram que [...].

DA SOLICITAÇÃO

Dessa forma, como medida visando a absoluta elucidação do delito, que tem proporcionado grande transtorno para as vítimas e pela impossibilidade de produzir provas por outros meios, solicito que Vossa Excelência, após vista do ínclito membro do Ministério Público, requisite a medida infra para oferecer a informação pretendida:

1) Perante a empresa WhatsApp Inc. (e-mail <records@whatsapp.com>), tendo como alvo o número de celular +55 (17) [...], para que forneça:
    a. [...][91]

---

[91] **Diretamente pelo Delegado de Polícia, Promotor de Justiça ou com ordem judicial**
➤ Preservação de dados.
➤ Dados básicos de registro da conta (*Basic Subscriber Identification* – BSI).
  ➢ Informações sobre a data e a hora de criação do perfil.
  ➢ Dados do dispositivo e sistema operacional utilizados para o acesso à internet.
  ➢ Data e hora da última conexão.
  ➢ Informação sobre conexão/uso do WhatsApp Web (se existir).
  ➢ Data e hora da última conexão do WhatsApp Web (se existir).
Exclusivamente com ordem judicial
➤ Grupos de que o usuário faz parte.
➤ *Logs* (registros) de acesso dos últimos seis meses de utilização contendo endereçamento IP e outras informações identificativas.
➤ Agenda de contatos.
➤ Porta lógica (importante nos casos em que os provedores de internet/telefonia compartilham o endereçamento IP de conexão com diversos usuários – a porta lógica somente será fornecida caso, no momento da coleta, o usuário esteja *on-line*).
➤ Com relação à investigação de grupos específicos, podem ser fornecidos foto e nome do grupo, data de criação, usuário que criou o grupo, administradores e lista de participantes.
➤ Suspensão do encaminhamento de arquivos veiculando conteúdo ilícito.
➤ Cancelamento de perfil de usuário de WhatsApp.

Além disso, sugiro que uma cópia da decisão, caso haja deferimento, seja encaminhada para o e-mail do WhatsApp, conforme endereço supra informado.

2) Perante a empresa Facebook, Inc., 1601 Willow Road, Menlo Park, CA 94025 (Facebook Serviços Online do Brasil Ltda – CNPJ 13.347.016/0001-17 – Rua Leopoldo Couto de Magalhães Junior, 700, 5º andar, Edifício Infinity, Itaim Bibi, São Paulo, SP, CEP 04542-000), para que informe se algum perfil do Facebook foi vinculado ao número de celular +55 (17) [...] e, em caso positivo, com relação ao perfil, informe:
   a. Dados cadastrais, incluindo e-mail, número de telefone, dados do cartão de crédito e outras informações identificativas.
   b. Registros (*logs*) de criação e de todos os acessos (contendo endereçamento IP, porta lógica, data, horário e padrão de fuso horário).
   c. Páginas e grupos que administra.
   d. Relação de amigos e de grupos de que faz parte.
   e. **Publicações, incluindo, textos, fotos e vídeos [inserir período de interesse]**[92].
   f. **Conteúdo das comunicações instantâneas e mensagens que estejam armazenadas [inserir período de interesse]**[93].

Cabe esclarecer que as solicitações perante o Facebook podem ser enviadas exclusivamente pela plataforma *on-line* do Facebook de auxílio a Aplicação da Lei (*Law Enforcement*), que pode ser acessada no endereço <www.facebook.com/records>, sendo necessário apenas que realize a digitalização da eventual ordem judicial para o envio pela referida plataforma. Informo também que a resposta do Facebook será oferecida por intermédio desta plataforma, no formato PDF (clicar em "download data" para fazer *download* das informações).

Quanto ao WhatsApp, as informações serão enviadas e recebidas por intermédio de e-mail.

Em razão da necessária celeridade exigida pelo caso, solicito ainda, em caso de deferimento do solicitado, que as informações sejam encaminhadas para o e-mail institucional desta Central de Polícia Judiciária [...] ([...]@policiacivil.sp.gov.br) e,

---

[92] Em que pese o posicionamento do Facebook/Instagram no sentido de somente fornecer dados adicionais da rede social, como, por exemplo, conteúdo de mensagens, publicações, vídeos e fotografias, por intermédio de carta rogatória ou Acordo de Assistência Judiciária em Matéria Penal (MLAT), o subscritor considera recomendável inserir os dados adicionais na representação e informar o Poder Judiciário sobre eventual descumprimento para adoção das medidas pertinentes.

[93] Idem. Ver rodapé anterior.

em seguida, em via impressa para o endereço [...], em ambos os casos constando como referência o Inquérito Policial Nº [...].

[cidade], [dia] de [mês] de [ano].

[nome do Delegado de Polícia signatário]

DELEGADO DE POLÍCIA

Síntese

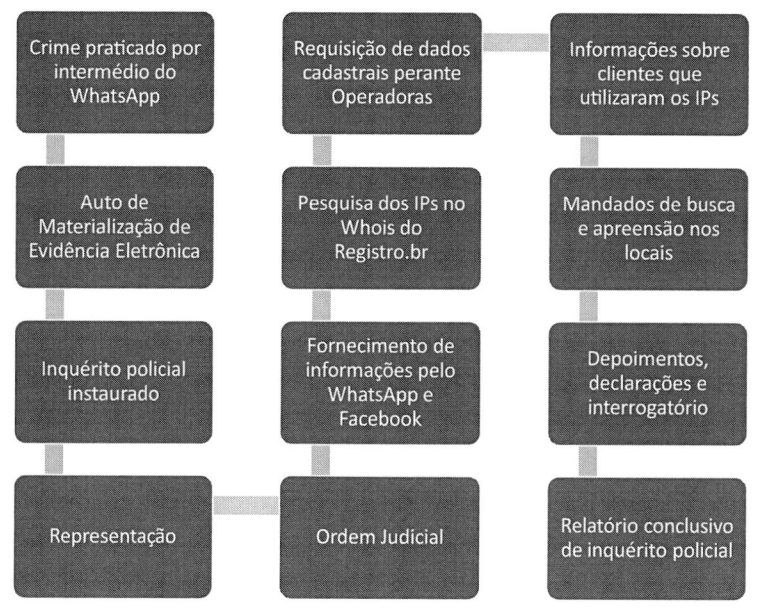

```
Crime praticado por          Requisição de dados       Informações sobre
intermédio do                cadastrais perante        clientes que
WhatsApp                     Operadoras                utilizaram os IPs
        │                            │                         │
Auto de                      Pesquisa dos IPs no       Mandados de busca
Materialização de            Whois do                  e apreensão nos
Evidência Eletrônica         Registro.br               locais
        │                            │                         │
Inquérito policial           Fornecimento de           Depoimentos,
instaurado                   informações pelo          declarações e
                             WhatsApp e                interrogatório
                             Facebook
        │                            │                         │
Representação                Ordem Judicial            Relatório conclusivo
                                                       de inquérito policial
```

Figura 137 – Síntese da investigação criminal, contendo representação destinada ao WhatsApp e ao Facebook

Modelo de representação destinada à Uber para oferecer informações sobre usuários do aplicativo

EXCELENTÍSSIMO SENHOR DOUTOR JUIZ DE DIREITO DA COMARCA DE [...]

A POLÍCIA CIVIL DO ESTADO DE SÃO PAULO, representada neste ato pelo Delegado de Polícia subscritor, que no uso de suas atribuições legais e regulamentares conferidas pelo artigo 144, §4º, da Constituição Federal, artigo 140, da Constituição Estadual Paulista, artigo 4º e seguintes do Código de Processo Penal Brasileiro, Portaria DGP-18/1998, sob as premissas da Lei nº 12.830/13 e demais dispositivos legais correlatos, representa pelo AFASTAMENTO DO SIGILO DE DADOS ELETRÔNICOS pelos motivos de fato e de direito a seguir apresentados.

DO FATO

O presente inquérito foi instaurado para apurar a infração [descrever a infração e informar os números de Boletim de Ocorrência/Inquérito Policial que apuram os fatos].

No dia [...] a vítima utilizou o aplicativo Uber para ser transportada para [...] e, durante o trajeto [descrever as condutas realizadas, bem como a vinculação com a Uber e relação com o fato criminoso].

DA INVESTIGAÇÃO

[Descrever os principais momentos da investigação e demonstrar o esgotamento de meios tradicionais para a elucidação do crime].

DA SOLICITAÇÃO

Dessa forma, como medida visando a absoluta elucidação do delito, que tem proporcionado grande transtorno para as vítimas e pela impossibilidade de produzir provas por outros meios, solicito que Vossa Excelência, após vista do ínclito membro do Ministério Público, requisite a medida infra para oferecer a informação pretendida:

1) Perante a empresa Uber do Brasil Tecnologia Ltda (Portal de Aplicação da Lei da Uber – site: <https://lert.uber.com> – Avenida Brigadeiro Faria Lima, nº 201, 26º e 27º andares, salas 2601 e 2701, CEP 05426-100, São Paulo/SP) tendo como alvo o veículo placas [...] para que forneça [escolher os dados necessários para a investigação, conforme as opções anteriormente descritas[94]] considerando o período entre [data e hora inicial] e [data e hora final].

---

[94] Principais informações:
- Número de telefone.
- Endereço de e-mail.
- Nome.
- Data de início e encerramento da conta Uber.
- Endereçamento de IP, contendo data, horário e fuso horário, de cada um dos acessos.
- Status, avaliação, forma de pagamento, comunicações com o serviço de atendimento ao cliente e fotografia.
- Placas, informações sobre veículos, endereço, nome do motorista principal a quem o motorista está vinculado (se houver), informações sobre seguro, contratos, algumas comunicações entre motoristas e usuários e dados de localização de GPS.

Em razão da necessária celeridade exigida pelo caso, solicito ainda que as informações sejam encaminhadas para o e-mail institucional da Delegacia de Polícia de [...] ([...]@policiacivil.sp.gov.br) e, em seguida, em via impressa para o endereço desta Unidade de Polícia Judiciária [nome e endereço completo da Unidade de Polícia Judiciária solicitante] em ambos os casos constando como referência o [BO e/ou IP número] da Delegacia de Polícia [nome da Unidade de Polícia Judiciária solicitante].

[cidade], [dia] de [mês] de [ano].

[nome do Delegado de Polícia signatário]

DELEGADO DE POLÍCIA

Síntese

Figura 138 – Síntese da investigação criminal, contendo representação destinada à Uber para oferecer informações sobre usuários do aplicativo

Modelo de representação para análise em conteúdo de celular (1)

EXCELENTÍSSIMO SENHOR JUIZ DE DIREITO DA COMARCA DE [...]

REFERÊNCIA: INQUÉRITO POLICIAL Nº [...]

Por intermédio do presente, considerando a necessidade de obter a verdade real durante a persecução penal, principalmente visando esclarecer se existem conversas, imagens ou outros elementos que indiquem [...], represento perante Vossa Excelência que autorize o acesso ao conteúdo e a realização de perícia nos celulares apreendidos em poder de [...], conforme descrição infra:

Marca	
Modelo	
IMEI	

Aproveito a oportunidade para renovar meus protestos de estima e consideração.

[cidade], [dia] de [mês] de [ano].

[nome do Delegado de Polícia signatário]

DELEGADO DE POLÍCIA

Síntese

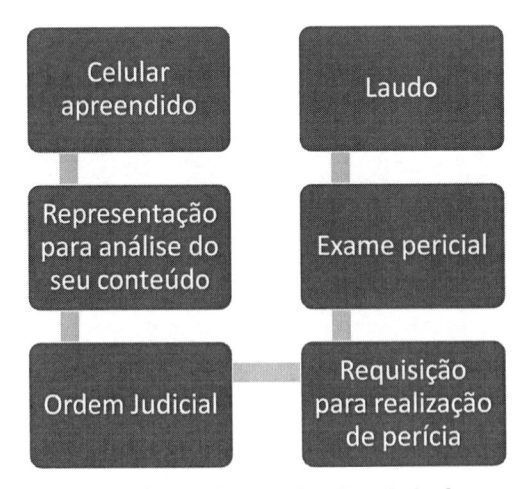

Figura 139 – Síntese da investigação criminal, contendo representação para análise em conteúdo de celular

Modelo de representação para análise em conteúdo de celular (2)[95]

EXCELENTÍSSIMO SENHOR DOUTOR JUIZ DE DIREITO DA COMARCA DE [...]

Excelentíssimo(a) Juiz(a) de Direito

1 – DA SÍNTESE DOS FATOS E PROVAS DO INQUÉRITO POLICIAL

A Polícia Civil do Estado de São Paulo, no uso de suas atribuições constitucionais, representada pelo Delegado de Polícia natural em exercício no [...], orientado pelos princípios fundamentais do Estado de Direito e levando em conta a busca da verdade real, instaurou [...].

2 – DA REPRESENTAÇÃO

Consta no Inquérito Policial Nº [...], registrado nesta [...] e no Auto de Exibição e Apreensão, telefones celulares apreendidos em posse do indiciado [...].

Não podemos olvidar que, com o avanço tecnológico, os *smartphones* passaram a ser grande fonte de coleta de informações, haja vista que, além das ligações telefônicas efetuadas e recebidas, análise de ERBs, contatos, também possui conteúdo de dados, como fotografias, mensagens SMS, notas, mensagens expressas em aplicativos, dentre outros.

No caso em tela, será fundamental e imprescindível para produção de provas a análise dos dados contidos nos telefones apreendidos, sendo que não dispomos de outros meios hábeis a indicar com tamanha precisão o que possivelmente venha a ser demonstrado através desta análise.

Há de se ressaltar que existe enorme divergência doutrinária e jurisprudencial acerca do acesso aos dados anteriormente referidos, sendo que alguns doutrinadores e Tribunais posicionam-se quanto à admissibilidade da produção deste meio de prova sem que necessite autorização judicial para tal fim. Contudo, existem recentes decisões de Tribunais no sentido inverso, inviabilizando as provas produzidas através da análise dos dados contidos nos aparelhos de telefonia celular sem que haja prévia autorização judicial.

Destarte, não há como se prever qual será a decisão futura no que tange ao explicitado, a ser emitida pelos Tribunais Superiores, nem mesmo qual o entendi-

---

[95] Modelo elaborado pelo delegado de polícia Wagner Martins Carrasco de Oliveira, da Polícia Civil do Estado de São Paulo.

mento de Vossa Excelência acerca desta questão, portanto, para que não possa haver prejuízo qualquer à investigação, quanto à ilicitude ou ilegitimidade das provas produzidas, e a fim de dar os subsídios suficientes ao Ministério Público para oferecimento de sua denúncia, bem como para não macular as provas que possam servir de amparo à decisão de Vossa Excelência, venho por meio desta dirigir a Vossa Excelência a presente REPRESENTAÇÃO PARA QUE SEJA PERMITIDA A ANÁLISE DE TODOS OS DADOS QUE INTERESSEM À INVESTIGAÇÃO, DOS APARELHOS DE TELEFONIA MÓVEL (de IMEIs [...] e [...]) APREENDIDOS NOS AUTOS, DESDE HISTÓRICO DE CHAMADAS, MENSAGENS, CONTEÚDO DE DADOS EXTRAÍDOS DE APLICATIVOS, LOCALIZAÇÃO, FOTOS, AGENDA, NÚMERO DAS LINHAS E OUTROS QUE VENHAM A CONTRIBUIR PARA A INVESTIGAÇÃO NO CASO CONCRETO.

Diante disso, encaminho o presente à Douta apreciação de Vossa Excelência, dando-se vista ao Ministério Público.

[nome do Delegado de Polícia signatário]

DELEGADO DE POLÍCIA

Síntese

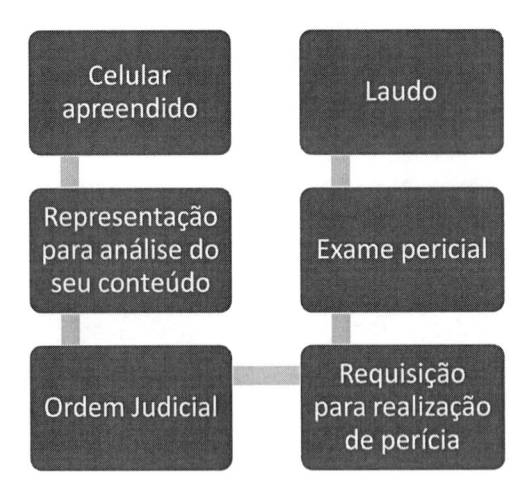

Figura 140 – Síntese da investigação criminal, contendo representação para análise em conteúdo de celular

Modelo de interceptação ambiental e rastreabilidade

EXCELENTÍSSIMO SENHOR DOUTOR JUIZ DE DIREITO DA COMARCA DE [...]

A POLÍCIA CIVIL DO ESTADO DE SÃO PAULO, representada pelo Delegado de Polícia que esta subscreve, vem respeitosamente representar pela INTERCEPTAÇÃO AMBIENTAL e RASTREABILIDADE do equipamento número [...], que seria instalado no veículo placas [...] utilizado pelos investigados, pelo prazo de 15 dias e também pela determinação para que a montadora [...] promova DUPLICAÇÃO DAS CHAVES DO VEÍCULO placas [...] e chassi [...].

DO FATO

Conforme consta no Boletim de Ocorrência [...] desta Unidade de Polícia Judiciária, no [data, horário e endereço] foi praticado o crime previsto no art. [...] da Lei nº [...], tendo em vista que [apresentar informações sobre os fatos].

DA INVESTIGAÇÃO

Em razão do ocorrido, com o fito de apurar o crime de [...], foi instaurado o Inquérito Policial [...] e determinado que o Setor de Investigações Gerais desta Unidade de Polícia Judiciária buscasse a elucidação deste delito, contudo, até o momento, não houve êxito.

DA SOLICITAÇÃO

Dessa forma, como medida imprescindível para a absoluta elucidação da autoria e da materialidade do delito, e levando em consideração a impossibilidade de localizar os eventuais autores e produzir provas por outros meios, solicito que Vossa Excelência autorize que seja instalado equipamento de interceptação ambiental e rastreamento no veículo [...], placas [...], pertencente ao investigado [...], sendo importante ter conhecimento sobre as conversas que ele tem mantido no seu veículo, bem como sejam obtidas informações sobre os locais frequentados por ele.

Além disso, informo que, sendo a presente representação deferida, sempre que houver alguma conversa no interior do veículo, o equipamento de interceptação ambiental promoverá uma ligação para o celular número [...], em uso pelo policial civil [...], que providenciará a gravação das ligações recebidas em razão de ter instalado em seu celular o aplicativo [...], utilizado para esse fim.

O policial civil terá condições de pesquisar em tempo real a localização do equipamento instalado no veículo.

O subscritor também representa para que Vossa Excelência determine que a montadora [...] promova a duplicação das chaves do veículo [...], placas [...] e chassi [...], em razão da necessidade de ingresso no seu interior para instalação dos equipamentos tecnológicos supra referidos.

Aproveito a oportunidade para apresentar os protestos de elevada estima e consideração.

[cidade], [dia] de [mês] de [ano].

[nome do Delegado de Polícia signatário]

DELEGADO DE POLÍCIA

Síntese

```
┌─────────────────┐      ┌─────────────────┐
│ Investigado     │      │ Instalação do   │
│ utiliza veículo │      │ equipamento no  │
│ na prática      │      │ interior do     │
│ de crimes       │      │ veículo         │
└────────┬────────┘      └────────┬────────┘
         │                        │
┌────────┴────────┐      ┌────────┴────────┐
│                 │      │ Fornecimento    │
│ Representação   │      │ das chaves para │
│                 │      │ a polícia       │
└────────┬────────┘      └────────┬────────┘
         │                        │
┌────────┴────────┐      ┌────────┴────────┐
│                 │      │ Ofício para a   │
│ Ordem Judicial  ├──────┤ montadora       │
│                 │      │                 │
└─────────────────┘      └─────────────────┘
```

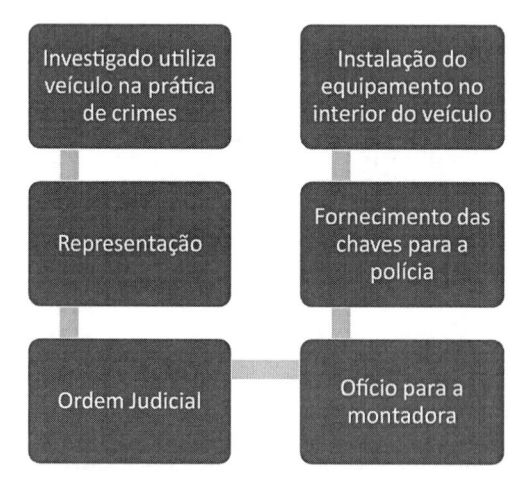

Figura 141 – Síntese da investigação criminal, contendo representação de interceptação ambiental e rastreabilidade

Modelo de interceptação telefônica – tráfico e associação para o tráfico de drogas

EXCELENTÍSSIMO SENHOR DOUTOR JUIZ DE DIREITO DA COMARCA DE [...]

A POLÍCIA CIVIL DO ESTADO DE SÃO PAULO, representada pelo Delegado de Polícia que esta subscreve, vem respeitosamente representar, com fulcro na Lei nº 9.296/96, pela INTERCEPTAÇÃO DE COMUNICAÇÕES TELEFÔNICAS dos investigados [qualificação e números de telefone] e [qualificação e números de telefone], em razão das informações apresentadas em um minucioso e bem elaborado Relatório de Investigação do Setor de Investigações que demonstra que os investigados fazem parte de uma organização criminosa especializada em traficar drogas nos estados de [...] e [...], sendo que [...] e [...] seriam os principais administradores da organização.

Cabe esclarecer que, na atual conjuntura da investigação dos crimes previstos no artigo 33 e 35 da Lei nº 11.343/06, o mero cumprimento de mandado de busca e apreensão na residência dos integrantes desta organização ou a abordagem deles nas ruas dificilmente será capaz de surpreendê-los praticando os delitos em investigação, tendo em vista que eles têm se cercado de inúmeros recursos para se protegerem de uma eventual ação policial, sendo que o caminho mais adequado seria a interceptação telefônica do celular dos investigados supra referidos.

Constam, em anexo, dados da vida criminal dos investigados e informações extraídas dos seus perfis das redes sociais Facebook, Instagram e Twitter.

Face essas informações o subscritor entende de que a investigação tecnológica, em especial a interceptação telefônica, além de ser um meio eficaz e sofisticado para comprovar a autoria e materialidade do referido crime, é atualmente o único meio de prova com capacidade de permitir o êxito da investigação.

As diligências pretendidas consistirão: 1- na interceptação do terminal telefônico citado e a gravação das ligações em computador do Centro de Inteligência da Delegacia Seccional de Polícia de [...] – SISTEMA GUARDIÃO; 2- transcrição (resenha) dessas conversas; 3- elaboração do respectivo Auto Circunstanciado contendo o resumo de todas as operações realizadas, tudo para remessa a esse Respeitável Juízo.

À vista do exposto, sob Segredo de Justiça, requer, se digne Vossa Excelência, analisar o presente pedido, deferindo-o, para que o solicitante possa proceder às respectivas interceptações no prazo inicial de 15 (quinze) dias, na forma do artigo 5º da Lei nº 9.296/96, com as demais providências que se fazem necessárias e a seguir relacionadas:

1. Determinar que a empresa VIVO proceda à interceptação telefônica da linha celular número [...], que consistirá no redirecionamento das ligações telefônicas para o Sistema GUARDIÃO, em funcionamento no Centro de Inteligência da Delegacia Seccional de Polícia de [...], para que os diálogos sejam gravados e também para a linha celular número [...]-[...], de responsabilidade do policial civil [qualificação], e-mail institucional [...], em exercício na Unidade Policial de [...].

1.1 Determinar que a VIVO encaminhe cópias das mensagens de texto, mensagens multimídia, torpedo ou SMS, expedidas e recebidas pela linha alvo, para o e-mail [...] pertencente ao policial civil [qualificação], em exercício [...] e para o e-mail [...] pertencente ao Centro de Inteligência da Delegacia Seccional de Polícia de [...].

2. Determinar que a empresa CLARO/EMBRATEL proceda à interceptação telefônica da linha celular número [...]-[...], que consistirá no redirecionamento das ligações telefônicas para o Sistema GUARDIÃO, em funcionamento no Centro de Inteligência da Delegacia Seccional de Polícia de [...], para que os diálogos sejam gravados e também para a linha celular número [...]-[...], de responsabilidade do policial civil [qualificação], e-mail institucional [...], em exercício na Unidade Policial de [...].

2.1 Determinar que a CLARO/EMBRATEL encaminhe cópias das mensagens de texto, mensagens multimídia, torpedo ou SMS, expedidas e recebidas pela linha alvo, para o e-mail [...] pertencente ao policial civil [qualificação], em exercício [...] e para o e-mail [...] pertencente ao Centro de Inteligência da Delegacia Seccional de Polícia de [...].

4. Determinar que, no caso de eventual portabilidade das linhas interceptadas, a nova operadora de telefonia mantenha a interceptação da linha recebida e cumpra todas as providências supra.

5. Determinar que, na ocorrência de troca do *chip* da linha alvo VIVO e da linha alvo CLARO e utilização de outro *chip* de operadora diversa, a nova operadora mantenha a interceptação pelo número do IMEI e cumpra todas as providências supra.

6. Determinar as operadoras de telefonia VIVO/TELEFÔNICA, CLARO/EMBRATEL, TIM/INTELIG, NEXTEL e OI/TELEMAR/BRASIL TELECOM que forneçam, durante o curso da interceptação telefônica, senhas ao policial civil [qualificação], e-mail [...] e ao policial civil [qualificação], e-mail institucional [...], para acesso aos dados cadastrais, IMEIs, histórico de chamadas (em qualquer período de interesse da investigação, inclusive pretérito, contando-se retroativamente seis meses do deferimento da interceptação), tanto pelas linhas celulares como pelas ERBs, rastreio das ERBs em tempo real e consulta por CPF.

7. Autorizar que o subscritor oficie as empresas de telefonia a interromperem o acesso ao pacote de dados e outros serviços prestados para os celulares alvos, durante o período da interceptação.

Informo que, nos termos do Artigo 8º da Lei nº 9.296, de 24 de julho de 1996, caso seja concedida a autorização, essa interceptação ocorrerá em autos apartados, preservando-se o sigilo das diligências, gravações e transcrições respectivas.

Por derradeiro, apresentamos duas solicitações aos serventuários do cartório judicial a fim de dar maior efetividade e celeridade à investigação.

Conforme solicitado no Relatório de Investigação, apresentamos duas solicitações, para uma maior eficácia da medida. A primeira, visando tornar mais célere a implementação da interceptação, em caso de deferimento, no sentido de que o senhor escrevente que der cabo ao mando judicial de deferimento do pedido de senhas, o faça em folha separada da decisão judicial, em impressão apenas de frente, preferencialmente com os dizeres grafados no parágrafo superior, vez que, por procedimento, os técnicos das operadoras telefônicas, que não possuem formação jurídica, terão maior facilidade na identificação da autorização judicial. Quanto ao segundo pleito, solicitamos que a confecção da decisão e dos ofícios de senhas tragam a data do mesmo dia em que forem comunicados os agentes ou a autoridade policial competentes, pois, assim que recebidos tais documentos pela Delegacia de Polícia, há a necessidade de entrega de cópias físicas na Delegacia Seccional de Polícia de [...], antes das 16h, para que esta os transmita às instâncias superiores e estas aos terminais técnicos das operadoras que implementarão as interceptações, antes das 17h, sendo que a falta de possibilidade de se completar todo o procedimento tempestivamente consome alguns dias do período da interceptação.

Finalizando, conforme estabelece legislação do Egrégio Tribunal de Justiça de São Paulo, informo que o escrivão de polícia com acesso aos autos será o senhor [...], em exercício nesta Unidade de Polícia Judiciária.

Aproveito a oportunidade para apresentar os protestos de elevada estima e consideração.

[cidade], [dia] de [mês] de [ano].

[nome do Delegado de Polícia signatário]

DELEGADO DE POLÍCIA

Síntese

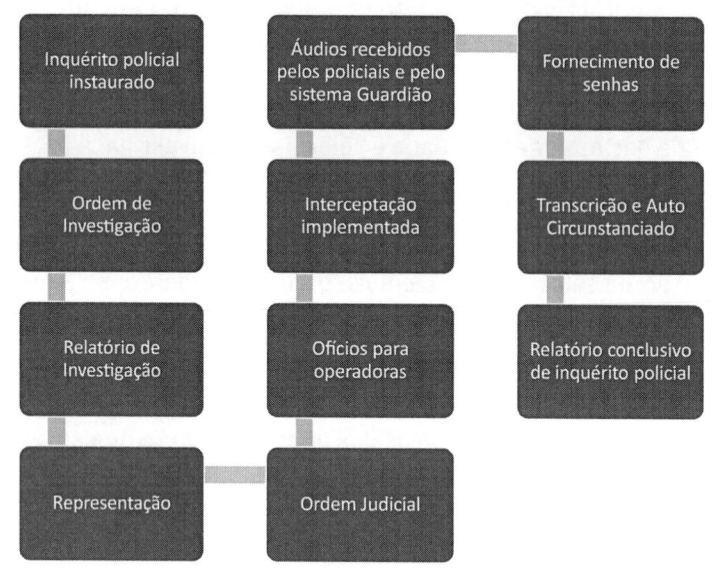

Figura 142 – Síntese da investigação criminal, contendo interceptação telefônica

Modelo de representação destinada ao Google, ao Waze e à Apple – histórico de localização e utilização de aplicativos em determinado local

EXCELENTÍSSIMO SENHOR DOUTOR JUIZ DE DIREITO DA COMARCA DE [...]

A POLÍCIA CIVIL DO ESTADO DE SÃO PAULO, representada neste ato pelo Delegado de Polícia subscritor, que no uso de suas atribuições legais e regulamentares conferidas pelo artigo 144, §4º, da Constituição Federal, artigo 140, da Constituição Estadual Paulista, artigo 4º e seguintes do Código de Processo Penal Brasileiro, Portaria DGP-18/1998, sob as premissas da Lei nº 12.830/13 e demais dispositivos legais correlatos, representa pelo AFASTAMENTO DO SIGILO DE DADOS ELETRÔNICOS pelos motivos de fato e de direito a seguir apresentados.

DO FATO

O presente inquérito foi instaurado para apurar a infração [descrever a infração e informar os números de Boletim de Ocorrência/Inquérito Policial que apuram os fatos].

A vítima [...] saiu de sua residência localizada no endereço [...] no dia [...] e disse para os familiares que iria na casa de um amigo. Depois de [...] a vítima foi encontrada na rua [...] sem vida, com sinais indicando que o crime teria ocorrido no local.

DA INVESTIGAÇÃO

[Descrever os principais momentos da investigação, inclusive informando sobre a necessidade de esclarecer o local onde a vítima esteve depois que saiu de casa e antes de ser sido encontrada sem vida, além de demonstrar o esgotamento de meios tradicionais para a elucidação do crime].

DA SOLICITAÇÃO

Dessa forma, como medida visando a absoluta elucidação do delito, que tem proporcionado grande transtorno para as vítimas e pela impossibilidade de produzir provas por outros meios, solicito que Vossa Excelência, após vista do ínclito membro do Ministério Público, requisite a medida infra para oferecer a informação pretendida:

a. Perante a empresa Google Brasil Internet Ltda. (endereço: Avenida Brigadeiro Faria Lima, 3477, 18º andar, CEP 04538-133, São Paulo, SP, e-mail para envio de ordem judicial: <lis-latam@google.com>), tendo como alvos o e-mail [...]@gmail.com, o IMEI [...] e o número de telefone (...) [...], para que forneça o histórico de localização e todas as outras informações que possuir sobre cada um dos aplicativos/serviços do Google [se possível indicar os serviços do Google de interesse da investigação, por exemplo, Google Maps, Google Drive, Backup do WhatsApp etc.] utilizados pelos alvos supra indicados, considerando o período entre [data e hora inicial] e [data e hora final], sendo possível que seja um mesmo alvo utilizando os serviços da empresa em um dispositivo com o IMEI, o número de telefone e o e-mail vinculados supra indicados ou diversos alvos, cada um utilizando um dispositivo [por exemplo, um alvo utilizando o IMEI, outro o e-mail e outro o número de celular].

b. Perante a empresa Apple (endereço: Rua Leopoldo Couto de Magalhães Junior, 700, Itaim Bibi, CEP 01454-901, São Paulo, SP, e-mail para envio de ordem judicial: <lawenforcement@apple.com>), tendo como alvos o e-mail [...], o IMEI [...] e o número de telefone (...) [...], para que forneça o histórico de localização e todas as outras informações que possuir sobre cada um dos aplicativos/serviços fornecidos pela Apple [se possível indicar os serviços do iCloud de interesse da investigação, por exemplo, Localização, Fotos, Backup do WhatsApp etc.] utilizados pelos alvos supra indicados, considerando o período entre [data e hora inicial] e [data e hora final], sendo possível que seja um mesmo alvo utilizando os serviços da empresa em um dispositivo com o IMEI, o número de telefone e o e-mail vinculados supra indicados ou diversos alvos, cada um utilizando um dispositivo [por exemplo, um alvo utilizando o IMEI, outro o e-mail e outro o número de celular].

c. Perante a empresa Waze (endereço: Google West Campus 3, 1505 Salado Dr, MTV-GWC3, e-mail: <lis-latam@google.com>), tendo como alvo o cliente da empresa cadastrado com o número de telefone [...] ou com o perfil do Facebook [endereço do perfil] para que forneça sua trajetória no período entre [data e hora inicial] e [data e hora final]. [importante destacar que o Waze pode informar também os dados cadastrais do usuário, bem como os registros de criação e de acesso ao aplicativo, contendo os endereçamentos IP].

Em razão da necessária celeridade exigida pelo caso, solicito ainda que as informações sejam encaminhadas para o e-mail institucional da Delegacia de Polícia de [...] ([...]@policiacivil.sp.gov.br) e, em seguida, em via impressa para o endereço desta Unidade de Polícia Judiciária [nome e endereço completo da Unidade de Polícia Judiciária solicitante] em ambos os casos constando como referência o [BO e/ou IP número] da Delegacia de Polícia [nome da Unidade de Polícia Judiciária solicitante].

[cidade], [dia] de [mês] de [ano].

[nome do Delegado de Polícia signatário]

DELEGADO DE POLÍCIA

Síntese

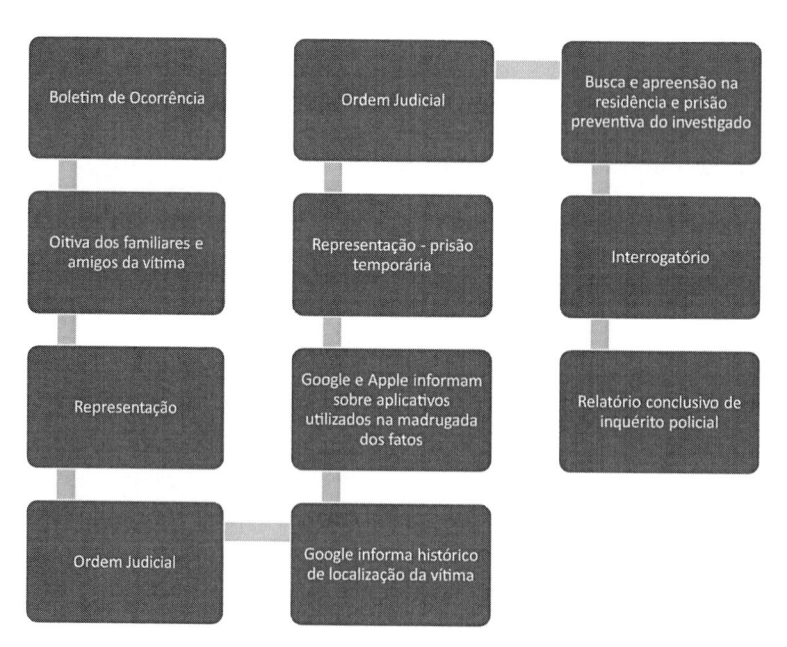

Figura 143 – Síntese da investigação criminal, contendo representação destinada ao Google, ao Waze e à Apple

Modelo de interceptação telefônica – genérico[96]

EXCELENTÍSSIMO SENHOR DOUTOR JUIZ DE DIREITO DA COMARCA DE [...]

Ofício nº: [...]/2018

Referência: Inquérito Policial nº [...]/2018

Processo Físico nº: [...]

Em decorrência dos elementos de convicção constantes deste Inquérito Policial nº [...], ainda não concluído, e com escora no inciso XII do artigo 5º da Constituição Federal e da Lei nº 9.296, de 24 de julho de 1996, esta Autoridade Policial REPRESENTA a Vossa Excelência no sentido de ser ordenada, judicialmente, a <u>CONCESSÃO de interceptação</u> das linhas telefônicas e de seus respectivos IMEIs dos números [...] e [...], e <u>CONCESSÃO de senhas</u> para pesquisas, pelos motivos de fato e de Direito, a seguir deduzidos:

1. O presente inquérito foi instaurado para apurar a infração [descrever a infração e informar os números de Boletim de Ocorrência/Inquérito Policial e se houver, disque-denúncia que apuram os fatos].

2. Consequentemente, como se percebe dos elementos de investigação até aqui coletados, verificam-se motivos suficientes ao embasamento da necessidade da censura do referido aparelho, para fins de investigação criminal, motivo desta representação.

3. Referida ordem judicial, uma vez concedida, dará maior agilidade à instrução policial até o término das presentes apurações, possibilitando, consequentemente, melhor instrução processual penal.

Diante de todo exposto, tornando-se imprescindível para as investigações, <u>**REPRESENTO**</u> com base na Lei nº 9.296, de 24 de julho de 1996, pela:

– <u>**CONCESSÃO da interceptação telefônica**</u> de [qualificação do investigado], das **seguintes linhas telefônicas e seus RESPECTIVOS IMEIs**: **linha alvo** número [...] **(Operadora** [citar a operadora de telefonia]**)** e que o redirecionamento das ligações sejam efetuadas pela operadora para os números [...] e [...] e da **linha alvo** número [...] **(Operadora** [citar a operadora de telefonia]**)** com redirecionamento para as linhas [...] e [...], além do sistema Guardião, **pelo período de 15 dias**, <u>junto às operadoras</u>: VIVO/TELEFÔNICA; CLARO/EMBRATEL; TIM/IN-

---

[96] Modelo elaborado pelo investigador de polícia Mauro Roberto de Souza Júnior, da Polícia Civil do Estado de São Paulo.

TELIG; NEXTEL; OI/TELEMAR/BRASIL TELECOM; GVT; CORREIOS CELULAR; SERCOMTEL; PORTO SEGURO CONECTA.

ALVOS E IMEIs		REDIRECIONAMENTOS
[...]	[...]	[...]
[...]	[...]	[...]

– **CONCESSÃO DE SENHAS** para pesquisas junto às operadoras de telefonia, pois se faz necessário que os investigadores realizem pesquisas mediante a interceptação telefônica solicitada. Para que se possa obter resultado nas investigações, se faz imprescindível a obtenção de SENHAS aos Investigadores de Polícia encarregados do caso, [nome completo dos policiais responsáveis pela interceptação], junto às operadoras de telefonia para: rastreamento em tempo real de ERBs e linhas telefônicas, cadastros (incluindo pesquisas por CPF e ESN ou HEXA) e histórico de chamadas das linhas telefônicas e de ERBs (histórico de chamadas das antenas) sobre qualquer período que se façam necessárias as investigações. Essas senhas têm por finalidade apurar dados e também a identidade das pessoas envolvidas com o [citar o crime investigado] e devem ser solicitadas nos seguintes moldes:

1. **Pesquisa de cadastros de usuários: nome, RG, CPF ou CNPJ, endereços, mesmo de linhas já desabilitadas, móveis, fixas e ID Nextel Rádio, também de seus interlocutores e suspeitos.**
2. **Histórico de chamadas efetuadas, recebidas e tentadas de terminais de linhas móveis, fixas e ID Nextel Rádio, de sistemas pré e pós-pagos, DURANTE QUALQUER PERÍODO e também de seus interlocutores e suspeitos.**
3. **Histórico de chamadas de ERBs e monitoramento (sub-erb, azimute e mapa de cobertura), DURANTE QUALQUER PERÍODO e também de seus interlocutores e suspeitos.**
4. **Localização por deslocamento 3G e 4G, também de seus interlocutores e suspeitos.**
5. **Localização de terminais públicos.**
6. **Ativação do Sistema Vigia ou similar, para rastreamento/histórico/ extrato de chamadas/WAP, SMS e MMS em TEMPO REAL, também de seus interlocutores e suspeitos.**
7. **Rastreio de fluxo telemático de dados e conteúdo do fluxo telemático de dados fornecido pela operadora.**

8. **Autorização para que a Autoridade Policial oficie a Operadora solicitando interrupção dos serviços ao acesso do PACOTE DE DADOS da respectiva Operadora por seus respectivos alvos, pelo tempo determinado no ofício.**
9. **Autorização para que a Autoridade Policial oficie a empresa administradora do aplicativo WhatsApp, para que informe os IPs de conexão vinculados, administração de grupos, nome dos grupos, integrantes dos grupos e seus respectivos números, dados cadastrais da conta e toda a agenda que consta no aplicativo, do alvo solicitado mediante ofício.**

[com relação aos itens 1/9] Pelo período de 90 DIAS, junto às operadoras: VIVO/TELEFÔNICA; CLARO/EMBRATEL; TIM/INTELIG; NEXTEL; OI/TELEMAR/BRASIL TELECOM; GVT; CORREIOS CELULAR; SERCOMTEL; PORTO SEGURO CONECTA; WhatsApp. As respostas das pesquisas deverão ser encaminhadas em até 24 horas aos policiais responsáveis.

O policial civil que ficará responsável pela interceptação e pelo uso de senhas será o [carreira policial], **[nome completo e RG do policial]**, [e-mail institucional].

Com o fito de ilustrar a presente representação, faço a juntada do Relatório de Investigação, elaborado por Policiais Civis, onde se demonstra a possível habitualidade da conduta delitiva que vem sendo perpetrada por parte dos investigados, os quais se julgam inatingíveis pelas malhas da Lei, pois o mesmo [citar o crime investigado], causando, com efeito, descrédito da população para com as forças policiais e até mesmo com o Poder Judiciário.

Aproveito a oportunidade para apresentar os protestos de elevada estima e consideração.

[cidade], [dia] de [mês] de [ano].

[nome do Delegado de Polícia signatário]

DELEGADO DE POLÍCIA

Síntese

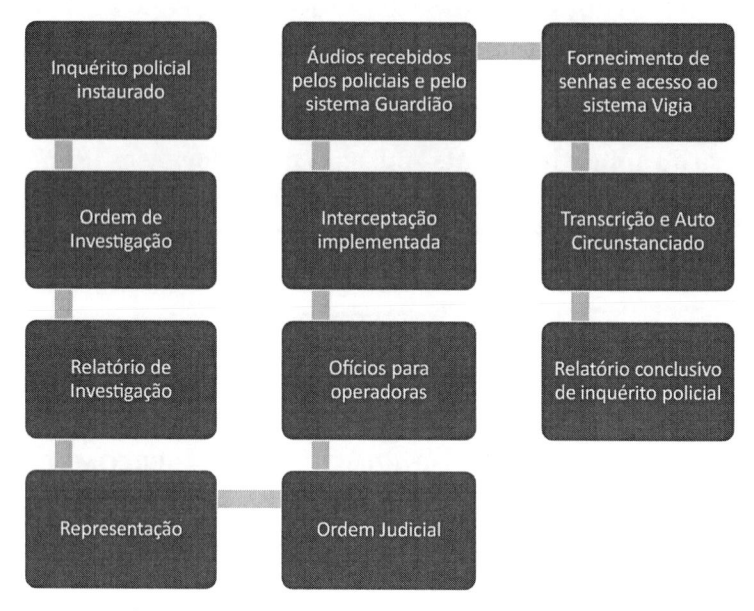

Figura 144 – Síntese da investigação criminal contendo interceptação telefônica

Modelo de representação para afastamento do sigilo de Estação Rádio Base – ERB (*Base Transceiver Station* – BTS)

EXCELENTÍSSIMO SENHOR DOUTOR JUIZ DE DIREITO DA COMARCA DE [...]

A POLÍCIA CIVIL DO ESTADO DE SÃO PAULO, representada pelo Delegado de Polícia que esta subscreve, vem respeitosamente representar pelo AFASTAMENTO DO SIGILO DE ESTAÇÃO RÁDIO BASE das empresas de telefonia VIVO/TELEFÔNICA, CLARO/EMBRATEL, TIM/INTELIG, NEXTEL e OI/TELEMAR/BRASIL TELECOM na [informar o local onde o crime ocorreu ou, se possível, fornecer as coordenadas geográficas do local], pelos motivos infra apresentados.

DO FATO

Conforme consta no Boletim de Ocorrência [...] desta Unidade de Polícia Judiciária, no dia [...] de [...] de [...], por volta das [...] horas, na [informar o endereço do local dos fatos], foi praticado o crime previsto no art. [...] da Lei nº [...], tendo em vista que [apresentar informações sobre os fatos].

DA INVESTIGAÇÃO

Em razão do ocorrido, com o fito de apurar o crime de [...], foi instaurado o Inquérito Policial [...] e determinado que o Setor de Investigações Gerais desta Unidade de Polícia Judiciária buscasse a elucidação deste delito, contudo ainda não houve êxito nesse intento.

A testemunha [...] informou que [...].

O policial civil [...] elaborou relatório preliminar sobre as diligências investigativas, apresentou as dificuldades encontradas para a apuração do delito e sugeriu o afastamento do sigilo de estação rádio base para que a investigação possa avançar no sentido da obtenção da verdade real.

DA SOLICITAÇÃO

Dessa forma, como medida imprescindível para a absoluta elucidação da autoria e da materialidade do delito, e levando em consideração a impossibilidade de localizar os eventuais autores e produzir provas por outros meios, solicito que Vossa Excelência requisite as medidas infra apresentadas e também que estipule multa diária nos casos em que as empresas de telefonia demorem mais de cinco dias para oferecer as informações pretendidas:

1) Perante as empresas de telefonia VIVO/TELEFÔNICA, CLARO/EMBRATEL, TIM/INTELIG, NEXTEL e OI/TELEMAR/BRASIL TELECOM para que viabilizem o afastamento do sigilo das Estações Rádio Base – ERBs (*Base Transceiver Station* – BTS) que tenham cobertura na [informar o local onde o crime ocorreu ou, se possível, fornecer as coordenadas geográficas do local], para que informem os números dos terminais telefônicos que utilizaram as estações para realizar ligações, utilizar internet ou outros serviços oferecidos pela empresa, entre as [...] horas do dia [...] de [...] de [...] e as [...] horas do dia [...] de [...] de [...], incluindo terminais telefônicos que utilizaram as estações, mas não realizaram a comunicação. Além disso, que determine às empresas de telefonia VIVO/TELEFÔNICA, CLARO/EMBRATEL, TIM/INTELIG, NEXTEL e OI/TELEMAR/BRASIL TELECOM informar os dados cadastrais de cada um dos terminais telefônicos que realizaram as ligações no local e período supra referido, bem como o azimute.

Em razão da necessária celeridade exigida pelo caso, solicito ainda que as informações sejam encaminhadas para o e-mail institucional da Delegacia de Polícia de [...] ([...]@policiacivil.sp.gov.br) e, em seguida, em via impressa para o endereço desta Unidade de Polícia Judiciária [nome e endereço completo da Unidade de Polícia Judiciária solicitante], em ambos os casos constando como referência o [BO e/ou IP número] da Delegacia de Polícia [nome da Unidade de Polícia Judiciária solicitante].

Aproveito a oportunidade para apresentar os protestos de elevada estima e consideração.

[cidade], [dia] de [mês] de [ano].

[nome do Delegado de Polícia signatário]

DELEGADO DE POLÍCIA

Síntese

Figura 145 – Síntese da investigação criminal contendo representação para afastamento do sigilo de Estação Rádio Base – ERB

Modelo de representação para afastamento do sigilo de Estação Rádio Base – ERB (*Base Transceiver Station* – BTS), incluindo *Cell* ID das ligações[97]

EXCELENTÍSSIMO SENHOR DOUTOR JUIZ DE DIREITO DA COMARCA DE [...]

Pedido de Quebra Sigilo de ligações telefônicas e Pedido de Senha

A POLÍCIA CIVIL DO ESTADO DE SÃO PAULO, representada neste ato pelo Delegado de Polícia subscritor, que no uso de suas atribuições legais e regulamentares, respeitosamente reporta-se a Vossa Excelência ofertando a presente

---

[97] Modelo elaborado pelo papiloscopista policial Marcos Eduardo Ribeiro Ferreira, da Polícia Civil do Estado de São Paulo.

REPRESENTAÇÃO DE AFASTAMENTO DO SIGILO TELEFÔNICO DE TERMINAL MÓVEL no período de [inserir o período de interesse].

Levo ao conhecimento de Vossa Excelência que esta Delegacia de Polícia realiza investigações através do Inquérito Policial número [...]/2018, para apurar o crime de roubo e trouxeram ao meu conhecimento, através de relatório, que os autores do delito fizeram o uso constante de terminais móveis durante a prática do crime. Assim, é necessária representação pelo afastamento do sigilo telefônico de todas as ligações efetuadas e recebidas que utilizaram a torre (ERB) responsável pela cobertura indicada na geolocalização 22°37'[...].[...]"S, 48°38'[...].[...]"O, local em que o delito foi praticado.

Informo à Vossa Excelência que todas as outras diligências, como reconhecimento fotográfico, busca por imagens de câmeras e informações através de colaboradores, restaram infrutíferas, sendo a presente representação a única forma de darmos andamento às investigações.

Diante do exposto, em obediência aos Princípios Constitucionais da Oportunidade e Razoabilidade, represento à Vossa Excelência pela decretação judicial do afastamento do sigilo das ligações efetuadas e recebidas de todas as empresas de telefonia móvel com cobertura no local georreferenciado, no período [inserir período de interesse], constando nos registros das ligações o azimute utilizado, bem como as células utilizadas (*Cell* ID).

Por final, solicito ainda a concessão de senha que possibilite a consulta retroativa à data da ocorrência, permitindo a consulta dos dados cadastrais dos assinantes (qualificação, endereço, local de instalação, local de envio da conta, data da habilitação, eventual encerramento do serviço e números de linha fixa ou celular pesquisados por número, nome, endereço ou CPF), histórico de chamadas (chamadas recebidas e efetuadas) a partir do nome do titular ou do número de telefone/número de IMEI-GSM, número SERIAL-CDMA.

Informo que os ofícios de concessão de senha que serão encaminhados às operadoras deverão constar o policial [nome e qualificação], e-mail institucional [...]@policiacivil.sp.gov.br, como autorizado a realizar as consultas solicitadas.

Buscando maior celeridade às investigações, deve constar no ofício o e-mail [...]@policiacivil.sp.gov.br para as respostas das requisições efetuadas.

As diligências serão realizadas estritamente de acordo do o disposto na Lei nº 9.296, de 24 de julho de 1996, que regula as interceptações telefônicas.

Aproveito a oportunidade para apresentar os protestos de elevada estima e consideração.

[cidade], [dia] de [mês] de [ano].

[nome do Delegado de Polícia signatário]

DELEGADO DE POLÍCIA

Síntese

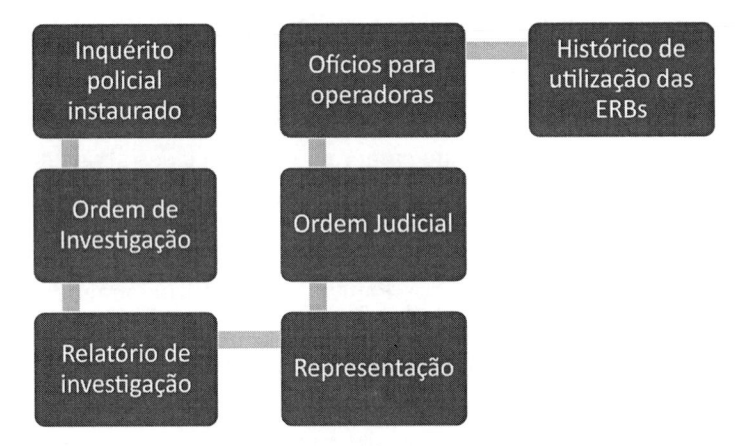

Figura 146 – Síntese da investigação criminal contendo representação para afastamento do sigilo de Estação Rádio Base – ERB

Modelo de representação visando afastamento do sigilo eletrônico – registros de criação e acessos de perfil que publicou anúncio (caso prático apresentado de forma sintética)[98]

Solicitação

[...]

> ➤ Perante a empresa Bom Negócio Atividades de Internet (Endereço: Rua Voluntários da Pátria, 113, 2º e 8º andares, CEP 22270-000 – Telefone: (21) 95566950), para que forneça as informações identificativas, incluin-

---

[98] Nas hipóteses em que o investigado utilizou a OLX para produzir prejuízos, em razão da empresa entender que as conversas mantidas entre ele e a vítima via *chat* são públicas, basta uma requisição de dados cadastrais para que a empresa forneça cópia das conversas, ou seja, neste caso não é necessário representar perante o Poder Judiciário.

do telefone e e-mail, bem como *logs* (contendo protocolo de internet – IP, data, hora e fuso horário) de criação e de cada um dos acessos realizados desde a criação do perfil que publicou o anúncio infra apresentado:
➢ http://sabara.olx.com.br/gol-barato-urgente[...]

Resposta da OLX (Bom Negócio Atividades de Internet)

[...]

IP 201.34.64.192[99] 28/08/2017 05:39 GMT

IP 201.34.64.192 28/08/2017 06:21 GMT

IP 2001:0DB8:AD1F:25E2:CADE:CAFE:3257:9652[100] 30/12/2017 06:21 GMT

IP 199.4.33.102 01/01/2018 13:45 GMT

Requisição de dados cadastrais

Com o fito de instruir investigação criminal decorrente de fatos apresentados no Inquérito Policial nº [...]/2017, instaurado nesta Unidade de Polícia Judiciária para apurar crime praticado por pessoas ainda não identificadas, solicito, com a máxima urgência, as seguintes informações:

I – Os dados cadastrais e todas as outras informações identificativas, incluindo endereços físicos dos terminais, pertencentes aos clientes que utilizaram os protocolos de internet que constam em anexo, conforme *logs* que foram acostados entre as fls. [...] a [...] deste inquérito policial.

II – Os números de eventuais linhas telefônicas relacionadas com os protocolos de internet supra referidos.

Em razão da gravidade do caso e da necessidade de celeridade, solicito que os dados sejam enviados por intermédio do e-mail [...]@policiacivil.sp.gov.br.

Resposta sobre os dados cadastrais

Senhor Delegado de Polícia

Conforme solicitado no ofício [...]/2017, da Central de Polícia Judiciária da Polícia Civil de Santa Fé do Sul, os protocolos de internet [...] pertencem ao cliente [...], RG [...], CPF [...], residente na Rua [...], v, São José do Rio Preto – SP, titular da linha

---
[99] Exemplo de IP (IPv4)
[100] Exemplo de IP (IPv6)

telefônica número (17) [...] e os protocolos de internet [...] pertencem ao cliente [...], RG [...], CPF [...], residente na Rua [...], Lins – SP, titular da linha telefônica número (17) [...], conforme planilha que consta a seguir, contendo números dos protocolos de internet, data, horário, fuso horário e informações identificativas dos clientes que utilizaram cada um deles.

Síntese

Figura 147 – Síntese da investigação criminal contendo representação visando afastamento do sigilo eletrônico

Modelo de representação visando afastamento do sigilo eletrônico – registros do usuário de internet que publicou comentários anônimos em blog (caso prático apresentado de forma sintética)

Solicitação:

[...]

Perante a empresa Rede Bom Dia de Comunicações Ltda, (Rua Bento de Andrade, 718, Jd. Paulista, CEP 04503-001 – São Paulo – SP) determine que forneça o *log* (IP, data e horário, incluindo fuso horário) do investigado, que possui a alcunha [...] e publicou no endereço: http://www.redebomdia.com.br/Noticias/Dia-a-

-dia/37602/Policia+Federal+prende[...] o seguinte comentário: [...], endereço do comentário [...].

Em seguida que a empresa realize a exclusão do comentário ofensivo.

Síntese

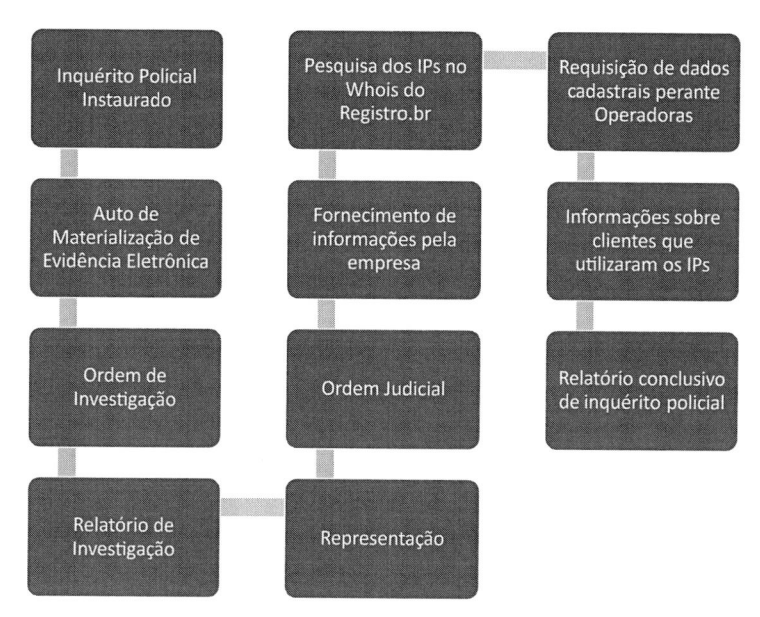

Figura 148 – Síntese da investigação criminal contendo representação visando afastamento do sigilo eletrônico

Modelo de representação visando afastamento do sigilo eletrônico – registros do usuário de internet que praticou crime de estelionato por intermédio do Mercado Livre e fez uso de e-mail com dados falsos (caso prático apresentado de forma sintética)

Representação:

[...]

> ➤ Perante a empresa Zipmail (Av. Brig. Faria Lima, 1384, 6º andar, São Paulo-SP, CEP 01451-001) tendo como alvo o e-mail [...]@zipmail.com.br, para que forneça os dados cadastrais, incluindo telefone e e-mail, bem como o registro de criação (incluindo endereçamento IP, data, horário e padrão

de fuso horário) e os registros de todos os acessos (incluindo endereçamento IP, data, horário e padrão de fuso horário), desde a data de criação até a data que as informações forem fornecidas, além da lista de contatos e outras informações identificativas.

➤ Perante a empresa MercadoLivre.com Atividades de Internet Ltda (Edifício Business Center – MercadoLivre.com, Rua Gomes de Carvalho, 1.306 – 7º Andar, Vila Olímpia – São Paulo – SP, CEP 04547-005) para que forneça os dados cadastrais, incluindo telefone e e-mail, bem como os registros de criação e de todos os acessos do usuário [...] (http://perfil.mercadolivre.com.br/[...]), desde o dia da criação até a data atual. Da mesma forma, que a empresa providencie cópias de outros anúncios publicados pelo alvo e conteúdo das comunicações mantidas com seus clientes. Por fim, que promova a exclusão do referido perfil em razão de ser utilizado para a prática reiterada do crime de estelionato.

Síntese

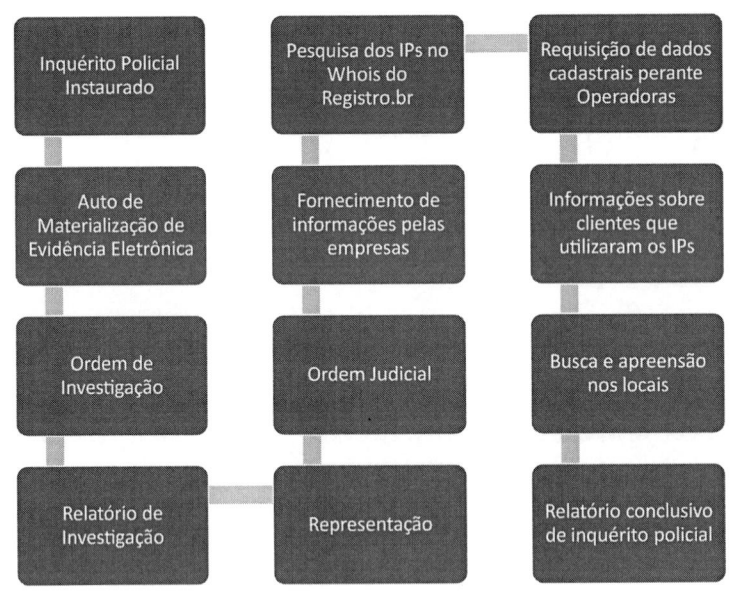

Figura 149 – Síntese da investigação criminal contendo representação visando afastamento do sigilo eletrônico

Modelo de representação visando afastamento do sigilo de dados telemáticos (informações armazenadas em nuvem – Google e Apple)[101]

EXCELENTÍSSIMO SENHOR DOUTOR JUIZ DE DIREITO DA COMARCA DE [...]

Ref.: IP nº [...]/2018

Procedimento Cautelar: [...]

Meritíssimo(a) Juiz(a)

1) Dos fatos:

Foi instaurado, por intermédio [...]

Como ficou evidenciada a utilização excessiva de internet por parte do interceptado, apresento a REPRESENTAÇÃO a seguir (nas hipóteses em que já existir uma interceptação telefônica):

Mostra-se imprescindível às investigações, conforme demonstrado antes, a análise do conteúdo do *smartphone* apreendido, portanto, apresento a REPRESENTAÇÃO infra (caso não haja interceptação prévia):

2 – DA REPRESENTAÇÃO

Com supedâneo no artigo 1º, parágrafo único e artigo 3º, I da Lei nº 9.296/96, à vista do anteriormente exposto, venho por meio desta, sem prejuízo de Representação pela Interceptação e Prorrogação de Interceptação Telefônica formulada separadamente (se houver), REPRESENTAR a Vossa Excelência, para que interceda junto à Empresa [...], PELO AFASTAMENTO DO SIGILO DOS DADOS TELEMÁTICOS (áudios, fotos, imagens, vídeos, textos, notas, contatos, arquivos no formato .pdf etc.) constantes na "nuvem" do GOOGLE DRIVE e ICLOUD, bem como *backups*, alusivos ao aparelho telefônico [...]-[...]. E, ainda, pelo envio das mensagens do(s) e-mail(s) vinculados e em operação no telefone celular em tela.

REPRESENTO ainda, com o devido respeito, para que, caso entenda plausível a presente, que encaminhe as informações solicitadas aos e-mails dos policiais responsáveis pela investigação, conforme listado a seguir:

[..] – CPF [...] – [...]@policiacivil.sp.gov.br
[..] – CPF [...] – [...]@policiacivil.sp.gov.br

---

[101] Modelo elaborado pelo delegado de polícia Wagner Martins Carrasco de Oliveira, da Polícia Civil do Estado de São Paulo.

Aproveito o ensejo para externar protestos de elevada estima e distinta consideração.

[cidade], [dia] de [mês] de [ano].

[nome do Delegado de Polícia signatário]

DELEGADO DE POLÍCIA

Síntese

```
[Inquérito Policial Instaurado]   [Ordem Judicial]   [Fornecimento de informações armazenadas na nuvem pelas empresas]

[Auto de Materialização de Evidência Eletrônica]   [Representação]   [Relatório conclusivo de inquérito policial]

[Ordem de Investigação]   [Relatório de Investigação]
```

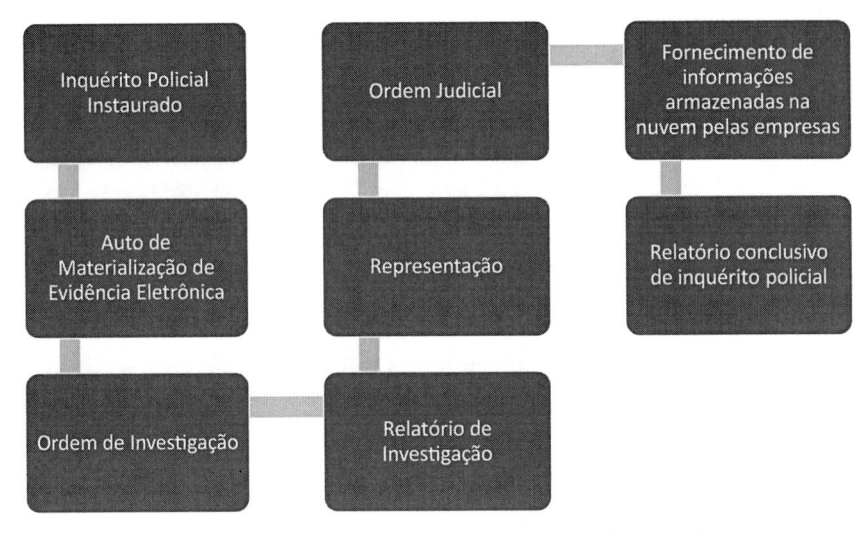

Figura 150 – Síntese da investigação criminal contendo representação visando afastamento do sigilo eletrônico

Modelo de representação visando realização de ação controlada[102]

EXCELENTÍSSIMO SENHOR DOUTOR JUIZ DE DIREITO DA COMARCA DE [...]

Ref.: IP nº [...]/2018

Procedimento Cautelar: [...]

Meritíssimo(a) Juiz(a)

1) DOS FATOS

Foi instaurado, por intermédio [...]

---

[102] Modelo elaborado pelo delegado de polícia Wagner Martins Carrasco de Oliveira, da Polícia Civil do Estado de São Paulo.

2 – DA INVESTIGAÇÃO / INTERCEPTAÇÃO TELEFÔNICA (se houver)

Conforme se infere, é patente no caso em tela a existência de Organização Criminosa, pois é possível notar do relatado anteriormente, que entre os investigados [...], [...], [...], [...] e [...] há hierarquia, divisão de tarefas, possuem o objetivo de obter vantagens com a prática do crime de tráfico de drogas, além disso [...].

Os Policiais Civis relataram que, conforme mencionado em Relatórios de Investigação anteriores, existe um ponto de vendas de drogas que se situa na [...] e outro na [...], ambas situadas na região do [...], nesta capital, conforme se apurou através das interceptações telefônicas. Munidos desta informação, rumaram até as imediações dos locais supra referidos e buscaram uma melhor posição para que pudessem visualizar a comercialização de drogas. Entretanto, em virtude da geografia local, caso ingressem nos locais, possivelmente será inevitável deparar-se com os pontos de tráfico e inescusável, por dever legal de ofício, a consecução da prisão em flagrante dos "soldados ou vapores" do tráfico (indivíduos que se enquadram na base da pirâmide da Organização Criminosa, já que efetuam a mercancia varejista da droga), podendo colocar em risco toda a Operação, que visa extirpar a Organização Criminosa investigada.

Além disso, de acordo com o resultado das Interceptações Telefônicas [...].

3 – DO PEDIDO

Destarte, diante do exposto, haja vista que o nosso objetivo não é simplesmente prender aqueles que são meros funcionários da Organização Criminosa voltada ao tráfico de drogas, mas sim de aplicar a Lei e consequentemente prender todos os integrantes da Organização Criminosa e principalmente aqueles que ocupam o ápice da pirâmide e são hierarquicamente superiores, bem como comprometer a logística e estrutura dessa Organização de modo a torná-la inoperante.

Portanto, acreditamos que há um enorme risco ao andamento da investigação e consequente possibilidade de prendermos os líderes desta, qualquer prisão em flagrante ou abordagem inoportuna até que seja possível amealhar provas suficientes para tal fim, bem como até conseguirmos chegar aos pontos de armazenamento e preparação da droga ou ao fornecedor das drogas à Organização.

Haja vista, conforme explanado anteriormente, que a investigação em testilha diz respeito aos crimes de Tráfico de Drogas, Associação ao Tráfico e Participação em Organização Criminosa e que a Lei nº 12.850/2013 estabelece como meio de prova em qualquer fase da persecução penal a Ação Controlada, que consiste em retardar a intervenção policial relativa à ação praticada por Organização Criminosa ou a ela vinculada desde que mantida sob observação e acompanhamento para que a medida legal se concretize no momento mais eficaz à formação de provas e obtenção de informações, e, ainda, que a Lei nº 11.343/2006 permite a não atuação policial sobre portadores de droga, seus precursores químicos ou outros produtos utilizados em sua produção, que se encontrem no território brasileiro com a finalidade de identificar e responsabilizar maior número de integrantes de operações de tráfico e distribuição de drogas, desde que com prévia autorização judicial e ouvido o Ministério Público, sendo indicados os prováveis itinerários e identificação dos agentes do delito, formulo a presente REPRESENTAÇÃO, conforme segue.

Destarte, com supedâneo no Artigo 3º, III e Artigo 8º da Lei nº 12.850/2013, bem como, de acordo com o previsto no Artigo 53, inciso II e parágrafo único da Lei nº 11.343/2006, REPRESENTO A VOSSA EXCELÊNCIA PELA REALIZAÇÃO DE AÇÃO CONTROLADA, POSSIBILITANDO ASSIM, AOS POLICIAIS CIVIS RESPONSÁVEIS PELA INVESTIGAÇÃO, A PRORROGAÇÃO DO FLAGRANTE E A PRODUÇÃO DE FOTOS E/OU VÍDEOS DAS POSSÍVEIS AÇÕES DELITUOSAS DA ORGANIZAÇÃO CRIMINOSA, para que consigamos alcançar o principal objetivo da investigação, habilitando-nos a efetuar a intervenção policial no momento mais oportuno.

[cidade], [dia] de [mês] de [ano].

[nome do Delegado de Polícia signatário]

DELEGADO DE POLÍCIA

Síntese

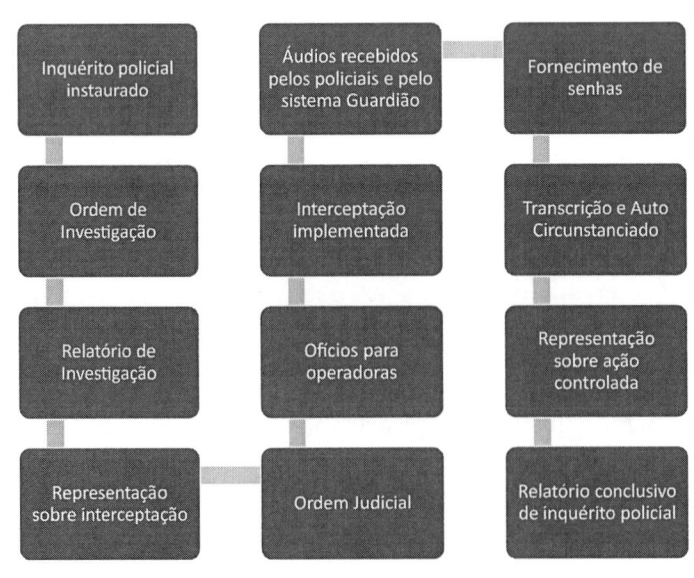

Figura 151 – Síntese da investigação criminal contendo representação visando realização de ação controlada

Modelo de representação visando fornecimento de histórico de ligações e mensagens (caso prático apresentado de forma sintética)

[...]

Face ao exposto, represento que, após oitiva do membro do Ministério Público, seja determinado que as operadoras CLARO, VIVO, TIM e OI informem:

a. O histórico de ligações (feitas/recebidas) e de mensagens SMS dos aparelhos, no período [...].
b. O histórico das Estações Rádio-Base (ERBs) utilizadas pelos aparelhos, em cada uma das ligações e mensagens supra referidas, com descrição da sua localização, incluindo azimute, no mencionado período.

Síntese

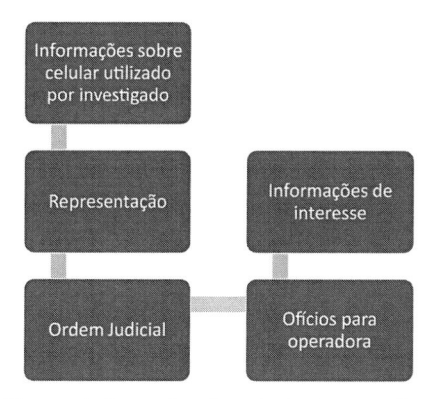

Figura 152 – Síntese da investigação criminal contendo representação visando fornecimento de histórico de ligações e mensagens

Modelo de representação visando fornecimento de informações sobre movimentação dos cartões de crédito (caso prático apresentado de forma sintética)

[...]

Face ao exposto, represento que, após oitiva do membro do Ministério Público, seja determinado que as operadoras CLARO, VIVO, TIM e OI informem:

a. ao Banco [...] para que informe o histórico de movimentação dos cartões utilizados por [...], CPF [...], no período de [...], incluindo informações sobre o local e o horário de cada uma das transações.

Síntese

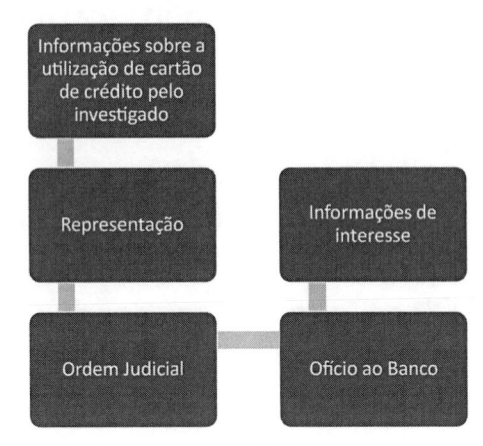

Figura 153 – Síntese da investigação criminal contendo representação visando fornecimento de informações sobre movimentação dos cartões de crédito

Representações e outros documentos relacionados com infiltração na internet

Modelo de representação oriunda da Polícia Civil visando obter autorização para infiltração policial em grupo do WhatsApp utilizado para compartilhamento de pornografia infantil[103]

EXCELENTÍSSIMO SENHOR DOUTOR JUIZ DE DIREITO DA COMARCA DE [...]

A **POLÍCIA CIVIL DO ESTADO DE SÃO PAULO**, representada neste ato pelo Delegado de Polícia subscritor, que no uso de suas atribuições legais e regulamentares conferidas pelo artigo 144, §4º, da Constituição Federal, artigo 140, da Constituição Estadual Paulista, artigo 4º e seguintes do Código de Processo Penal Brasileiro, Portaria DGP-18/1998, sob as premissas da Lei nº 12.830/13 e demais dispositivos legais correlatos, respeitosamente reporta-se a Vossa Excelência ofertando a presente **REPRESENTAÇÃO PARA INFILTRAÇÃO POLICIAL**

---

[103] A estrutura das representações relacionadas com infiltração policial na internet foi elaborada com base nas lições apresentadas por Francisco Sannini Neto. Recomendo leitura da obra Inquérito Policial e prisões provisórias de sua autoria, pela Editora Ideias & Letras.

NA INTERNET, expondo, para tanto, seus substratos fáticos e jurídicos, bem como as medidas de Polícia Judiciária adotadas durante as investigações.

Estreita síntese do Inquérito Policial

O presente procedimento investigativo de Polícia Judiciária teve início por intermédio de Portaria em virtude da *notitia criminis de cognição mediata* constante no Boletim de Ocorrência número [...]/2017, registrado na Central de Polícia Judiciária do Município, cujo conteúdo apresenta, em tese e em princípio, **os crimes de estupro de vulnerável, fotografar e/ou filmar pornografia infantil e compartilhar esse tipo de conteúdo (artigo 217-A do Código Penal e artigos 240 e 241-A do Estatuto da Criança e do Adolescente)** contra as vítimas [...] e [...].

Ao ser ouvida em declarações, a genitora da vítima [...], senhora [...], foi informada pela diretora do Colégio [...], que fotos de uma pessoa realizando atos libidinosos com sua filha, de apenas onze anos de idade, teriam sido divulgadas em um grupo do WhatsApp, denominado "Caiu na Net", que tem como membro [...], celular número [...], que aparece nas imagens praticando o crime contra sua filha.

Além disso, conforme foi constatado em perícia realizada no celular de [...], que também é integrante do referido grupo, o investigado teria publicado as imagens em que praticava o crime contra a vítima.

No decorrer da análise do conteúdo do celular, apreendido em razão de cumprimento de busca e apreensão expedido pelo Poder Judiciário da Comarca, foi possível também observar que ele publicou outras fotos praticando atos libidinosos com a criança [...] e outras crianças desconhecidas (fls. [...]).

O investigado utiliza o perfil com o nome [...] no Facebook (www.facebook.com/[...]), sendo que a referida rede social apresentou, por intermédio da sua plataforma *on-line* de auxílio as forças de segurança (<www.facebook.com/records>), os seguintes dados de acesso ao perfil:

Service Facebook
Target 100005174494[...] (Generated 2018-01-09 11:07:47 UTC)
Date Range 2016-12-24 08:00:00 UTC to 2018-01-10 08:00:00 UTC
Account End
Date
Active false
Time 2016-12-30 08:36:18 UTC
Emails novinhas[...]@bol.com.br

novinhas[...]@facebook.com
Name First Ciclano
Middle
Last De Tal
Phone (17) 3692-[...]
Numbers
Recent

Activities
Ip 189.79.205.[...]
Time 2017-12-25 18:49:49 UTC
Ip 200.158.35.[...]
Time 2017-12-26 20:09:58 UTC
Ip 200.158.35.[...][104]
Time 2017-12-28 20:09:57 UTC
Ip 2001:DB8::130F:0:0:[...][105]
Time 2018-01-01 00:01:00 UTC
Ip 2001:DB8:0:0:130F::140B[...]
Time 2018-01-05 20:07:50 UTC

Com fulcro nestas informações, contendo os protocolos de internet (IPs) utilizados nos acessos ao perfil do Facebook do investigado, foi possível identificar, por intermédio do site: <www.registro.br>, o provedor de internet utilizado e, em posse dessas informações, o subscritor solicitou os dados cadastrais do investigado e foi possível obter o endereço do terminal utilizado para a prática dos crimes, sendo que, após deferimento de mandado de busca e apreensão, houve a apreensão do computador utilizado pelo investigado (fls. [...]).

Vale frisar que a vítima, [...], foi ouvida nesta Central de Polícia Judiciária, oportunidade em que destacou que realmente o investigado teria obrigado ela a realizar com ele os atos libidinosos que consistiram em acariciar suas genitálias com os dedos e que diversas vezes ele tirou fotos e também filmou (fls. [...]).

A segunda vítima, [...], também foi ouvida nesta Central de Polícia Judiciária, oportunidade em que confirmou ter sofrido os abusos sexuais e declarou que o investigado tirou fotos e, em uma das ocasiões, observou ele em uma conversa telefônica em que afirmou que iria mandar as fotos para o grupo do WhatsApp (fls. [...]).

---

[104] Exemplo de IP (IPv4).
[105] Exemplo de IP (IPv6).

Frente ao exposto, considerando os elementos de informações preliminarmente coligidos ao longo deste inquérito policial, especialmente o reconhecimento fotográfico formalizado pelas vítimas, de maneira segura e objetiva, podemos concluir que existem *fundadas suspeitas* de que [...] praticou as infrações penais descritas no artigo 217-A do Código Penal e nos artigos 240 e 241-A do Estatuto da Criança e do Adolescente, bem como que tem utilizado a internet para a prática de crimes.

Necessidade e Adequação da Infiltração Policial

Aprioristicamente, é mister consignar a necessidade da infiltração policial em razão da inexistência de outras medidas que permitam identificar outras vítimas do investigado e os coautores dos crimes em investigação.

Pelo que foi apurado, os integrantes do referido grupo praticam o crime de estupro de vulnerável contra as vítimas e disseminam as imagens dos abusos sexuais no referido grupo e provavelmente em outros grupos do WhatsApp ou outras redes sociais.

A referida técnica especial de investigação terá o condão de inserir um policial no seio do grupo de criminosos para que ele promova a identificação deles e colete elementos capazes de comprovar os delitos perpetrados, evitando que continuem a delinquir.

A dignidade sexual de futuras vítimas é ameaçada se os investigados continuarem praticando seus delitos sob o véu do anonimato promovido pela rede mundial de computadores, sendo adequado que se realize a infiltração policial no ambiente virtual para eficaz materialização dos crimes e consequente punição dos seus autores.

Aspectos essenciais

De acordo com o planejamento prévio da infiltração, se deferida, o policial [...] ingressará no grupo do WhatsApp denominado "Caiu na Net", utilizando-se de cadastro no referido aplicativo, com o celular número [...], adquirido para o fim de utilização em infiltração policial, bem como utilizará o perfil [...] do Facebook (www.facebook.com/ profile_id=1000089136928[...]) para manter outros contatos com os investigados.

Além disso, pretende-se utilizar documento de identidade fictício em nome de [...] e o apelido [...], com o intuito de robustecer a "estória-cobertura" utilizada para a infiltração.

Dentre as tarefas que serão executadas pelo policial, ele manifestará interesse de manter relação sexual com crianças, para interagir com os outros criminosos, sendo que a infiltração realizar-se-á no grupo em investigação e em eventuais grupos relacionados que ele passe a fazer parte no decorrer da infiltração.

Como estabelecido na Lei, todos os atos eletrônicos praticados durante a operação serão registrados, gravados, armazenados e encaminhados para Vossa Excelência e para o Ministério Público, juntamente com relatório circunstanciado.

Conclusão

Diante do exposto, considerando que se trata de crimes extremamente graves, e sendo imprescindível para a cabal apuração dos fatos, isto é, para findar as investigações de Polícia Judiciária, com fundamento no artigo 190-A do Estatuto da Criança e do Adolescente a **POLÍCIA CIVIL DO ESTADO DE SÃO PAULO**, por intermédio do Delegado de Polícia subscritor, vem, respeitosamente, perante Vossa Excelência, após a oitiva do Ministério Público, **REPRESENTAR PELA INFILTRAÇÃO POLICIAL** no grupo do WhatsApp denominado "Caiu na Net", por noventa dias, sendo que, para isso, será utilizado celular número [...], adquirido para o fim de utilização em infiltração policial, vinculado a perfil de WhatsApp e ao perfil [...] do Facebook (www.facebook.com/profile_id=100008913778[...]).

O subscritor também representa para que Vossa Excelência determine que o Instituto de Identificação "Ricardo Gumbleton Daunt" providencie documento de identidade fictício em nome de [...] para ser utilizado na infiltração e que autorize o policial infiltrado a apreender documentos, celulares e outros objetos de interesse da investigação, bem como realizar filmagens e escutas ambientais, conforme as necessidades que surgirem.

Por fim, representa para que Vossa Excelência determine que, durante a infiltração policial, as operadoras de telefonia forneçam senhas ao subscritor com a finalidade de permitir, em tempo real, pesquisa de dados cadastrais, IMEIs, histórico de ligações e Estações Rádio Base (ERBs) em seus bancos de dados.

A infiltração será realizada pelo policial [...] (qualificação do policial) que utilizará o nome fictício [...], o apelido [...] e fará uso das ferramentas supra referidas.

[cidade], [dia] de [mês] de [ano].

[nome do Delegado de Polícia signatário]

DELEGADO DE POLÍCIA

Síntese

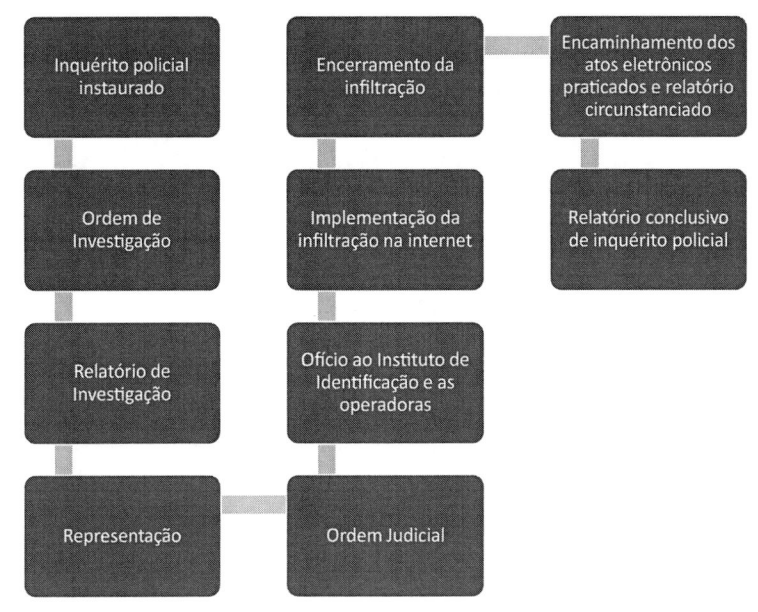

Figura 154 – Síntese da investigação criminal com o auxílio de infiltração policial

Modelo de representação oriunda da Polícia Civil visando obter autorização para infiltração policial em grupo da rede social Facebook utilizado para organizar invasão de dispositivo informático alheio para obtenção de segredo industrial

EXCELENTÍSSIMO SENHOR DOUTOR JUIZ DE DIREITO DA COMARCA DE [...]

A **POLÍCIA CIVIL DO ESTADO DE SÃO PAULO**, representada neste ato pelo Delegado de Polícia subscritor, que no uso de suas atribuições legais e regulamentares conferidas pelo artigo 144, §4º, da Constituição Federal, artigo 140, da Constituição Estadual Paulista, artigo 4º e seguintes do Código de Processo Penal Brasileiro, Portaria DGP-18/1998, sob as premissas da Lei nº 12.830/13 e demais dispositivos legais correlatos, respeitosamente reporta-se a Vossa Excelência ofertando a presente **REPRESENTAÇÃO PARA INFILTRAÇÃO POLICIAL NA INTERNET**, expondo, para tanto, seus substratos fáticos e jurídicos, bem como as medidas de Polícia Judiciária adotadas durante as investigações.

Estreita síntese do Inquérito Policial

O presente procedimento investigativo de Polícia Judiciária teve início por intermédio de Portaria em virtude da *notitia criminis de cognição mediata* constante no Boletim de Ocorrência número [...]/2018, registrado na Central de Polícia Judiciária do Município, cujo conteúdo apresenta, em tese e em princípio, o crime de **invasão de dispositivo informático (artigo 154-A, § 3º do Código Penal)** contra a empresa [...].

No decorrer da investigação foi possível constatar que uma pessoa desconhecida teria invadido servidores da empresa, mediante violação dos dispositivos de segurança e obtido segredos industriais da empresa.

Também foi possível esclarecer que o investigado fazia parte de um grupo denominado "Irmandade das Inv[...]", localizado no endereço www.facebook.com/groups/irmandadedasinv[...] e, com a colaboração de outros membros, invadiu os servidores da empresa vítima e de outras empresas que não foram ainda identificadas.

As informações obtidas ilegalmente eram negociadas em grupos do Facebook e disponibilizadas para aqueles que pagassem, principalmente para empresas concorrentes.

Constou nos autos oitiva da representante da empresa [...], bem como de [...], que seria integrante do grupo e confirmou a participação do investigado nos fatos.

Frente ao exposto, considerando os elementos de informações preliminarmente coligidos ao longo deste inquérito policial, podemos concluir que existem *fundadas suspeitas* de que [...] praticou as infrações penais supra descritas.

Necessidade e Adequação da Infiltração Policial

Aprioristicamente, é mister consignar a necessidade da infiltração policial em razão da inexistência de outras medidas que permitam identificar outras vítimas do investigado e os coautores dos crimes em investigação.

Pelo que foi apurado até o presente momento, os integrantes do referido grupo praticaram o crime de invasão de dispositivo informático para obtenção de segredos industriais.

A viabilidade econômica das empresas vítimas estaria em risco, em razão dos crimes praticados pelos investigados, sob o véu do anonimato promovido pela rede mundial de computadores, sendo adequado que se realize a infiltração de policial no ambiente virtual para eficaz materialização do crime investigado.

A referida técnica especial de investigação terá o condão de inserir um policial no seio do grupo de criminosos para que ele promova a identificação deles e colete elementos capazes de comprovar os delitos perpetrados, evitando que continuem a delinquir.

Aspectos essenciais

De acordo com o planejamento prévio da infiltração, se deferida, o policial [...] ingressará no grupo da rede social Facebook denominado "Irmandade das Inv[...]", localizado no endereço www.facebook.com/groups/irmandadedasinv[...], sendo que, para isso, será utilizado celular número [...], adquirido para o fim de utilização em infiltração policial, vinculado a perfil de WhatsApp e ao perfil [...] do Facebook (www.facebook.com/ profile_id=1000089137786928[...]), bem como o e-mail [...].

Além disso, pretende-se utilizar documento de identidade fictício em nome de [...] e o apelido [...], com o intuito de robustecer a "estória-cobertura" utilizada para a infiltração.

Dentre as tarefas que serão executadas pelo policial, ele ingressará no grupo e manifestará interesse em realizar as invasões nos servidores das empresas para auferir vantagens econômicas decorrentes da obtenção de segredos industriais, sendo que a infiltração realizar-se-á no grupo em investigação e em eventuais grupos relacionados que passe a fazer parte no decorrer da infiltração.

Como estabelecido na Lei, todos os atos eletrônicos praticados durante a operação serão registrados, gravados, armazenados e encaminhados para Vossa Excelência e para o Ministério Público, juntamente com relatório circunstanciado.

Conclusão

Diante do exposto, considerando que se trata de crimes extremamente graves, e sendo imprescindível para a cabal apuração dos fatos, isto é, para findar as investigações de Polícia Judiciária, com fundamento no artigo 154-A, § 3º do Código Penal, a **POLÍCIA CIVIL DO ESTADO DE SÃO PAULO**, por intermédio do Delegado de Polícia subscritor, vem, respeitosamente, perante Vossa Excelência, após a oitiva do Ministério Público, **REPRESENTAR PELA INFILTRAÇÃO POLICIAL** no grupo da rede social Facebook denominado "Irmandade das Invasões de Empresas", localizado no endereço www.facebook.com/groups/irmandadedasinv[...], por noventa dias, sendo que, para isso, será utilizado celular número [...], adquirido para o fim de utilização em infiltração policial, vinculado a perfil de WhatsApp e ao perfil [...] do Facebook (www.facebook.com/profile_id=1000089137786928[...]), bem como o e-mail [...].

O subscritor também representa para que Vossa Excelência determine que o Instituto de Identificação "Ricardo Gumbleton Daunt" providencie documento de identidade fictício em nome de [...], para ser utilizado na infiltração e robustecer a "estória-cobertura" do policial civil, autorize o policial infiltrado a apreender documentos, celulares e outros objetos de interesse da investigação, bem como a realizar filmagens e escutas ambientais.[106]

O subscritor também representa para que determine que o Facebook encaminhe, por intermédio de sua plataforma eletrônica, todas as conversas instantâneas e mensagens que estejam armazenadas no perfil [...], que pertence ao investigado e está disponível no endereço www.facebook.com/profile_id=1000089137[...]).

Por fim, representa para que Vossa Excelência determine que, durante a infiltração policial, as operadoras de telefonia (VIVO/TELEFÔNICA, CLARO/EMBRATEL, TIM/INTELIG, NEXTEL e OI/TELEMAR/BRASIL TELECOM) forneçam senhas ao subscritor com a finalidade de permitir, em tempo real, pesquisa de dados cadastrais, IMEIs, histórico de ligações e Estações Rádio Base (ERBs) em seus bancos de dados.

A infiltração será realizada pelo policial [...] que utilizará o nome fictício [...], o apelido [...] e fará uso das ferramentas supra referidas.

[cidade], [dia] de [mês] de [ano].

[nome do Delegado de Polícia signatário]

DELEGADO DE POLÍCIA

---

[106] Como apontado anteriormente, o Facebook tem se recusado a apresentar conversas/mensagens e recomendado utilizar MLAT ou carta rogatória. Nestes casos recomenda-se comunicar ao Poder Judiciário sobre a recusa visando adoção de medidas pertinentes em desfavor da empresa.

Síntese

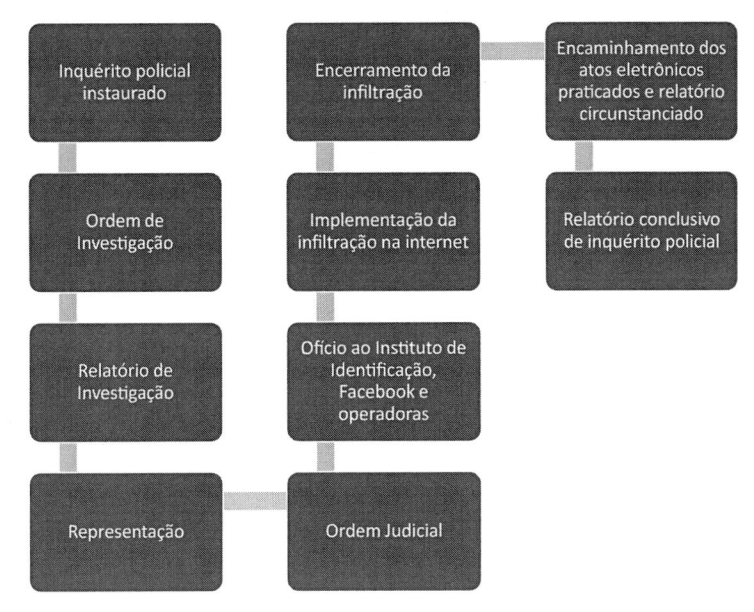

Figura 155 – Síntese da investigação criminal com o auxílio de infiltração policial

Modelo de representação oriunda da Polícia Civil visando obter autorização para infiltração policial em grupo do aplicativo Instagram

EXCELENTÍSSIMO SENHOR DOUTOR JUIZ DE DIREITO DA COMARCA DE [...]

A **POLÍCIA CIVIL DO ESTADO DE SÃO PAULO**, representada neste ato pelo Delegado de Polícia subscritor, que no uso de suas atribuições legais e regulamentares conferidas pelo artigo 144, §4º, da Constituição Federal, artigo 140, da Constituição Estadual Paulista, artigo 4º e seguintes do Código de Processo Penal Brasileiro, Portaria DGP-18/1998, sob as premissas da Lei nº 12.830/13 e demais dispositivos legais correlatos, respeitosamente reporta-se a Vossa Excelência ofertando a presente **REPRESENTAÇÃO PARA INFILTRAÇÃO POLICIAL NA INTERNET**, expondo, para tanto, seus substratos fáticos e jurídicos, bem como as medidas de Polícia Judiciária adotadas durante as investigações.

Estreita síntese do Inquérito Policial

O presente procedimento investigativo de Polícia Judiciária teve início por meio de Portaria em virtude da *notitia criminis de cognição mediata* constante no

Boletim de Ocorrência número [...]/2018, registrado na Central de Polícia Judiciária do Município, cujo conteúdo apresenta, em tese e em princípio, o crime de **vender imagens com pornografia infantil (artigo 241 do Estatuto da Criança e do Adolescente)** contra o investigado [...].

No decorrer da investigação foi possível constatar que [...] estava utilizando um perfil na rede social Instagram, com o nome [...], no endereço www.instagram.com/[...], para comercializar fotos de crianças e adolescentes mantendo relação sexual.

Em razão de observações no perfil do Instagram do investigado, constatou-se que outras pessoas acessavam o perfil dele para negociar a venda das imagens, sendo que, em apenas quatro dias, mais de trinta pessoas publicaram comentários no perfil do investigado.

Frente ao exposto, considerando os elementos de informações preliminarmente coligidos ao longo deste inquérito policial, podemos concluir que existem *fundadas suspeitas* de que [...] praticou a infração penal supra descrita.

Necessidade e Adequação da Infiltração Policial

Aprioristicamente, é mister consignar a necessidade da infiltração policial em razão da inexistência de outras medidas que permitam identificar outras vítimas do investigado e os coautores dos crimes em investigação.

A referida técnica especial de investigação terá o condão de inserir um policial no seio do grupo de criminosos para que ele promova a identificação deles e colete elementos capazes de comprovar os delitos perpetrados, evitando que continuem a delinquir.

A dignidade sexual de futuras vítimas é ameaçada se os investigados continuarem praticando seus delitos sob o véu do anonimato promovido pela rede mundial de computadores, sendo adequado que se realize a infiltração policial no ambiente virtual para eficaz materialização dos crimes investigados.

Aspectos essenciais

De acordo com o planejamento prévio da infiltração, se deferida, o policial [...] manterá contato com o perfil [...] do Instagram (www.instagram/[...]), utilizando-se do perfil [...] na mesma rede social (www.instagram/[...]). Além disso, utilizará o celular número [...], adquirido para o fim de utilização em infiltração policial, bem como utilizará o perfil [...] do Facebook (www.facebook.com/profile_id=1000089137786928[...]).

O policial infiltrado também utilizará documento de identidade fictício em nome de [...] e o apelido [...], com o intuito de robustecer a "estória-cobertura" utilizada para a infiltração.

Dentre as tarefas que serão executadas pelo policial, ele manifestará interesse em adquirir pornografia infantil, visando interagir com os outros criminosos, sendo que a infiltração envolverá manter contato com o investigado pelo perfil em investigação e eventualmente outras redes sociais.

Como estabelecido na Lei, todos os atos eletrônicos praticados durante a operação serão registrados, gravados, armazenados e encaminhados para Vossa Excelência e para o Ministério Público, juntamente com relatório circunstanciado.

Conclusão

Diante do exposto, considerando que se trata de crimes extremamente graves, e sendo imprescindível para a cabal apuração dos fatos, isto é, para findar as investigações de Polícia Judiciária, com fundamento no artigo 190-A do Estatuto da Criança e do Adolescente, a **POLÍCIA CIVIL DO ESTADO DE SÃO PAULO**, por intermédio do Delegado de Polícia subscritor, vem, respeitosamente, perante Vossa Excelência, após a oitiva do Ministério Público, **REPRESENTAR PELA INFILTRAÇÃO POLICIAL**, por noventa dias, na rede social Instagram, visando manter contato com o investigado e seus comparsas, que estariam comercializando imagens íntimas de crianças e adolescentes, sendo que, para isso, será utilizado celular número [...], adquirido para o fim de utilização em infiltração policial, vinculado a perfil de WhatsApp, ao perfil [...] do Facebook (www.facebook.com/ profile_id=1000089137786928[...]), ao perfil [...] do Instagram (www.instagram/[...]) e ao e-mail [...].

O subscritor também representa para que Vossa Excelência determine que o Instituto de Identificação "Ricardo Gumbleton Daunt" providencie documento de identidade fictício em nome de [...], para ser utilizado na infiltração e robustecer a "estória-cobertura" do policial civil, autorize o policial infiltrado a apreender documentos, celulares e outros objetos de interesse da investigação, bem como a realizar filmagens e escutas ambientais.

O subscritor também representa para que determine que o Instagram encaminhe, por intermédio de sua plataforma eletrônica, todas as conversas que estejam armazenadas no perfil [...], que pertence ao investigado e está disponível no endereço www.instagram.com/[...].[107]

---

[107] O Facebook e os Instagram se recusam a apresentar conversas/mensagens e recomendam utilizar MLAT ou carta rogatória. Nestes casos é necessário comunicar formalmente ao Poder

Por fim, representa para que Vossa Excelência determine que, durante a infiltração policial, as operadoras de telefonia (VIVO/TELEFÔNICA, CLARO/EMBRATEL, TIM/INTELIG, NEXTEL e OI/TELEMAR/BRASIL TELECOM) forneçam senhas ao subscritor com a finalidade de permitir, em tempo real, pesquisa de dados cadastrais, IMEIs, histórico de ligações e Estações Rádio Base (ERBs) em seus bancos de dados.

A infiltração será realizada pelo policial [...] que utilizará o nome fictício [...], o apelido [...] e fará uso das ferramentas supra referidas.

[cidade], [dia] de [mês] de [ano].

[nome do Delegado de Polícia signatário]

DELEGADO DE POLÍCIA

Síntese

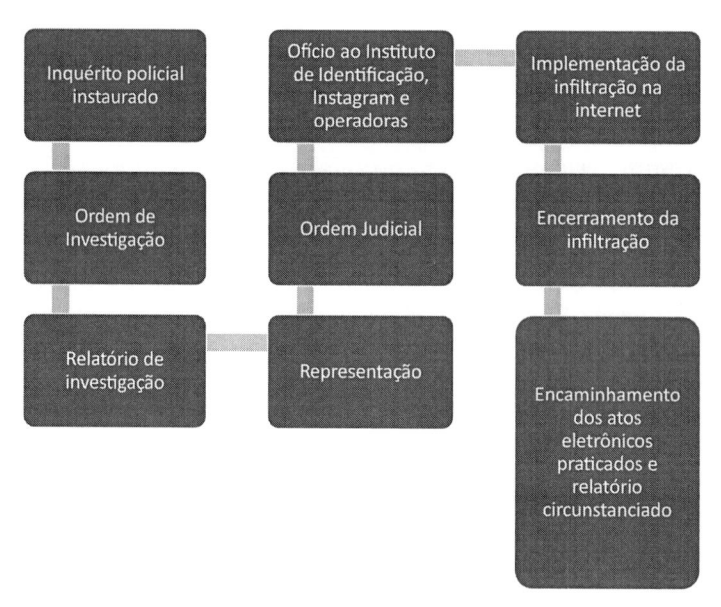

Figura 156 – Síntese da investigação criminal com o auxílio de infiltração policial

---

Judiciário sobre a recusa visando adoção de medidas pertinentes em desfavor da empresa.

Modelo de representação oriunda da Polícia Civil visando obter autorização para infiltração policial em grupo do aplicativo Telegram

EXCELENTÍSSIMO SENHOR DOUTOR JUIZ DE DIREITO DA COMARCA DE [...]

A **POLÍCIA CIVIL DO ESTADO DE SÃO PAULO**, representada neste ato pelo Delegado de Polícia subscritor, que no uso de suas atribuições legais e regulamentares conferidas pelo artigo 144, §4º, da Constituição Federal, artigo 140, da Constituição Estadual Paulista, artigo 4º e seguintes do Código de Processo Penal Brasileiro, Portaria DGP-18/1998, sob as premissas da Lei nº 12.830/13 e demais dispositivos legais correlatos, respeitosamente reporta-se a Vossa Excelência ofertando a presente **REPRESENTAÇÃO PARA INFILTRAÇÃO POLICIAL NA INTERNET**, expondo, para tanto, seus substratos fáticos e jurídicos, bem como as medidas de Polícia Judiciária adotadas durante as investigações.

Estreita síntese do Inquérito Policial

O presente procedimento investigativo de Polícia Judiciária teve início por intermédio de Portaria em virtude da *notitia criminis de cognição mediata* constante no Boletim de Ocorrência número [...]/2018, registrado na Central de Polícia Judiciária do Município, cujo conteúdo apresenta, em tese e em princípio, **o crime de aliciamento de criança com o fim de praticar com ela ato libidinoso (artigo 241-D do Estatuto da Criança e do Adolescente)** contra as vítimas [...] e [...].

Ao ser ouvida em declarações, a vítima [...], de 11 anos de idade, na companhia da genitora, confirmou as conversas mantidas com o investigado pelo aplicativo Telegram, tendo, inclusive, apresentado cópia das conversas (fls. [...]).

No mesmo sentido, foi a oitiva de [...], tendo ressaltado que, além do investigado, sua filha recebeu mensagens pelo Telegram de outras pessoas e que, em uma dessas conversas, foi informada sobre a utilização do Telegram por um grupo de pessoas motivadas em assediar crianças para realizar com elas atos libidinosos (fls. [...]).

O investigado utiliza o perfil com o nome [...] no Telegram, vinculado ao número de celular [...].

Frente ao exposto, considerando os elementos de informações preliminarmente coligidos ao longo deste inquérito policial, de maneira segura e objetiva, podemos concluir que existem *fundadas suspeitas* de que o investigado, que ainda não foi identificado, praticou a infração em investigação, bem como que tem utilizado a internet para a prática de crimes.

Necessidade e Adequação da Infiltração Policial

Aprioristicamente, é mister consignar a necessidade da infiltração policial em razão da inexistência de outras medidas que permitam identificar outras vítimas do investigado e os coautores dos crimes em investigação.

Pelo que foi apurado, seria necessário manter contato com o investigado e outros integrantes do grupo para promover a identificação dos envolvidos.

A referida técnica especial de investigação terá o condão de inserir um policial no seio do grupo de criminosos para que ele promova a identificação deles e colete elementos capazes de comprovar os delitos perpetrados, evitando que continuem a delinquir.

A dignidade sexual de futuras vítimas é ameaçada se os investigados continuarem praticando seus delitos sob o véu do anonimato promovido pela rede mundial de computadores, sendo adequado que se realize a infiltração policial no ambiente virtual para eficaz materialização dos crimes investigados.

Aspectos essenciais

De acordo com o planejamento prévio da infiltração, se deferida, o policial [...] passará a utilizar o aplicativo Telegram, vinculado ao celular número [...], para manter contato com o investigado e identificar ele e outros criminosos. Também utilizará o perfil [...] do Facebook (www.facebook.com/ profile_id=1000089137786928[...]) e documento de identidade fictício em nome de [...] e o apelido [...], com o intuito de robustecer a "estória-cobertura" utilizada para a infiltração.

Dentre as tarefas que serão executadas pelo policial, ele criará estratagemas para chamar a atenção do investigado, interagirá com ele e com outros criminosos.

Como estabelecido na Lei, todos os atos eletrônicos praticados durante a operação serão registrados, gravados, armazenados e encaminhados para Vossa Excelência e para o Ministério Público, juntamente com relatório circunstanciado.

Conclusão

Diante do exposto, considerando que se trata de crimes extremamente graves, e sendo imprescindível para a cabal apuração dos fatos, isto é, para findar as investigações de Polícia Judiciária, com fundamento no artigo 190-A do Estatuto da Criança e do Adolescente a **POLÍCIA CIVIL DO ESTADO DE SÃO PAULO**, por intermédio do Delegado de Polícia subscritor, vem, respeitosamente, perante Vossa Excelência, após a oitiva do Ministério Público, **REPRESENTAR PELA INFILTRAÇÃO POLICIAL** no aplicativo Telegram, por 90 dias, vinculado ao celular número [...], para manter contato com o investigado e identificar ele e outros criminosos. Também utilizará o perfil [...] do Facebook (www.facebook.com/profile_id=1000089137786928[...]).

O subscritor também representa para que Vossa Excelência determine que o Instituto de Identificação "Ricardo Gumbleton Daunt" providencie documento de identidade fictício em nome de [...] para ser utilizado na infiltração e que autorize o policial infiltrado a apreender documentos, celulares e outros objetos de interesse da investigação, bem como realizar filmagens e escutas ambientais, conforme as necessidades que surgirem.

Por fim, representa para que Vossa Excelência determine que, durante a infiltração policial, as operadoras de telefonia (VIVO/TELEFÔNICA, CLARO/EMBRATEL, TIM/INTELIG, NEXTEL e OI/TELEMAR/BRASIL TELECOM) forneçam senhas ao subscritor com a finalidade de permitir, em tempo real, pesquisa de dados cadastrais, IMEIs, histórico de ligações e Estações Rádio Base (ERBs) em seus bancos de dados.

A infiltração será realizada pelo policial [...] que utilizará o nome fictício [...], o apelido [...] e fará uso das ferramentas supra referidas.

[cidade], [dia] de [mês] de [ano].

[nome do Delegado de Polícia signatário]

DELEGADO DE POLÍCIA

Síntese

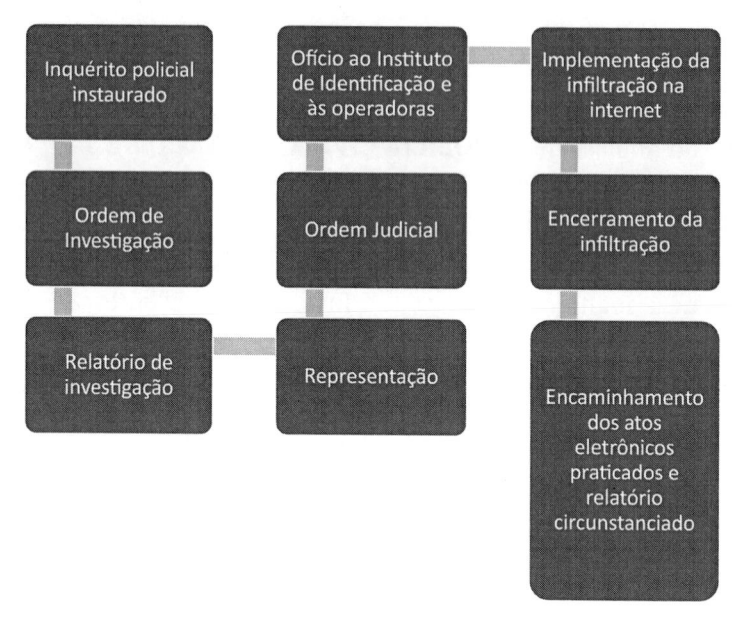

Figura 157 – Síntese da investigação criminal com o auxílio de infiltração policial

Fluxo: Inquérito policial instaurado → Ordem de Investigação → Relatório de investigação → Representação → Ordem Judicial → Ofício ao Instituto de Identificação e às operadoras → Implementação da infiltração na internet → Encerramento da infiltração → Encaminhamento dos atos eletrônicos praticados e relatório circunstanciado

Modelo de representação oriunda da Polícia Civil visando obter autorização para infiltração policial em sala de bate-papo frequentada por pessoa investigada pelo crime de estupro de vulnerável

EXCELENTÍSSIMO SENHOR DOUTOR JUIZ DE DIREITO DA COMARCA DE [...]

A **POLÍCIA CIVIL DO ESTADO DE SÃO PAULO**, representada neste ato pelo Delegado de Polícia subscritor, que no uso de suas atribuições legais e regulamentares conferidas pelo artigo 144, §4º, da Constituição Federal, artigo 140, da Constituição Estadual Paulista, artigo 4º e seguintes do Código de Processo Penal Brasileiro, Portaria DGP-18/1998, sob as premissas da Lei nº 12.830/13 e demais dispositivos legais correlatos, respeitosamente reporta-se a Vossa Excelência ofertando a presente **REPRESENTAÇÃO PARA INFILTRAÇÃO POLICIAL NA INTERNET**, expondo, para tanto, seus substratos fáticos e jurídicos, bem como as medidas de Polícia Judiciária adotadas durante as investigações.

Estreita síntese do Inquérito Policial

O presente procedimento investigativo de Polícia Judiciária teve início por intermédio de Portaria em virtude da *notitia criminis de cognição mediata* constante no Boletim de Ocorrência número [...]/2018, registrado na Central de Polícia Judiciária do Município, cujo conteúdo apresenta, em tese e em princípio, **o crime de estupro de vulnerável (artigo 217-A do Código Penal)** contra a vítima [...].

A vítima prestou declarações, juntamente com sua genitora, e informou que [...].

De acordo com sua genitora, as conversas mantidas entre o autor do estupro e sua filha foram armazenadas no computador, sendo que o investigado constantemente acessa a sala [...], do bate-papo [...], com o apelido [...]. Ele tem o hábito de publicar o seguinte anúncio: "procuro crianças que queiram ganhar dinheiro fácil. Basta mandar uma mensagem para o número [...], do aplicativo WhatsApp, dizendo que quer ganhar dinheiro fácil e passarei as instruções".

A imagem vinculada ao referido perfil do WhatsApp é de uma criança de pouco mais de 5 anos de idade nua.

Necessidade e Adequação da Infiltração Policial

Aprioristicamente, é mister consignar a necessidade da infiltração policial em razão da inexistência de outras medidas que permitam identificar outras vítimas do investigado e os coautores dos crimes em investigação.

Pelo que foi apurado, o investigado praticou estupro contra a criança, sendo que técnica especial de investigação denominada Infiltração terá o condão de inserir um policial no seio do grupo de criminosos para que ele promova a identificação dos seus autores e colete elementos capazes de comprovar os delitos perpetrados, evitando que continuem a delinquir.

A dignidade sexual de futuras vítimas é ameaçada se o investigado continuar praticando seus delitos sob o véu do anonimato promovido pela rede mundial de computadores, sendo adequado que se realize a infiltração policial no ambiente virtual para eficaz materialização dos crimes investigados.

Aspectos essenciais

De acordo com o planejamento prévio da infiltração, se deferida, o policial [...] ingressará na sala [...] do bate-papo [...] e manifestará interesses semelhantes aos do investigado, sendo que utilizará o WhatsApp, vinculado ao celular número [...], adquirido para o fim de utilização em infiltração policial, bem como utilizará o perfil [...] do Facebook (www.facebook.com/ profile_id=1000089137786928[...]).

Além disso, pretende-se utilizar documento de identidade fictício em nome de [...] e o apelido [...], com o intuito de robustecer a "estória-cobertura" utilizada para a infiltração.

Dentre as tarefas que serão executadas pelo policial, ele manifestará interesse de manter relação sexual com crianças, para interagir com os outros criminosos, sendo que a infiltração realizar-se-á na sala de bate-papo referida e em outras que passe a fazer parte no decorrer da infiltração.

Como estabelecido na Lei, todos os atos eletrônicos praticados durante a operação serão registrados, gravados, armazenados e encaminhados para Vossa Excelência e para o Ministério Público, juntamente com relatório circunstanciado.

Conclusão

Diante do exposto, considerando que se trata de crimes extremamente graves, e sendo imprescindível para a cabal apuração dos fatos, isto é, para findar as investigações de Polícia Judiciária, com fundamento no artigo 190-A do Estatuto da Criança e do Adolescente, a **POLÍCIA CIVIL DO ESTADO DE SÃO PAULO**, por intermédio do Delegado de Polícia subscritor, vem, respeitosamente, perante Vossa Excelência, após a oitiva do Ministério Público, **REPRESENTAR PELA INFILTRAÇÃO POLICIAL**, por noventa dias, na sala [...] do bate-papo [...] e manifestará interesses semelhantes aos do investigado, sendo que utilizará o WhatsApp, vinculado ao celular número [...], adquirido para o fim de utilização em infiltração policial, bem como utilizará o perfil [...] do Facebook (www.facebook.com/ profile_id=1000089137786928[...]).

O subscritor também representa para que Vossa Excelência determine que o Instituto de Identificação "Ricardo Gumbleton Daunt" providencie documento de identidade fictício em nome de [...], para ser utilizado na infiltração e robustecer a "estória-cobertura" do policial civil, autorize o policial infiltrado a apreender documentos, celulares e outros objetos de interesse da investigação, bem como a realizar filmagens e escutas ambientais.

Por fim, representa para que Vossa Excelência determine que, durante a infiltração policial, as operadoras de telefonia (VIVO/TELEFÔNICA, CLARO/EMBRATEL, TIM/INTELIG, NEXTEL e OI/TELEMAR/BRASIL TELECOM) forneçam senhas ao subscritor com a finalidade de permitir, em tempo real, pesquisa de dados cadastrais, IMEIs, histórico de ligações e Estações Rádio Base (ERBs) em seus bancos de dados.

A infiltração será realizada pelo policial [...], que utilizará o nome fictício [...], o apelido [...] e fará uso das ferramentas supra referidas.

[cidade], [dia] de [mês] de [ano].

[nome do Delegado de Polícia signatário]

DELEGADO DE POLÍCIA

Síntese

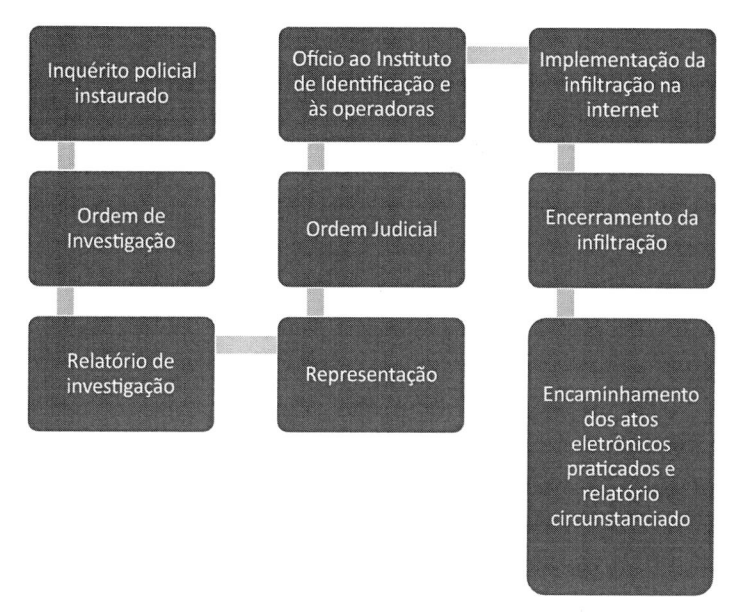

Figura 158 – Síntese da investigação criminal com o auxílio de infiltração policial

Modelo de representação visando renovar autorização para infiltração policial

EXCELENTÍSSIMO SENHOR DOUTOR JUIZ DE DIREITO DA COMARCA DE [...]

POLÍCIA CIVIL DO ESTADO DE SÃO PAULO, representada neste ato pelo Delegado de Polícia subscritor, que no uso de suas atribuições legais e regulamentares conferidas pelo artigo 144, §4º, da Constituição Federal, artigo 140, da Constituição Estadual Paulista, artigo 4º e seguintes do Código de Processo Penal Brasileiro, Portaria DGP-18/1998, sob as premissas da Lei nº 12.830/13 e demais dispositivos legais correlatos, respeitosamente reporta-se a Vossa Excelência ofertando a presente **REPRESENTAÇÃO VISANDO PRORROGAÇÃO DA INFILTRAÇÃO POLICIAL NA INTERNET**, expondo, para tanto, seus substratos fáticos e jurídicos, bem como as medidas de Polícia Judiciária adotadas durante as investigações.

Estreita síntese do Inquérito Policial

O presente procedimento investigativo de Polícia Judiciária teve início por intermédio de Portaria em virtude da *notitia criminis de cognição mediata* constante no Boletim de Ocorrência número [...]/2018, registrado na Central de Polícia Judiciária do Município, cujo conteúdo apresenta, em tese e em princípio, **os crimes de estupro de vulnerável, fotografar e/ou filmar pornografia infantil e compartilhar esse tipo de conteúdo (artigo 217-A do Código Penal e artigos 240 e 241-A do Estatuto da Criança e do Adolescente)** contra as vítimas [...] e [...].

Ao ser ouvida em declarações, a genitora da vítima [...], senhora [...], foi informada pela diretora do colégio [...] que fotos de uma pessoa realizando atos libidinosos com sua filha, de apenas onze anos de idade, teriam sido divulgadas em um grupo do WhatsApp denominado "Caiu na Net", que tem como membro [...], celular número [...], que aparece nas imagens praticando o crime contra sua filha.

Necessidade e Adequação da Infiltração Policial

Aprioristicamente, é mister consignar a necessidade da infiltração policial em razão da inexistência de outras medidas que permitam identificar outras vítimas do investigado e os coautores dos crimes em investigação.

Pelo que foi apurado, os integrantes do referido grupo praticam o crime de estupro de vulnerável contra as vítimas e disseminam as imagens dos abusos sexuais no referido grupo e provavelmente em outros grupos do WhatsApp ou outras redes sociais.

A referida técnica especial de investigação permitiu inserir um policial no seio do grupo de criminosos para que ele promovesse a identificação deles e coletasse elementos capazes de comprovar os delitos perpetrados.

Em razão da infiltração, até o presente momento foi possível a prisão em flagrante de três pessoas, conforme consta nos inquéritos policial [...], [...] e [...], em trâmite nesta Central de Polícia Judiciária, contudo, considera-se ainda adequado que se continue a infiltração para que outros investigados sejam identificados e punidos pelos crimes que estão praticando.

Diante do exposto, considerando que se trata de crimes extremamente graves, e sendo imprescindível para a cabal apuração dos fatos, isto é, para findar as investigações de Polícia Judiciária, com fundamento no artigo 190-A, inciso III, do Estatuto da Criança e do Adolescente, a **POLÍCIA CIVIL DO ESTADO DE SÃO PAULO**, por intermédio do Delegado de Polícia subscritor, vem, respeitosamente, perante Vossa Excelência, após a oitiva do Ministério Público, **REPRESENTAR PELA RENOVAÇÃO DA INFILTRAÇÃO POLICIAL POR MAIS 90 DIAS** no grupo do WhatsApp denominado "Caiu na Net", sendo que, para isso, continuará sendo utilizado o celular número [...], vinculado a perfil de WhatsApp e ao perfil [...] do Facebook (www.facebook.com/ profile_id=1000089137786928[...]).

[cidade], [dia] de [mês] de [ano].

[nome do Delegado de Polícia signatário]

DELEGADO DE POLÍCIA

Síntese

Figura 159 – Síntese da investigação criminal com o auxílio de infiltração policial

Modelo de relatório parcial da infiltração policial

EXCELENTÍSSIMO SENHOR DOUTOR JUIZ DE DIREITO DA COMARCA DE [...]

A **POLÍCIA CIVIL DO ESTADO DE SÃO PAULO**, representada neste ato pelo Delegado de Polícia subscritor, que no uso de suas atribuições legais e regulamentares conferidas pelo artigo 144, §4º, da Constituição Federal, artigo 140, da Constituição Estadual Paulista, artigo 4º e seguintes do Código de Processo Penal Brasileiro, Portaria DGP-18/1998, sob as premissas da Lei nº 12.830/13 e demais dispositivos legais correlatos, respeitosamente reporta-se a Vossa Excelência ofertando o presente **RELATÓRIO PARCIAL DE INFILTRAÇÃO POLICIAL NA INTERNET**, expondo, para tanto, seus substratos fáticos e jurídicos, bem como as medidas de Polícia Judiciária adotadas durante as investigações.

Estreita síntese do Inquérito Policial

O presente procedimento investigativo de Polícia Judiciária teve início por intermédio de Portaria em virtude da *notitia criminis de cognição mediata* constante no Boletim de Ocorrência número [...]/2018, registrado na Central de Polícia Judiciária do Município, cujo conteúdo apresenta, em tese e em princípio, **os crimes de estupro de vulnerável, fotografar e/ou filmar pornografia infantil e compartilhar esse tipo de conteúdo (artigo 217-A do Código Penal e artigos 240 e 241-A do Estatuto da Criança e do Adolescente)** contra as vítimas [...] e [...].

Durante a investigação foi possível tomar o depoimento das testemunhas [...], [...] e [...], sendo que, diante do teor das oitivas, demonstrou-se que o investigado tem praticado com habitualidade os crimes supra referidos.

Aspectos essenciais

Em razão da infiltração do policial [...] no grupo do WhatsApp denominado "Caiu na Net", o policial identificou conversas sobre crimes que estaria praticando, bem como houve identificação de outros comparsas que promoveram abusos sexuais contra crianças e divulgaram as imagens na rede mundial de computadores.

Outro acontecimento que chamou a atenção foi que, no dia [...], o investigado [...] convidou os integrantes do grupo a participarem de uma festa privada que realizar-se-á no rancho [...], localizado no [...], de propriedade do investigado e, na publicação, ele afirmou: "Contratei uma pessoa que levará quatro crianças na festa no rancho e cada participante poderá manter relação sexual com uma delas, desde que pague a quantia de mil reais para participar". Com isso se observa também o crime de favorecimento de prostituição de vulnerável, conforme estabelecido no artigo 218-B do Código Penal.

O policial encoberto demonstrou interesse em participar da festa e, após proceder com o pagamento do solicitado, recebeu o endereço do rancho, sendo que na data dos fatos será organizada uma atuação em campo dos policiais civis desta Central de Polícia Judiciária para promover a prisão dos investigados, contudo, considera-se ainda imprescindível a manutenção da infiltração do policial, para a identificação de outras pessoas, especialmente dos indivíduos que utilizam o apelido [...], número de celular [...] e o apelido [...], número de celular [...].

Quanto a esses dois investigados, informo também que foram realizadas pesquisas nos seus números de telefone visando obter os seus dados cadastrais, contudo os dados que foram obtidos não são verdadeiros.

Em razão da utilização das senhas para pesquisas de informações telefônicas oferecidas pelas operadoras, foi possível obter histórico com as ligações feitas e recebidas e as Estações Rádio Base vinculadas as ligações, contudo, em razão da grande quantidade de informações, estão ainda sendo analisadas pelos policiais civis.

[cidade], [dia] de [mês] de [ano].

[nome do Delegado de Polícia signatário]
DELEGADO DE POLÍCIA

Síntese

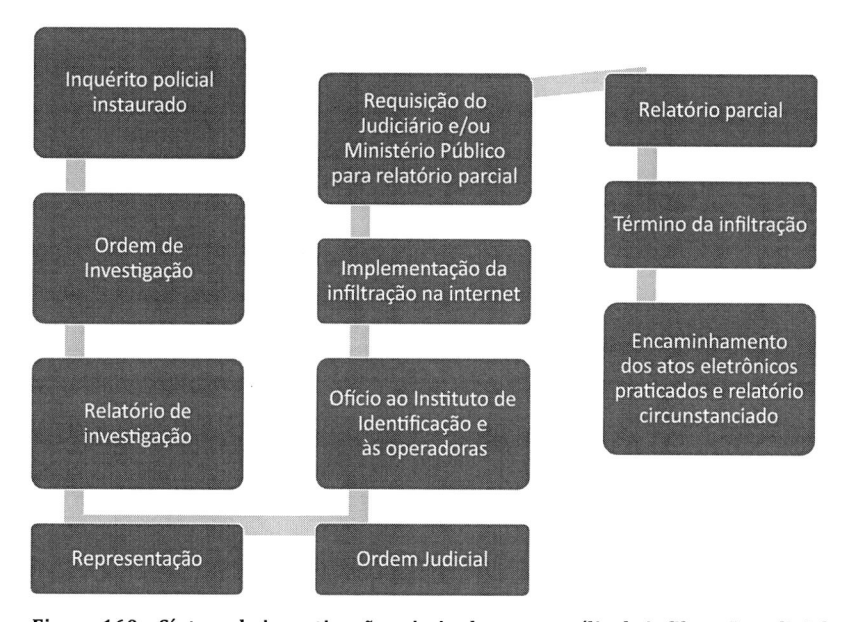

Figura 160 – Síntese da investigação criminal com o auxílio de infiltração policial

Modelo de relatório circunstanciado da infiltração policial – crimes contra a dignidade sexual de crianças e adolescentes

EXCELENTÍSSIMO SENHOR DOUTOR JUIZ DE DIREITO DA COMARCA DE [...]

A **POLÍCIA CIVIL DO ESTADO DE SÃO PAULO**, representada neste ato pelo Delegado de Polícia subscritor, que no uso de suas atribuições legais e regulamentares conferidas pelo artigo 144, §4º, da Constituição Federal, artigo 140, da Constituição Estadual Paulista, artigo 4º e seguintes do Código de Processo Penal Brasileiro, Portaria DGP-18/1998, sob as premissas da Lei nº 12.830/13 e demais dispositivos legais correlatos, respeitosamente reporta-se a Vossa Excelência ofertando o presente **RELATÓRIO CIRCUNSTANCIADO DE INFILTRAÇÃO POLICIAL NA INTERNET**, expondo, para tanto, seus substratos fáticos e jurídicos, bem como as medidas de Polícia Judiciária adotadas durante as investigações.

Estreita síntese do Inquérito Policial

O presente procedimento investigativo de Polícia Judiciária teve início por intermédio de Portaria em virtude da *notitia criminis de cognição mediata* constante no Boletim de Ocorrência número [...]/2018, registrado na Central de Polícia Judiciária do Município, cujo conteúdo apresenta, em tese e em princípio, **os crimes de estupro de vulnerável, fotografar e/ou filmar pornografia infantil e compartilhar esse tipo de conteúdo (artigo 217-A do Código Penal e artigos 240 e 241-A do Estatuto da Criança e do Adolescente)** contra as vítimas [...] e [...].

Durante a investigação foi possível tomar o depoimento das testemunhas [...], [...] e [...], sendo que, diante do teor das oitivas, demonstrou-se que o investigado tem praticado com habitualidade os crimes supra referidos.

Principais evidências obtidas durante a infiltração

Todos os atos eletrônicos realizados durante a infiltração policial foram registrados e constam na mídia não regravável que consta em anexo, contudo, considera-se importante apresentar as principais evidências obtidas durante a infiltração policial iniciada em [...] e encerrada em [...].

Nº	Data	Horário	Resumo
1	01/03/2018	01h32min	[...] publicou no grupo do WhatsApp, "Caiu na Net" informações sobre estupro de vulnerável e conversou pelo grupo com [...] e [...] que narraram fatos semelhantes.
2	01/03/2018	03h42min	[...] publicou no grupo [...] sobre a festa privada que estaria organizando, sendo que, na publicação, afirmou: "Contratei uma pessoa que levará quatro crianças na festa no rancho e cada participante poderá manter relação sexual com uma delas, desde que pague a quantia de mil reais para participar".
3	01/03/2018	07h23min	O policial encoberto demonstrou interesse em participar da festa e, após proceder o pagamento do solicitado, recebeu o endereço do rancho.
4	02/03/2018	22h11min	Atuação em campo do Grupo de Operações Especiais (GOE) da Polícia Civil do Estado de São Paulo prendeu [...], [...], [...], [...], [...] e [...], que estavam participando da festa, bem como identificou e devolveu para seus responsáveis as crianças [...], [...], [...] e [...], que eram mantidas em cárcere privado no local.
5	03/03/2018	17h53min	Os investigados [...] e [...], que conseguiram se evadir do local, enviaram mensagens no grupo do WhatsApp informando como conseguiram se evadir do rancho, bem como informaram a localização do hotel onde estavam homiziados.
6	04/03/2018	15h05min	Decretada a prisão preventiva de [...] e [...], procedeu-se atuação em campo que permitiu a prisão deles no hotel [...].
7	05/03/2018	12h49min	A vítima [...] passou a receber mensagens ameaçadoras de [...] que foi preso em flagrante após arrombar a porta da casa dela, desferir tiros em sua direção após ingressar no local em poder de um revólver e tentar se evadir no momento da chegada dos policiais. Minutos antes dos fatos ele enviou uma mensagem no referido grupo informando que iria: "resolver o problema com a vítima [...]."

Imagens relacionadas com as evidências supra apresentadas

Imagem nº 1 – Conversa publicada no grupo do WhatsApp

Imagem nº 2 – Conversa publicada no grupo do WhatsApp

Imagem nº 3 – Conversa publicada no grupo do WhatsApp

Imagem nº 4 – Festa privada ocorrida no rancho [...]

Imagem nº 5 – Conversa publicada no grupo do WhatsApp

Imagem nº 6 – Hotel onde foi realizada a prisão dos investigados [...] e [...]

Imagem nº 7 – Conversa publicada no grupo do WhatsApp

[cidade], [dia] de [mês] de [ano].

[nome do Delegado de Polícia signatário]

DELEGADO DE POLÍCIA

Síntese

```
Inquérito policial          Ofício ao Instituto         Implementação da
instaurado                  de Identificação e          infiltração na
                            às operadoras              internet

Ordem de                    Ordem Judicial             Encerramento da
Investigação                                           infiltração

Relatório de                Representação              Encaminhamento
investigação                                           dos atos
                                                       eletrônicos
                                                       praticados e
                                                       relatório
                                                       circunstanciado
```

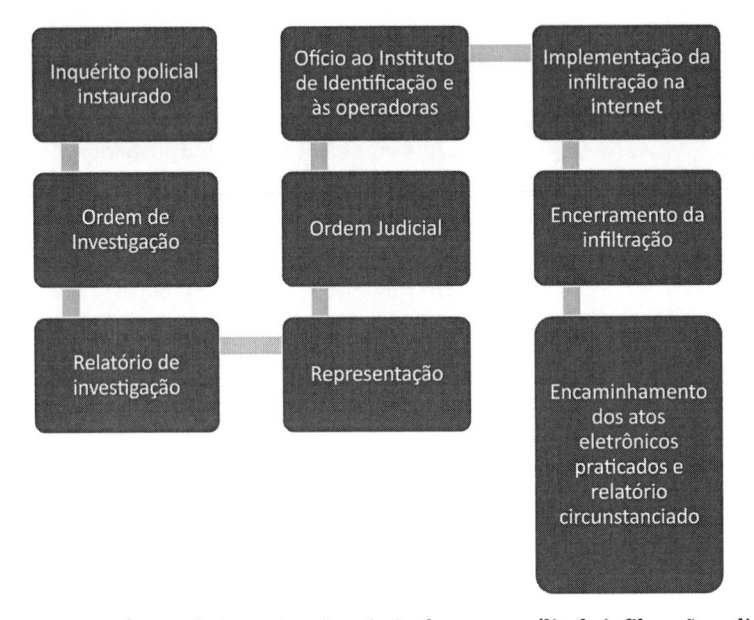

Figura 161 – Síntese da investigação criminal com o auxílio de infiltração policial

Modelo de relatório circunstanciado da infiltração policial – crime de invasão de dispositivo informático

EXCELENTÍSSIMO SENHOR DOUTOR JUIZ DE DIREITO DA COMARCA DE [...]

A **POLÍCIA CIVIL DO ESTADO DE SÃO PAULO**, representada neste ato pelo Delegado de Polícia subscritor, que no uso de suas atribuições legais e regulamentares conferidas pelo artigo 144, §4º, da Constituição Federal, artigo 140, da Constituição Estadual Paulista, artigo 4º e seguintes do Código de Processo Penal Brasileiro, Portaria DGP-18/1998, sob as premissas da Lei nº 12.830/13 e demais dispositivos legais correlatos, respeitosamente reporta-se a Vossa Excelência ofertando o presente **RELATÓRIO CIRCUNSTANCIADO DE INFILTRAÇÃO POLICIAL NA INTERNET**, expondo, para tanto, seus substratos fáticos e jurídicos, bem como as medidas de Polícia Judiciária adotadas durante as investigações.

Estreita síntese do Inquérito Policial

O presente procedimento investigativo de Polícia Judiciária teve início por intermédio de Portaria em virtude da *notitia criminis de cognição mediata* constante no Boletim de Ocorrência número [...]/2018, registrado na Central de Polícia Judiciária do Município, cujo conteúdo apresenta, em tese e em princípio, **o crime de invasão de dispositivo informático (artigo 154-A do Código Penal)** contra as vítimas [...], [...] e outras desconhecidas.

Durante a investigação foi possível tomar o depoimento das testemunhas [...] e [...] e das testemunhas [...], [...] e [...], sendo que, diante do teor das oitivas, demonstrou-se que os investigados têm praticado com habitualidade o crime de invasão de dispositivo informático.

Principais evidências obtidas durante a infiltração

Todos os atos eletrônicos realizados durante a infiltração policial foram registrados e constam na mídia não regravável que consta em anexo, contudo, considera-se importante apresentar as principais evidências obtidas durante a infiltração policial iniciada em [...] e encerrada em [...].

Nº	Data	Horário	Resumo
1	05/04/2018	09h11min	[...] publicou no grupo do WhatsApp, "Mundo Cracker", que estavam realizando invasões a servidores de grandes redes de supermercados, criptografando os arquivos armazenados nos servidores, incluindo os dados de clientes e fornecedores e solicitando dinheiro para informar a chave criptográfica. O investigado afirmava que precisa de mais pessoas para colaborar, sendo que o infiltrado se manifestou no sentido de fazer parte da empreitada criminosa, além de outros integrantes do grupo. Cabe esclarecer que houve a infiltração no grupo, pois os policiais civis tinham conhecimento de que estava sendo utilizado para reunir autores de diversos crimes patrimoniais e de invasão de computadores para planejar suas ações.
2	05/04/2018	13h24min	[...] informou que precisava de pelo menos 25 contas bancárias para receber parte do valor que estavam obtendo com os crimes, bem como informou que pagaria cinquenta reais por cada documento de identidade verdadeiro encaminhado para ele, pois seria utilizado nas fraudes e na abertura de novas contas bancárias. Foi possível constatar que na data dos fatos o investigado adquiriu aproximadamente 20 documentos, sendo que [...] e [...] participaram ativamente da ação, inclusive os endereços de suas residências foram utilizados para receber os documentos.

Nº	Data	Horário	Resumo
3	05/04/2018	10h23min	O policial encoberto manteve contato com [...] por telefone e tomou conhecimento de que estava escondido em uma propriedade rural na cidade de [...] e foi convidado a auxiliar realizando saques em caixas eletrônicos apontados por ele. O investigado [...], juntamente com mais quatro comparsas, realizava os saques simultaneamente para evitar que o dinheiro pudesse ser bloqueado pela vítima.
4	07/04/2018	09h11min	Na referida ocasião, enquanto estavam realizando os saques, juntamente com [...], [...], [...] e [...], houve atuação em campo do Grupo de Operações Especiais (GOE) da Polícia Civil do Estado de São Paulo, que prendeu [...], [...], [...], [...], [...] e [...] em flagrante delito. No momento que os policiais chegaram, [...], que estava em um veículo na parte externa da agência bancária, mandou mensagem no grupo que algo estranho estava ocorrendo e que pareciam policiais as pessoas que estavam chegando no local.
5	07/04/2018	11h53min	Os investigados [...] e [...], que faziam parte do grupo, não participaram dos saques nos caixas eletrônicos na ocasião da prisão e continuaram na empreitada criminosa. Eles contataram a empresa [...], que aceitou o pedido de R$ [...] para poder voltar a usar os servidores da empresa, contudo, em razão de não terem mais contas bancárias disponíveis para receber o dinheiro, foram ao local para receber o valor solicitado, sendo que o policial civil encoberto, ao ler a publicação deles no grupo, comunicou ao GOE, que prendeu os investigados em flagrante delito.
6	15/04/2018	14h21min	Decretada a prisão preventiva dos investigados, [...] se manifestou no sentido de realizar colaboração premiada que permitiu a identificação dos funcionários da agência bancária [...], na cidade de [...], que auxiliava o grupo.

Imagens relacionadas com as evidências supra apresentadas

Imagem nº 1 – Conversa publicada no grupo do WhatsApp

Imagem nº 2 – Conversa publicada no grupo do WhatsApp

Imagem nº 3 – Conversa publicada no grupo do WhatsApp

Imagem nº 4 – Conversa publicada no grupo do WhatsApp

Imagem nº 5 – Conversa publicada no grupo do WhatsApp

Imagem nº 6 – Cópia do interrogatório do investigado

[cidade], [dia] de [mês] de [ano].

[nome do Delegado de Polícia signatário]
DELEGADO DE POLÍCIA

Síntese

Figura 162 – Síntese da investigação criminal com o auxílio de infiltração policial

Modelo de requerimento oriundo do Ministério Público Estadual visando obter autorização judicial para infiltração policial na internet[108]

EXCELENTÍSSIMO SENHOR DOUTOR JUIZ DE DIREITO DA COMARCA DE [...]

O Ministério Público do Estado de [...], por seu órgão de execução que esta subscreve, vem, respeitosamente perante Vossa Excelência, com fundamento no art. 190-A e ss. do Estatuto da Criança e do Adolescente, requerer **INFILTRAÇÃO DE AGENTES DE POLÍCIA NA INTERNET** pelos motivos de fatos e de direito a seguir descritos.

O presente inquérito policial foi instaurado para apurar os crimes previstos nos artigos 240, 241, 241-A, 241-B, 241-C e 241-D desta Lei e nos arts. 154-A, 217-A, 218, 218-A e 218-B do Código Penal.

[...]

---

[108] Modelo elaborado pelo promotor de justiça André de Freitas Paolinetti Losasso, do Ministério Público do Estado de São Paulo.

Conforme se observa, realizadas diligências pela d. autoridade policial, juntaram-se aos autos elementos de prova dos crimes, mas, no presente momento, imprescindível à continuidade das investigações seja deferida a infiltração de agentes de polícia na internet, pois **esgotados os meios disponíveis à polícia judiciária para cabal apuração dos fatos.**

Dispõe o art. 190-A do Estatuto da Criança e do Adolescente:

> *Art. 190-A. A infiltração de agentes de polícia na internet com o fim de investigar os crimes previstos nos arts. 240, 241, 241-A, 241-B, 241-C e 241-D desta Lei e nos arts. 154-A, 217-A, 218, 218-A e 218-B do Decreto-Lei nº 2.848, de 7 de dezembro de 1940 (Código Penal), obedecerá às seguintes regras:*
>
> *I – será precedida de autorização judicial devidamente circunstanciada e fundamentada, que estabelecerá os limites da infiltração para obtenção de prova, ouvido o Ministério Público;*
>
> *II – dar-se-á mediante requerimento do Ministério Público ou representação de delegado de polícia e conterá a demonstração de sua necessidade, o alcance das tarefas dos policiais, os nomes ou apelidos das pessoas investigadas e, quando possível, os dados de conexão ou cadastrais que permitam a identificação dessas pessoas;*
>
> *[...].*

Impõe-se consignar a **inexistência de outras medidas** que permitam identificar outras vítimas do investigado e os coautores dos crimes em investigação. Neste aspecto, apurou-se que os integrantes do referido grupo praticam o crime de estupro de vulnerável contra as vítimas e disseminam as imagens dos abusos sexuais no referido grupo e provavelmente em outros grupos do WhatsApp ou outras redes sociais.

Destarte, a referida técnica especial de investigação terá o condão de inserir um policial no seio do grupo de criminosos para que ele promova a identificação deles e colete elementos capazes de comprovar os delitos perpetrados.

Em relação ao **alcance das tarefas dos policiais**, anoto por oportuno que, de acordo com o planejamento prévio da infiltração, se deferida, o policial [...] ingressará no grupo do WhatsApp denominado "Caiu na Net", utilizando-se de cadastro no referido aplicativo, com o celular número [...], adquirido para o fim de utilização em infiltração policial, bem como utilizará o perfil [...] do Facebook (www.facebook.com/ profile_id=10000891377869288[...]).

Além disso, pretende-se utilizar documento de identidade fictício em nome de [...] e o apelido [...], com o intuito de robustecer a "história cobertura" utilizada para a infiltração.

Dentre as tarefas que serão executadas pelo policial, ele manifestará interesse de manter relação sexual com crianças, para interagir com os outros criminosos. A infiltração realizar-se-á no grupo em investigação e em eventuais grupos relacionados que passem a fazer parte no decorrer da infiltração.

Como estabelecido na Lei, todos os atos eletrônicos praticados durante a operação deverão ser registrados, gravados, armazenados e encaminhados para Vossa Excelência e ao Ministério Público, juntamente com relatório circunstanciado.

Posto isso, com fundamento no artigo 190-A do Estatuto da Criança e do Adolescente, o Ministério Público requer:

a) seja deferida **infiltração de agentes de polícia na internet**, no grupo do WhatsApp denominado "Caiu na Net", pelo prazo inicial de noventa dias, prorrogável mediante demonstração da efetiva necessidade.

Para isso, informa que será utilizado celular número [...], adquirido para o fim de utilização em infiltração policial, vinculado ao perfil de WhatsApp e ao perfil [...] do Facebook (www.facebook.com/ profile_id=10000891377869288[...]).

A infiltração será realizada pelo policial [...], que utilizará o nome fictício [...], o apelido [...] e fará uso das ferramentas supra referidas.

b) **seja determinado ao órgão de registro e cadastro público do Estado de ____ providencie documento de identidade fictício em nome de [...] para ser utilizado na infiltração, com fundamento no art. 190-D do Estatuto da Criança e do Adolescente**.

c) **seja decretado o sigilo dos autos**, com fundamento no art. 190-B do Estatuto da Criança e do Adolescente.

[cidade], [dia] de [mês] de [ano].

[nome do Promotor de Justiça signatário]

PROMOTOR DE JUSTIÇA

Síntese

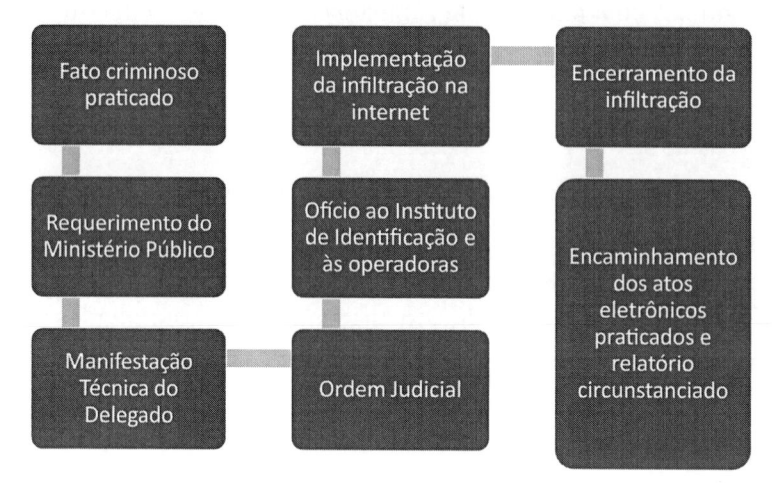

Figura 163 – Síntese da investigação criminal com o auxílio de infiltração policial

Modelo de manifestação técnica do Delegado de Polícia

EXCELENTÍSSIMO SENHOR DOUTOR JUIZ DE DIREITO DA COMARCA DE [...]

Autos nº: [...]

Interessado: [...]

Assunto: Requerimento de Infiltração

A **POLÍCIA CIVIL DO ESTADO DE SÃO PAULO**, representada neste ato pelo Delegado de Polícia subscritor, que no uso de suas atribuições legais e regulamentares conferidas pelo artigo 144, §4º, da Constituição Federal, artigo 140, da Constituição Estadual Paulista, artigo 4º e seguintes do Código de Processo Penal Brasileiro, Portaria DGP-18/1998, sob as premissas da Lei nº 12.830/13 e demais dispositivos legais correlatos, respeitosamente reporta-se a Vossa Excelência ofertando a presente **MANIFESTAÇÃO TÉCNICA SOBRE INFILTRAÇÃO POLICIAL NA INTERNET**, que foi requerida pelo ínclito membro do Ministério Público do Estado de São Paulo.

Pelo que constou nos autos se vislumbra que, em tese e em princípio, os investigados praticaram o crime de favorecimento da prostituição de criança e/ou adolescente **(artigo 218-B do Código Penal)** contra vítimas ainda desconhecidas.

Os investigados, utilizando-se de perfil da rede social Twitter, com o nome [...] e endereço https://twitter.com/[...], estariam utilizando a rede social para divulgar números de celular das crianças e adolescentes da cidade de [...] que estariam se prostituindo.

A medida é necessária para identificar os autores e supostos clientes que estejam explorando sexualmente as vítimas, materializar os crimes por eles perpetrados, bem como identificar as suas vítimas.

Frente ao exposto, considerando os elementos de informações preliminarmente coligidos, é possível concluir que existem *fundadas suspeitas* que o perfil apontado nos autos é utilizado na prática dos crimes em apuração e também se nota a inexistência de outras medidas que permitam a eficaz apuração dos fatos, sendo necessário que se realizem a infiltração de policial no ambiente virtual e todas as medidas correlatas, para a eficaz materialização do crime investigado.

[cidade], [dia] de [mês] de [ano].

[nome do Delegado de Polícia signatário]

DELEGADO DE POLÍCIA

Síntese

Figura 164 – Síntese da investigação criminal com o auxílio de infiltração policial, contendo manifestação técnica do delegado de polícia

Representações relacionadas com lavagem de dinheiro

Modelo de representação para afastamento de sigilo bancário[109]

Considerando a dificuldade operacional de processar e analisar os pedidos de afastamento de sigilo bancário, dentre outros além da massa de dados comumente relacionada à lavagem de dinheiro, foi constituído, no DEPARTAMENTO DE INTELIGÊNCIA POLICIAL, o LABORATÓRIO DE TECNOLOGIA CONTRA LAVAGEM DE DINHEIRO (LAB-LD) da POLÍCIA CIVIL DO ESTADO DE SÃO PAULO, unidade de inteligência financeira em acordo de cooperação técnica com a União que, dentre outras atribuições, processa todos os dados bancários objeto de apuração pela POLÍCIA CIVIL DO ESTADO DE SÃO PAULO, desde que as informações sejam encaminhadas no formato tecnológico adequado, que já é de conhecimento das principais instituições bancárias estabelecidas no país, qual seja, no leiaute estabelecido pelo Banco Central, sejam os dados transmitidos eletronicamente por meio do Sistema de Investigação das Movimentações Bancárias (SIMBA).

Assim, a partir do momento em que se verificou a necessidade de se obter o afastamento do sigilo bancário de alguns investigados, foi protocolado no LAB-LD o Pedido de Cooperação Técnica que recebeu o número 018-PCSP-000XXX-XX.

A metodologia operacional para análise dos dados bancários encontra-se devidamente descrita no Memorando de Instrução - MI 001 - PCSP/DIPOL/LAB-LD, disponível no endereço eletrônico <https://www.simba.policiacivil.sp.gov.br>.

Desta forma, requer a POLÍCIA CIVIL DO ESTADO DE SÃO PAULO, com fulcro na Lei Complementar nº 105/2001, a decretação do afastamento do sigilo bancário de todas as contas de depósitos, contas de poupança, contas de investimento e outros bens, direitos e valores mantidos em instituições financeiras pelas pessoas físicas e jurídicas a seguir relacionadas, no período também informado no quadro a seguir, sendo sugerido o prazo de trinta dias, a contar da comunicação do Banco Central às instituições financeiras, para que estas cumpram a determinação:

---

[109] Modelo elaborado pelo delegado de polícia Robinson Fernandes, da Polícia Civil do Estado de São Paulo.

	Nome	CPF/CNPJ	Período de afastamento
1			
2			
3			
4			

[constar aqui a autoridade policial a fundamentação de fato e de direito]

Caso o afastamento do sigilo bancário seja deferido por Vossa Excelência, requer seja preliminarmente cientificado o LAB-LD pelo cartório judicial para fins de acompanhamento, preferencialmente por e-mail internet [inserir e-mail do LAB-LD do seu Estado/Instituição] e, concomitantemente que seja oficiado ao Banco Central do Brasil por meio eletrônico com mecanismo de autenticação eletrônica ou pelo Bacen Jud, ou, ainda, em último caso se inviável a remessa eletrônica do ofício por parte do Cartório Judicial, que seja feita por meio impresso ao endereço:

BANCO CENTRAL DO BRASIL (SIGILOSO)

Departamento de Relacionamento Institucional e Assuntos Parlamentares (ASPAR)

Gerência de Atendimento aos Poderes Constituídos (GATPC)

SBS, Quadra 3, Bloco B, Edifício Sede, 15º andar

CEP 70074-900 – Brasília - DF

para que:

I - Efetue pesquisa no Cadastro de Clientes do Sistema Financeiro Nacional (CCS) com o intuito de comunicar exclusivamente às instituições financeiras com as quais os investigados têm ou tiveram relacionamentos no período do afastamento do sigilo bancário, acelerando, assim, a obtenção dos dados junto a tais entidades.

II - Transmita em 10 dias ao LABORATÓRIO DE TECNOLOGIA CONTRA LAVAGEM DE DINHEIRO – LAB-LD da POLÍCIA CIVIL DO ESTADO DE SÃO PAULO, observando o modelo de leiaute e o programa de validação e transmissão previstos no endereço eletrônico <https://www.simba.policiacivil.sp.gov.br>, todos os relacionamentos dos investigados obtidos no CCS, tais como contas correntes, contas de poupança e outros tipos de contas (inclusive nos casos em que o investigado apareça como cotitular, representante, responsável ou procurador), bem como as aplicações financeiras, informações referentes a cartões de crédito e outros produtos existentes junto às instituições financeiras, atentando-se para que o campo "Número de Caso" seja preenchido com a seguinte referência: 018-PCSP-000XXX-XX.

III - Comunique imediatamente às instituições financeiras o inteiro teor da decisão judicial e de todos os itens desta representação, de forma que os dados bancários dos investigados sejam transmitidos diretamente ao LABORATÓRIO DE TECNOLOGIA CONTRA LAVAGEM DE DINHEIRO – LAB-LD DA POLÍCIA CIVIL DO ESTADO DE SÃO PAULO, no prazo máximo de sessenta dias, primando-se pela transmissão em trinta dias e, caso necessária a superação daquele prazo de sessenta dias, solicitando-se dilação a este LAB-LD, conforme modelo de leiaute estabelecido pelo Banco Central na Carta-Circular nº 3.454, de 14 de junho de 2010, e determinado às autoridades judiciárias pela Corregedoria Nacional de Justiça por meio da Instrução Normativa nº 03, de 09 de agosto de 2010.

IV – Comunique, ainda, que as instituições financeiras, com base nas Cartas Circulares BCB nº 3.290, de 05 de setembro de 2005, nº 3.461, de 24 de julho de 2009 e nº 3.517, de 07 de dezembro de 2010, deverão informar dados de origem e destino (CPF/CNPJ, nome, banco, agência e conta) de movimentações eletrônicas, incluindo cheques, saques, depósitos e quaisquer tipos de transferência de valores, inclusive aquelas efetuadas mediante cheque, cheque administrativo, cheque ordem de pagamento e outros documentos compensáveis da mesma natureza, além do respectivo número do documento bancário (número do cheque, da transferência, etc.) e demais informações que as instituições estão obrigadas a manter em seus arquivos.

V – Informe às instituições financeiras que o campo "Número de Cooperação Técnica" ou "Número do Caso" seja preenchido com a seguinte referência: 018-PCSP-000XXX-XX e que os dados bancários dos investigados sejam submetidos à validação e transmissão descritos no arquivo MI 001 – Leiaute de Sigilo Bancário, disponível no endereço eletrônico <https://www.simba.policiacivil.sp.gov.br>, por meio dos programas "VALIDADOR BANCÁRIO SIMBA" e "TRANSMISSOR BANCÁRIO SIMBA", enviando o comprovante de transmissão ao endereço de e-mail <xxx@policiacivil.xx.gov.br> [inserir e-mail do LAB-LD do seu Estado/Instituição]

VI – Determine ainda que as mesmas instituições financeiras, fazendo menção ao número de Caso SIMBA aqui citado, transmitam as informações cadastrais, procurações e informações de cartões de crédito (faturas) sob a gestão, relacionadas ao mesmo período e investigados relacionados, para o e-mail <xxx@policiacivil.xx.gov.br> [inserir e-mail do LAB-LD do seu Estado/Instituição] no prazo máximo de sessenta dias, primando-se pela transmissão em trinta dias e, caso necessária a superação daquele prazo de sessenta dias, solicitando-se dilação a este LAB-LD.

VII – Em caso de dúvidas, o endereço eletrônico para contato com o LABORATÓRIO DE TECNOLOGIA CONTRA LAVAGEM DE DINHEIRO – LAB-LD da POLÍCIA CIVIL DO ESTADO DE SÃO PAULO é <xxx@policiacivil.xx.gov.br> [inserir e-mail do LAB-LD do seu Estado/Instituição] e para correspondências o endereço do LAB-LD é o seguinte: [...].

É o que trazemos ao conhecimento do Vossa Excelência.

Respeitosamente,

[nome do Delegado de Polícia signatário]

Delegado de Polícia

Modelo de representação para afastamento de sigilo fiscal[110]

Considerando a dificuldade operacional de processar e analisar os pedidos de afastamento de sigilo fiscal, dentre outros além da massa de dados comumente relacionada à lavagem de dinheiro, foi constituído, no DEPARTAMENTO DE INTELIGÊNCIA POLICIAL, o LABORATÓRIO DE TECNOLOGIA CONTRA LAVAGEM DE DINHEIRO (LAB-LD), unidade de inteligência financeira em acordo de cooperação técnica com a União que, dentre outras atribuições, processa todos os dados fiscais objeto de apuração pela POLÍCIA CIVIL DO ESTADO DE SÃO PAULO, desde que as informações sejam encaminhadas no formato tecnológico adequado.

Assim, necessário se faz usualmente, ao menos, a obtenção dos dados decorrentes de afastamento de sigilo bancário e fiscal a fim de se cotejar com as informações de movimentações financeiras suspeitas, renda auferida, bens, valores possuídos, dentre outros dados.

Por essas razões foi realizado Pedido de Cooperação Técnica SIMBA para a obtenção das movimentações bancárias, o qual recebeu o número 018-PCSP-0000XX-XX. (obs.: constar este parágrafo apenas se houve pedido de SIMBA).

---

[110] Modelo elaborado pelo delegado de polícia Robinson Fernandes, da Polícia Civil do Estado de São Paulo.

Pelo momento, ainda indisponível no Brasil sistema que recepcione os dados decorrentes do afastamento de sigilo fiscal eletronicamente, tal qual o SIMBA está para os afastamentos de sigilo bancário, ainda em desenvolvimento sistema equivalente que, pelo que se sabe, possivelmente viria a receber a nomenclatura SIFISCO.

Todavia, forçoso reconhecer as dificuldades e inconveniência de processar e analisar dados decorrentes de afastamento de sigilo fiscal por meio físico, em papel, sem falar na demora, em típica afronta ao princípio constitucional da razoável duração do processo previsto no inciso LXXVIII do artigo 5º da Constituição Federal.

Nessa linha, andou bem o legislador pátrio ao estabelecer. acerca dos dados dessa natureza, que "os encaminhamentos das instituições financeiras e tributárias em resposta às ordens judiciais de quebra ou transferência de sigilo deverão ser, sempre que determinado, em meio informático, e apresentados em arquivos que possibilitem a migração de informações para os autos do processo sem redigitação", conforme estabelece o artigo 17-C da Lei nº 9.613/98 alterada pelo Lei nº 12.683/2012.

Desta forma, requer a POLÍCIA CIVIL DO ESTADO DE SÃO PAULO, com fulcro no artigo 198 e demais disposições da Lei nº 5.172/1966, o Código Tributário Nacional, no artigo 5º e demais disposições relacionadas da Constituição Federal, e no artigo 17-C da Lei nº 9.613/98 alterada pelo Lei nº 12.683/2012, a decretação do afastamento do sigilo fiscal de todos os investigados e período a seguir relacionados, sob manejo da Receita Federal do Brasil pelas razões posteriormente expostas:

Nome	CPF/CNPJ	Período de afastamento (ano-calendário)

[constar aqui a autoridade policial a fundamentação de fato e de direito]

Caso o afastamento do sigilo fiscal seja deferido por Vossa Excelência, requer seja preliminarmente cientificado o LAB-LD pelo cartório judicial fazendo-se menção ao número do Pedido de Cooperação Técnica SIMBA como referência, se existente, para fins de acompanhamento, preferencialmente pelo e-mail <xxx@policiacivil.xx.gov.br> [inserir e-mail do LAB-LD do seu Estado/Instituição] e, concomitantemente, que seja oficiado à Receita Federal para que:

I - Efetue pesquisas no banco de dados, na plenitude, sobre todos os dados fiscais de posse da Receita, para todos os investigados, pela SUPERINTENDÊNCIA DA RECEITA FEDERAL DE SÃO PAULO – 8ª REGIÃO, A/C da CHEFIA DA DIVISÃO DE TECNOLOGIA – DITEC, situada à Av. Prestes Maia, nº 733, 9º andar, Luz (Centro), CEP 01031-001, São Paulo, SP, independentemente da Unidade Administrativa de origem de emissão ou gestão do CPF ou CNPJ dos relacionados, evitando-se a redistribuição ou redirecionamento da ordem judicial para outros estados ou outras unidades administrativas, em prol da celeridade requerida e em face da viabilidade de atendimento.

II – Encaminhe a Receita Federal no prazo máximo de sessenta dias, do recebimento da ordem judicial, primando-se pela difusão em trinta dias e, caso necessária a superação daquele prazo de sessenta dias, solicitando-se dilação a este LAB-LD, para o LABORATÓRIO DE TECNOLOGIA CONTRA LAVAGEM DE DINHEIRO do DEPARTAMENTO DE INTELIGÊNCIA POLICIAL – LAB-LD, situado à Rua Brigadeiro Tobias, 527, 15º andar, sala 1518 (Cartório do LAB-LD), Luz, São Paulo, SP, CEP 01032-902, tendo como Destinatário/Responsável e gestor da recepção dos dados decorrentes de afastamento judicial do sigilo fiscal: [...], Delegado de Polícia Coordenador, POR MEIO DE MÍDIA DIGITAL CD, DVD ou equivalente, em arquivos: 1) PDF e 2) MDB, TODAS as informações fiscais tais quais presentes na base de dados da Receita Federal e também as declaradas pelo contribuinte, fazendo-se menção ao número do Pedido de Cooperação Técnica SIMBA como referência, se existente e presente neste requerimento, tomando-se por referência os anos dos períodos mencionados na tabela, adotando-se por parâmetro para a informação o ano-calendário:

  a) Cópia fiel das Declarações de Imposto de Renda dos investigados para os anos constantes na tabela anterior, adotando-se por parâmetro o ano-calendário.
  b) Dossiê integrado dos investigados para os anos constantes na tabela anterior adotando-se por parâmetro o ano-calendário.

É o que trazemos ao conhecimento do Vossa Excelência.

Respeitosamente,

[nome do Delegado de Polícia signatário]

Delegado de Polícia

5. Passo a Passo para Pesquisa no Banco de Dados do Registro.br (Domínio, Protocolos de Internet etc.)[111]

Uma questão singela, mas que muitas vezes esbarra na insuficiência de conhecimentos técnicos basilares sobre tecnologia por parte do policial que realiza a investigação, diz respeito à pesquisa de protocolos de internet (IPs) e domínios no Registro.br, que é o "departamento do NIC.br responsável pelas atividades de registro e manutenção dos nomes de domínios que usam o .br" e também incumbido de promover a execução do "serviço de distribuição de endereços IPv4 (exemplo: 200.158.35.134) e IPv6 (exemplo: 2001:0DB8:0000:0000:130F:0000:0000:140B) e de números de Sistemas Autônomos (ASN) no país".

Por exemplo: uma pessoa é investigada por compartilhar imagens íntimas de crianças na internet e possui um perfil na rede social Facebook, sendo que insere seu login e senha na referida rede social, no dia 08 de novembro de 2016, às 15:02:53, GMT -2, com o protocolo de internet 201.6.132.217. Essa informação poderá ser oferecida pela rede social em razão de uma determinação do Juiz de Direito decorrente da representação do Delegado de Polícia, sendo que, a cada acesso, as referidas informações permanecem armazenadas.

No caso apresentado, poderia ser feita uma pesquisa no site: <www.registro.br> e seria possível identificar a empresa CLARO S.A. como a fornecedora do acesso à rede mundial de computadores para o investigado.

A referida pesquisa pode ser feita acessando o link "Tecnologia", depois "Ferramentas" e, em seguida, "Serviço de Diretório Whois". Por fim, bastaria inserir o protocolo de internet utilizado e clicar em "Versão com informações de contato".

Nesse tipo de situação tem sido recomendado contatar o provedor para se certificar de que o endereço e outros dados identificativos estão corretos e, apenas

---

[111] Adaptação do passo a passo apresentado no livro "Crimes Cibernéticos: ameaças e procedimentos de investigação", publicado pela editora Brasport e escrito por Emerson Wendt e Higor Vinicius Nogueira Jorge.

em seguida, encaminhar ofício solicitando informações, como no caso em testilha, solicitando o endereço do terminal utilizado pelo cliente do provedor que usou o referido IP e também as informações cadastrais dele.

Outro detalhe é que sempre deve-se lembrar de apresentar, além do número de IP, a data, o horário e o fuso horário para o provedor de internet, bem como outros dados que auxiliem na identificação do criminoso, sendo necessário considerar também se a data do fato se deu em período de horário de verão.

Recomenda-se leitura de estudo elaborado pelo delegado de polícia Alesandro Gonçalves Barreto que trata dos procedimentos a serem adotados para evitar "falsos positivos" durante investigação criminal relacionada com protocolos de internet[112].

---

[112] BARRETO, Alesandro Gonçalves. **Teredo IPV6:** procedimentos a serem adotados durante a investigação policial para evitar 'falsos positivos'. Disponível em: <http://direitoeti.com.br/artigos/teredo-ipv6-procedimentos-a-serem-adotados-durante-a-investigacao-policial-para-evitar-falsos-positivos/>. Acesso em: 19 abr. 2018.

6. Contatos dos Principais Provedores de Conexão (Acesso) e de Aplicações (Serviços) de Internet e Empresas Correlatas no Brasil

Acom Comunicações S.A
Rua da Ajuda, 35, sala 2901 a 2905, Centro, RJ, CEP 20040-000

Americanas, Submarino e Shoptime
Rua Sacadura Cabral, 102, Rio de Janeiro, RJ, CEP 20081-902
(21) 2206-6915

Apple
E-mail: <lawenforcement@apple.com>

Ask
Indranu 8-15, Riga, LV-1012, Latvia – Letônia

AOL Brasil (América OnLine)
Av. Industrial, 600, Centro Industrial, Shopping ABC Plaza, 2º andar, São Paulo, SP, CEP 09080-500
(11) 2191-5900

Badoo – MMV Agentes da Propriedade Industrial Ltda
Av. Almirante Barroso, 139, 703, Rio de Janeiro, RJ, CEP 20031-005

Brasil Telecomunicações AS – Empresa de Infovias SA
Av. Getulio Vargas, 1300, 8º andar, Belo Horizonte, MG, CEP 30112-021

Cabo Serviços de Telecom Ltda
Rua Senador José Ferreira de Souza, 1916, Candelária, Natal, RN, CEP 59064-520

Celepar – Companhia de Informática do Paraná (Universidade Estadual do Oeste do Paraná)
Rua Universitária, 1619, Jd. Universitário, Cascavel, PR, CEP 85819-110

Claro S/A / Embratel (Setor de Gestão de Ofícios e Interceptações Judiciais)
Utilizar o vigia
Fax: (11) 3579-6780
Confirmar fax e outros serviços: (11) 3579-6700
Alternativas: (11) 9415-6780 e (11) 9415-6700
E-mail: <oficios.juridico@claro.com.br>
Rua Flórida, 1970, Brooklin, São Paulo, SP, CEP 04565-907

CTBC – Cia de Telecomunicações do Brasil Central – Algar Telecom
Fax: (34) 3236-7244
Confirmação de fax: (34) 3256-2969
Avenida Afonso Pena, 3928, Centro, Uberlândia, MG, CEP 38400-710.

Comsat International – BT Latam Brasil Ltda
Rodovia SP 101, KM 9,5, Trecho Campinas – Monte Mor – Unidade 27, Bloco Beta, Distrito Industrial, Hortolândia, SP, CEP 13185-900

CyberWay Teresópolis Informática Ltda
Av. das Américas, 500, bl. 23/215, Rio de Janeiro, RJ, CEP 22640-100

Ebay
E-mail: <lawenforcement@ebay.com>

Embratel – Empresa Brasileira de Telecomunicações SA
Rua dos Ingleses, 600, 2º andar, Bela Vista, São Paulo, SP, CEP 01329-000

Facebook Serviços Online do Brasil Ltda
Facebook, Inc., 1601 Willow Road, Menlo Park, CA 94025
Rua Leopoldo Couto de Magalhães Junior, 700, 5º andar, Bairro Itaim Bibi, São Paulo, SP, CEP 04542-000

WhatsApp Inc.
<records@whatsapp.com>

Global Village Telecom S/A (GVT)
Coordenação de Inteligência – Depto. de Segurança Empresarial
Rua Lourenço Pinto, 299, 14º andar, Curitiba, PR, CEP 80010-160
Fax: (41) 3025-2982
Confirmação de fax: (41) 3025-2818, 3025-2139, 3025-2990 e 3025-4883
E-mail: <security.investigation@gvt.com.br>

Globo TV
Depto. Jurídico: Rua Marquês de São Vicente, 30, s/106, Gávea, Rio de Janeiro, RJ, CEP 22451-040

Godaddy Serviços Online do Brasil Ltda
Avenida Chedid Jafet, 222, 5º andar, Torre D, Vila Olímpia, São Paulo, SP, CEP 04551-065

Google Brasil Internet Ltda[113]
Contato: 0800 7094664
Atendimento: (11) 3797-1000
Fax: (11) 3797-1001
Av. Brigadeiro Faria Lima, 3.477, 18º andar, São Paulo, SP, CEP 04538-133
E-mail: <lis-latam@google.com>
Importante salientar que existem informações no sentido de que o Google estaria preparando uma plataforma *on-line* para auxiliar a investigação criminal.

Ibest – BR Turbo
Rua Amauri, 299, 7º andar, Itaim Bibi, São Paulo, SP, CEP 01448-901

IG – Internet Group do Brasil S/A – IG Publicidade e Conteúdo Ltda
Av. Nações Unidas, 11.633, 6º andar, São Paulo, SP, CEP 04578-901

Internet by Sercomtel S.A.
R. Prof. João Candido, 555, Londrina, PR, CEP 86010-000

Linktel Telecom do Brasil Ltda
Alameda Rio Negro, 1105, 4º andar, Barueri, SP, CEP 06454-000

Locaweb Serviços de Internet S/A
Rua Itapaiúna, 2434, São Paulo, SP, CEP 05707-001

MercadoLivre.com atividades de Internet Ltda
Edifício Business Center, Rua Gomes de Carvalho, 1.306, 7º andar, Vila Olímpia, São Paulo, SP, CEP 04547-005

---

[113] Google Drive, Google Search, Blog Search, Google Books, Google Custom Search, Google Finance, Google Groups, Google News, Google Scholar, Google Translate, Google Product Search, Google Dashboard, AdSense, AdWords, DoubleClick, FeedBurner, 3D Warehouse, SketchUp, Google Apps, Google Browser Sync, Google Docs, Google Friend Connect, Google GrandCentral, Blogger, Inbox by Gmail, Gmail, Google+, Panoramio, Picasa Web Albums, YouTube, Google App Engine, OpenSocial, Google Map Maker, Google Maps, Google Analytics, Google Chrome OS, Google TV, Google Earth.

Microsoft Informática Ltda – Microsoft Corporation[114]

Contato: (11) 5504-2570
Fax: (11) 5504-2227
Av. Nações Unidas, 12.901, Torre Norte, 27º andar, São Paulo, SP, CEP 04578-000
Microsoft Corporation (One Microsoft Way, Redmond, State of Washington, 98052-6399, United States of America)
E-mail: <lelatam@microsoft.com>

MyHost Internet Ltda

Av. Presidente Wilson, 228, 4º andar, Rio de Janeiro, RJ, CEP 20031-020

Net Serviços de Comunicação S/A (Virtua)

Rua Verbo Divino, 1356, Chácara Santo Antônio, São Paulo, SP, CEP 04719-002

Nextel Telecomunicações Ltda. (Jurídico – Segurança Corporativa)

130*7174 PLANTÃO NEXTEL
Fax: (11) 3120-5895
Confirmar fax e outros serviços: (11) 2145-1467
E-mail: <sigilo@nextel.com.br>
Av. das Nações Unidas, 14.171, 32º andar, São Paulo, SP, CEP 04795-100

Oi S/A – Tele Norte Leste Participações S/A – Telemar Norte Leste S/A – Brasil Telecom S/A – Filial DF (Gerência de Ações Restritas)

Fax: (21) 3131-7273
Confirmar fax: (21) 3131-3366, 3131-3958, 3131-7870 e 3131-7880 (horário comercial)
Confirmação de fax: (21) 3131-8770, 3131-8771, 3131-8958 e 0800 0317053 (plantão)
Atendimento: 0800 0317053
E-mail: <pp-acoesrestritasplantao@oi.net.br>
Rua do Lavradio, 71, piso térreo, Rio de Janeiro, RJ, CEP 20230-070

PayPal do Brasil Serviços de Pagamento Ltda

Alameda Santos, 787, 8º andar, cj. 81, Cerqueira Cesar, São Paulo, SP, CEP 01419-001
E-mail: <lawenforcement@paypal.com>

Pinterest.com (Toweb Brasil Ltda Epp)

Av. Afonso Pena, 423, Vila Velha, ES, CEP 29101-443

---

[114] Contas – Xbox Live, Skype, Outlook, Hotmail, Bing, OneDrive, Office, Store, Windows, MSN.

Portal 7 Internet Banda Larga
Av. Padre Arlindo Vieira, 603, São Paulo, SP, CEP 04297-000

Prodesp – Cia de Processamento de Dados de São Paulo
Rua Agueda Gonçalves, 240, Jd. Pedro Gonçalves, Taboão da Serra, SP, CEP 06760-900

ReclameAqui
Rua Euclides da Cunha, 518A, Campo Grande, MS, CEP 79020-230

RedeHost Internet Ltda
Rua Dr. Luiz Bastos do Prado, 1505, 3º andar, Centro, Gravataí, RS

SCW Telecom Ltda – EPP
Av. São Carlos, 2434, São Carlos, SP, CEP 13560-002

SIM Telecomunicações S.A
Rua General Câmara, 156, 4º andar, Porto Alegre, RS, CEP 90010-230

Sitel do Brasil Ltda
Rua Achilles Orlando Curtolo, 499, São Paulo, SP, CEP 01144-010

Tele Norte Participações Ltda.
Rua Humberto de Campos, 425, 8º andar, Rio de Janeiro, RJ, CEP 22430-190

Telemig
Rua Levindo Lopes, 258, Savassi, Belo Horizonte, MG, CEP 30140-170
Fax: (31) 993-3142 e (31) 9933-3090
Confirmação de fax: (31) 9990-2334
E-mail: <segurança.institucional@telemigcelular.com.br>

Terra Networks Brasil S.A.
Av. Nações Unidas, 12.901, 12º andar, Torre Norte, São Paulo, SP, CEP 04578-000

Tim Brasil / Intelig Telecomunicações Ltda. (Gerência de Relacionamento e Apoio aos Órgãos Públicos – GRAOP)
Utilizar o Infoguard
Fax: (11) 4251-6634 e (11) 2113-6634
Confirmar fax e demais serviços: (11) 4251-6633 e (11) 2113-6633
E-mails: <graop_oficios@timbrasil.com.br> e <graop@timbrasil.com.br>
Av. Alexandre de Gusmão, nº 29, Bloco C, Bairro Vila Homero Thon, Santo André, SP, Caixa Postal 91, CEP 09015-970

Tv Cidade S/A
Rua Dr. Bruno Rangel Pestana, n. 26, Jardim Leonor, São Paulo, SP, CEP 05614-100

Twitter Inc. c/o Trust and Safety
795 Folsom Street, Suite 600, San Francisco, CA 94107
Escritório no Brasil: Twitter Brasil Rede de Informação Ltda.
Av. Bernardino de Campos, 98, 3º andar, Paraíso, São Paulo, SP, CEP 04004-040

Uber do Brasil Tecnologia Ltda
Avenida Brigadeiro Faria Lima, nº 201, 26º e 27º andares, salas 2601 e 2701, São Paulo, SP, CEP 05426-100.

Unitelco – Universal Telecom SA
Av. Paulista, 2444, 17º andar, cj. 171/172, São Paulo, SP, CEP 01310-300

Universo OnLine – Zipmail/UOL/BOL
Av. Brigadeiro Faria Lima, 1384, 10º andar, São Paulo, SP, CEP 01452-002
(11) 4003-2002 e (11) 2540-3633
E-mail: <intimauol@uolinc.com>

Unotel Telecom S/A
Av. Dr. Alfredo Egídio de Souza Aranha, 75, conj. 62, São Paulo, SP, CEP 04726-170

Vivax S/A
Avenida José Meneghel, 65, Americana, SP, CEP 13478-820

Vivo S/A – Telefonica Data S/A – Telefônica Brasil S.A. – Speedy -Telesp (Telecomunicações de São Paulo S.A. – Telesp) – Ajato Telecomunicações Ltda (Área de Segurança – Divisão de Serviços Especiais)
Utilizar o Portal JUD
Fax: (11) 3251-2346, (11) 3548-6706, (11) 3548-6707 e (11) 3548-6708
Confirmação de fax, plantão e outros serviços: 0800 7708486
Fax (11) 3548-6103 (Speedy)
<https://portaljud.vivo.com.br/portaljud/login.jsf> (consultas)
<https://vigia.vivo.com.br> (vigia)
Rua Dr. Fausto Ferraz, 172, 3º andar, Bela Vista, São Paulo, SP, CEP 01330-030

Yahoo do Brasil Internet Ltda
Rua Fidêncio Ramos, 195, 12º andar, São Paulo, SP, CEP 04551-010

WhatsApp Inc.
E-mail: <records@whatsapp.com>

7. Cooperação Jurídica Internacional

Uma das grandes dificuldades que envolve a investigação de crimes cometidos no ambiente cibernético ocorre quando surge a necessidade de cooperação internacional.

O Ministério da Justiça e Segurança Pública atua como Autoridade Central para a Cooperação Jurídica Internacional, por intermédio do Departamento de Recuperação de Ativos e Cooperação Jurídica Internacional da Secretaria Nacional de Justiça – DRCI/SNJ (Coordenação-Geral de Recuperação de Ativos e Cooperação Jurídica Internacional em Matéria Penal – DRCI/SNJ – Endereço: SCN Quadra 6, Bloco A, 2º andar, Ed. Venâncio 3000, Asa Norte, CEP 70716-900 – Telefone: +55 (61) 2025-8938 ou 2025-8909 – E-mail: <cooperacaopenal@mj.gov.br>).

De acordo com informações prestadas pelo Ministério da Justiça e Segurança Pública:

> *Na seara penal, os pedidos de cooperação jurídica internacional – Carta Rogatória e Auxílio Direto – são recebidos exclusivamente de Autoridades Públicas – Juízes, membros dos Ministérios Públicos, Delegados de Polícia, Defensores Públicos – e visam cumprir atos de comunicação processual (citações, intimações e notificações), atos de investigação ou instrução (oitivas, obtenção de documentos, quebra de sigilo bancário, quebra de sigilo telemático, etc.) ou ainda algumas medidas de constritivas de ativos, como bloqueio de bens ou valores no exterior.*
>
> *Com a entrada em vigor do Decreto nº 8.668/2016, substituído pelo Decreto nº 9.150, de 04 de setembro de 2017, o trâmite das medidas de cunho compulsório relativos à extradição e à transferência de pessoas condenadas passou também a ser de competência do DRCI/SNJ. Até então, essas medidas eram responsabilidade do Departamento de Estrangeiros (DEEST/SNJ), atual Departamento de Migrações da Secretaria Nacional de Justiça.*

Excetua-se somente o Acordo de Assistência Jurídica Mútua em Matéria Penal entre o Governo da República Federativa do Brasil e o Governo do Canadá – Decreto nº 6.747/2009, cuja Autoridade Central é a Procuradoria-Geral da República.

O DRCI/SNJ também possui entre suas atribuições ser ponto de contato de diversas redes de cooperação internacional – IberRed, Groove, RRAG – que proporcionam o contato ainda mais direto e célere entre autoridades, a fim de solucionar problemáticas encontradas no momento da execução das diligências, estabelecer estratégias conjuntas de atuação, estabelecer entendimentos conjuntos e dialogar sobre mudanças de procedimentos.

Importante notar que o Brasil é um país eminentemente demandante de cooperação jurídica internacional, posto que mais de 80% de todos os pedidos referem-se a demandas de autoridades brasileiras para o exterior. Essa disparidade revela, por um lado, a importância da cooperação para a efetividade da justiça no âmbito transnacional[115].

A seguir, consta o formulário de auxílio jurídico em matéria penal, conforme orientação oferecida pelo Ministério da Justiça e Segurança Pública. O formulário facilita a compreensão sobre como se realiza a solicitação de cooperação jurídica em matéria penal e possui o condão de tornar menos complexa a solicitação.

Formulário de auxílio jurídico em matéria penal[120]

TRAMITAÇÃO EM SIGILO?

(Caso não seja informada a necessidade de tramitação sigilosa deste pedido de cooperação jurídica internacional, os interessados, devidamente identificados, poderão ter acesso ao conteúdo desta solicitação se por eles demandado, com base na Lei nº 12.527/2011. Ademais, se, porventura, no decorrer no processo judicial, o pedido passar a ser classificado como sigiloso pela autoridade requerente, esta Autoridade Central deverá ser informada imediatamente).

☑ SIM ☐ NÃO

---

[115] Ministério da Justiça e Segurança Pública. **Cooperação Jurídica Internacional em Matéria Penal**. Disponível em: <http://www.justica.gov.br/sua-protecao/cooperacao-internacional/cooperacao-juridica-internacional-em-materia-penal>. Acesso em: 19 abr. 2018.

[116] Ministério da Justiça e Segurança Pública. **Formulário de auxílio jurídico em matéria penal**. Disponível em: <http://formulariosdrci.mj.gov.br/FORMULARIOSDRCI/form_4.asp>. Acesso em: 10 jan. 2018.

AS LOCALIDADES DE ORIGEM E DESTINO DA(S) SOLICITAÇÃO(S) SÃO FRONTEIRIÇAS ENTRE SI?
(Observação: assinalar "SIM", quando se tratar de autoridade sediada em cidade fronteiriça e o pedido de cooperação for endereçado ao país vizinho para ser cumprido em cidade próxima à fronteira. Exemplo 1: Juiz de Tabatinga/AM, com pedido formulado à Colômbia, para ser diligenciado na cidade de Letícia. Exemplo 2: Delegado de Polícia de Foz do Iguaçu/PR, com pedido formulado ao Paraguai, para ser diligenciado em Ciudad Del Este.
☑ SIM   ☐ NÃO
1. DESTINATÁRIO:
Informar o país de destino do pedido de cooperação internacional, da seguinte forma: Às autoridades competentes do (a) (país).
2. REMETENTE:
Departamento de Recuperação de Ativos e Cooperação Jurídica Internacional da Secretaria Nacional de Justiça do Ministério da Justiça do Brasil.
3. AUTORIDADE REQUERENTE:
Identificar o órgão e a autoridade solicitante do pedido de cooperação internacional, acrescentando informações de nome, cargo e endereço completos, telefone e e-mail.
4. REFERÊNCIA
Identificar nominalmente o caso e incluir o número da investigação, do inquérito policial ou da ação penal em curso, bem como quaisquer outras informações que ajudem na identificação do caso.
5. FATOS
Descrever a narrativa dos fatos de forma clara, objetiva e completa, identificando elementos essenciais, em que conste o lugar, a data e a maneira (circunstâncias de tempo, lugar e modo dos fatos criminosos) pela qual a infração foi cometida, apresentando o nexo de causalidade entre a investigação em curso, os suspeitos e a diligência requerida, esclarecendo também o vínculo do país requerido com o caso. As autoridades estrangeiras necessitam de uma premissa factual e do nexo causal para o cumprimento do pedido de assistência.

6. DISPOSITIVOS LEGAIS:

[   ]

Identificar a referência e transcrever cópia literal dos tipos penais previstos na legislação nacional e que se imputam aos investigados. A finalidade é demonstrar ao país requerido os termos da legislação brasileira aplicada ao caso em apreço.

7. ASSISTÊNCIA SOLICITADA:

[   ]

Informar, de forma precisa, as medidas ou diligências solicitadas. Importante notar que, quanto mais detalhadas e relevantes as informações prestadas, maior a probabilidade de cumprimento.

8. FINALIDADE DA SOLICITAÇÃO

[   ]

Identificar o objetivo almejado da solicitação e explicar a relevância da medida solicitada para o caso em questão.

9. PROCEDIMENTOS A SEREM OBSERVADOS

Identificar observações pertinentes a serem solicitadas ao Estado requerido, tais como:
a) a fundamentação legal do sigilo;
b) o direito constitucional reservado a(o) interrogado(a) de permanecer em silêncio durante o interrogatório;
c) caso o alvo da diligência não seja encontrado, solicitar pesquisa junto às concessionárias de luz, água e telefone; cadastros municipais; lista telefônica do Estado requerido; e
d) outras informações julgadas relevantes sobre o funcionamento do processo penal brasileiro quanto à obtenção e manuseio das informações e(ou) documentos relativos ao pedido de assistência.

[   ]

Identificar observações pertinentes a serem solicitadas ao Estado requerido acima.

10. ANEXOS

[   ]

Especificar os documentos que instruem a solicitação, tais como: denúncias, queixas-crime, relatórios de inquérito policial, laudos periciais, decisões judiciais, arrolamento de testemunhas ou quaisquer outros documentos relevantes.

[Observação: toda a documentação deve ser encaminhada ao DRCI em duas vias – sendo uma versão em português, devidamente assinada pela autoridade requerente, e uma versão traduzida para o idioma do estado requerido]
Informar cidade, dia, mês e ano. Local e Data
Nome da autoridade que assinará o pedido de cooperação
Cargo da autoridade que assinará o pedido de cooperação

Pedido de Cooperação Jurídica Internacional
Acesse: <http://www.justica.gov.br/sua-protecao/cooperacao-internacional/cooperacao-juridica-internacional-em-materia-penal/formularios-e-modelos>

Roteiro de Tramitação
Acesse: <http://www.justica.gov.br/sua-protecao/cooperacao-internacional/cooperacao-juridica-internacional-em-materia-penal/roteiro-de-tramitacao>

Formulários *on-line*:
Acesse: <http://www.justica.gov.br/sua-protecao/cooperacao-internacional/formularios-online>

Acordos internacionais:
Acesse: <http://www.justica.gov.br/sua-protecao/cooperacao-internacional/cooperacao-juridica-internacional-em-materia-penal/acordos-internacionais>

Acordos multilaterais
Acesse: <http://www.justica.gov.br/sua-protecao/cooperacao-internacional/cooperacao-juridica-internacional-em-materia-penal/acordos-internacionais/acordos-multilaterais-1>

Acordos bilaterais:
Acesse: <http://www.justica.gov.br/sua-protecao/cooperacao-internacional/cooperacao-juridica-internacional-em-materia-penal/acordos-internacionais/acordos-bilaterais-1>

Perguntas frequentes:
Acesse: <http://www.justica.gov.br/sua-protecao/cooperacao-internacional/cooperacao-juridica-internacional-em-materia-penal/formularios-e-modelos/perguntas-frequentes>

Referências

ANNÍBAL, Roberto; JORGE, Higor Vinicius Nogueira; LIMA, Luis Fernando Camargo da Cunha; SILVA, Wilson Correia. Integração Nacional dos Setores de Inteligência Policial. **Revista da Associação dos Delegados de Polícia do Estado de São Paulo.** São Paulo: ADPESP, ano 24, n. 35, mar. 2007.

ARAÚJO, Francisco das Chagas S. Curso investigação criminal II: módulo 2. SENASP/MJ, 2009c.

ASSECC DO BRASIL. Site. Disponível em: <http://www.assecc.com.br/hotsite/facilitador/index.php>. Acesso em: 11 abr. 2018.

IACA. **The International Association of Crime Analysis.** Disponível em: <https://www.iaca.net/index.asp>. Acesso em: 16 jul. 2018.

BARRETO, Alesandro Gonçalves. Teredo IPV6 – Procedimentos a serem adotados durante a investigação policial para evitar 'falsos positivos'. **Direito & TI**, 19 dez. 2017. Disponível em: <http://direitoeti.com.br/artigos/teredo-ipv6-procedimentos-a-serem-adotados-durante-a-investigacao-policial-para-evitar-falsos-positivos/>. Acesso em: 11 abr. 2018.

BLUM, Renato Opice. Portas Lógicas de Origem: identificação e caos jurídico. **Jota**, 26 out. 2016. Disponível em: <https://www.jota.info/opiniao-e-analise/artigos/direito-digital-portas-logicas-de-origem-dificuldade-de-identificacao-e-o-caos-juridico-26102016>. Acesso em: 19 set. 2018.

DRONE – RPAS. Departamento de Controle do Espaço Aéreo. Disponível em: <https://www.decea.gov.br/drone/>. Acesso em: 11 abr. 2018.

BRASIL. Lei nº 9.296, de 24 de julho de 1996. Regulamenta o inciso XII, parte final, do art. 5º da Constituição Federal. Disponível em: <http://www.planalto.gov.br/ccivil_03/leis/L9296.htm>. Acesso em: 11 abr. 2018.

BUARQUE DE HOLANDA, Aurélio Ferreira. **Novo Dicionário Eletrônico Aurélio versão 5.0.** Positivo Informática Ltda. 2004.

CASELLI, Guilherme; BARRETO, Alesandro Gonçalves. Exif Metadada – A investigação policial subsidiada por sua extração e análise. **Portal Nacional dos Delegados & Revista de Defesa Social**, 26 jul. 2016. Disponível em: <https://www.delegados.com.br/juridico/exif-metadada-a-investigacao-policial-subsidiada-por-sua-extracao-e-analise>. Acesso em: 11 abr. 2018.

CATTA. Site. Disponível em: <https://www.catta.com.br>. Acesso em: 11 abr. 2018.

COLÉGIO NOTARIAL DO BRASIL SEÇÃO SÃO PAULO. **Atas Notariais.** Disponível em: <http://cnbsp.org.br/index.php?pG=X19wYWdpbmFz&idPagina=6002>. Acesso em: 11 abr. 2018.

CORREALI, Maurício. **A atividade de inteligência de Segurança Pública e sua importância para o aperfeiçoamento da investigação policial.** Dissertação apresentada para Seleção de Professor Temporário de Inteligência Policial. Academia de Polícia "Dr. Coriolano Nogueira Cobra". São Paulo. 2007.

CRESPO, Marcelo Xavier de Freitas. **Crimes Digitais.** São Paulo: Saraiva, 2011.

FERNANDES, Robinson. **Análise de inteligência e o enfrentamento da criminalidade organizada.** São Paulo: ACADEPOL, 2007.

JORGE, Higor Vinicius Nogueira. **Inteligência Policial e Investigação Criminal.** Disponível em: <http://www.higorjorge.com.br/99/inteligencia-policial-e-investigacao-criminal/>. Acesso em: 11 abr. 2018.

JORGE, Higor Vinicius Nogueira. O centenário da Polícia Civil de carreira. **ADPESP.** Disponível em: <https://www.adpesp.org.br/artigos-exibir?art=7>. Acesso em: 12 abr. 2018.

MYERS, Paul. Research Clinic. **Facebook Graph Searching.** Disponível em: <http://researchclinic.net/graph.html>. Acesso em: 12 abr. 2018.

MESQUITA, Geison. Comandos de pesquisa: os principais truques para pesquisar no Google. **IEBS**, 25 ago. 2017. Disponível em: <https://www.iebschool.com/pt-br/blog/marketing/seo-sem/comandos-pesquisa-principais-truques-pesquisar-no-google/>. Acesso em: 12 abr. 2018.

MINISTÉRIO DA JUSTIÇA E SEGURANÇA PÚBLICA. **Cooperação Jurídica Internacional em Matéria Penal.** Disponível em: <http://www.justica.gov.br/sua-protecao/cooperacao-internacional/cooperacao-juridica-internacional-em-materia-penal>. Acesso em: 12 abr. 2018.

MINISTÉRIO DA JUSTIÇA E SEGURANÇA PÚBLICA. **Formulário de auxílio jurídico em matéria penal.** Disponível em: <http://formulariosdrci.mj.gov.br/FORMULARIOSDRCI/form_4.asp>. Acesso em: 12 abr. 2018.

PENNAFORT, Roberta. Brasil já está entre os três principais mercados da Netflix. **O Estado de S. Paulo**, 15 mar. 2018. Disponível em: <https://cultura.estadao.com.br/noticias/televisao,brasil-ja-esta-entre-os-tres-principais-mercados-da-netflix,70002228916>. Acesso em: 13 jul. 2018.

PORTAL DO MEC. **Endereços e telefones dos Tribunais de Contas dos estados.** Disponível em: <http://portal.mec.gov.br/seb/arquivos/pdf/Fundebef/tribcontas.pdf>. Acesso em: 12 abr. 2018.

ROHR, Altieres. Deep web: o que é e como funciona – G1 Explica. **G1**, 04 fev. 2016. Disponível em: <http://g1.globo.com/tecnologia/blog/seguranca-digital/post/deep-web-o-que-e-e-como-funciona-g1-explica.html>. Acesso em: 12 abr. 2018.

ROQUE, Fábio; TÁVORA, Nestor; ALENCAR, Rosmar Rodrigues. **Legislação Criminal para Concursos**, p. 626. Salvador: Juspodivm, 2016.

SANNINI NETO, Francisco. **Inquérito Policial e Prisões Provisórias:** Teoria e Prática de Polícia Judiciária. São Paulo: Ideias e Letras, 2014.

SANTOS, Coriolano Aurélio de Almeida Camargo. **As Múltiplas Faces dos Crimes Eletrônicos e dos Fenômenos Tecnológicos e seus Reflexos no Universo Jurídico.** São Paulo: OAB, 2009.

STF, HC 129.646/SP. Rel. Min. Celso de Mello.

SHULSKY, Abraham; SCHMITT, Gary J. **Silent Warfare:** understanding the world of intelligence. 3rd. ed. Washington, DC: Brassey's, 2002.

TERRA, Sylvio. **Polícia, lei e cultura**, p. 41. Rio de Janeiro: Guarany, 1939.

UBER. **Diretrizes da Uber para Autoridades Policiais/Judiciárias – Fora dos EUA.** Disponível em: <https://www.uber.com/pt-BR/legal/data-requests/guidelines-for-law-enforcement-outside-the-united-states/pt/#>. Acesso em: 12 abr. 2018.

UNODC. **Organized Crime.** United Nations Office on Drugs and Crime. Disponível em: <http://www.unodc.org/unodc/en/organized_crime.html>. Acesso em: 12 abr. 2018.

WENDT, Emerson. **Internet & Direito Penal:** risco e cultura do medo. Porto Alegre: Livraria do Advogado, 2017.

WENDT, Emerson; JORGE, Higor Vinicius Nogueira. **Crimes Cibernéticos:** ameaças e procedimentos de investigação. 2. ed. Rio de Janeiro: Brasport, 2013.

WENDT, Emerson; KRETSCHMANN, Ângela. **Tecnologia da Informação & Direito.** Porto Alegre: Livraria do Advogado, 2017.

WENDT, Emerson. Inteligência de Segurança Pública e DNISP – Aspectos Iniciais. **Inteligência Policial**, 15 mar. 2010. Disponível em: <http://www.inteligenciapolicial.com.br/2010/03/inteligencia-de-seguranca-publica-e.html>. Acesso em: 12 abr. 2018.

WORLD TIME SERVER. **Time Zones.** Disponível em: <https://www.worldtimeserver.com/time-zones/>. Acesso em: 12 abr. 2018.

Compre também o Volume 2!

HIGOR VINICIUS NOGUEIRA JORGE

INVESTIGAÇÃO CRIMINAL TECNOLÓGICA

VOLUME 2

Contém informações sobre inteligência policial, drones e recursos tecnológicos aplicados na investigação

BRASPORT

Mais informações: www.brasport.com.br

Impressão e acabamento

psi7 | book7